AF370815

MANUEL

DU

[JOURN]AL DES DEMOISELLES

MÉTHODES

POUR LES PRINCIPAUX

[TR]AVAUX DE DAMES

6me ÉDITION AUGMENTÉE

Ornée de 388 Vignettes dans le texte

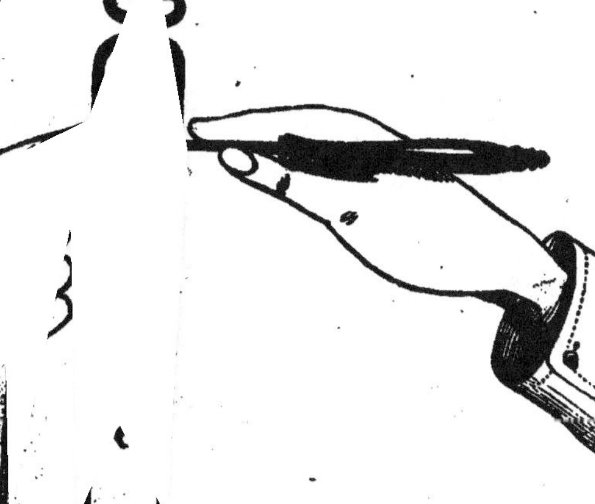

PARIS

[AU BUREA]U DU JOURNAL DES DEMOISELLES

[RUE DR]OUOT, AU COIN DU BOULEVARD MONTMARTRE

PARIS, 2, RUE DROUOT

JOURNAL DES DEMOISELLES

Près de cinquante années d'un succès toujours croissant ont constaté la supériorité du *Journal des Demoiselles*, et l'ont placé à la tête des publications les plus intéressantes et les plus utiles de notre époque. Former des filles, des sœurs, des épouses et des mères dévouées ; leur inspirer l'amour de Dieu, de la famille et de leurs devoirs ; leur enseigner à faire — riches ou pauvres — le bonheur de leur maison ; orner leur esprit, développer leur intelligence, tout en les initiant aux travaux de l'économie, aux soins du ménage, tel est le but que s'est proposé le *Journal des Demoiselles*. A un mérite littéraire unanimement apprécié, ce journal a su joindre les éléments les plus variés et les plus utiles : œuvres d'art, gravures de modes, imitation de peintures, modèles de travaux en tous genres, tapisseries, pasrons, broderies, ameublements, musique.

Le *Journal des Demoiselles* paraît en QUATRE ÉDITIONS.

JOURNAL DES DEMOISELLES
Édition mensuelle
(*Couverture chamois.*)

Paraissant le 1ᵉʳ de chaque mois

Paris, 10 fr.; — Départements, 12 fr.

Éditions bi-mensuelles
(*Couverture bleue ou verte.*)

Paraissant le 16 de chaque mois.

Édition bleue. Cette édition donne TRENTE GRAVURES DE MODES SUPPLÉMENTAIRES ; soit 48 fr. par an. Ces gravures sont accompagnées d'un texte contenant l'explication détaillée des gravures, de nombreux renseignements sur les modes les plus nouvelles et les mieux portées, sur les magasins de Paris ; et de plus, sous ce titre TRAVAUX, on reçoit une série de dessins, de travaux d'actualité et de fantaisie, avec leur explication.

Paris, 16 fr. — Départements, 20 fr.

1

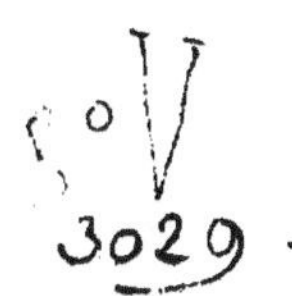

MANUEL

DU

JOURNAL DES DEMOISELLES

MANUEL

DU

JOURNAL DES DEMOISELLES

EXPLICATION DES TERMES LES PLUS USITÉS

ET

MÉTHODES POUR LES PRINCIPAUX TRAVAUX DE DAMES

Illustré de 388 figures

IMPRESSIONS SUR ÉTOFFES, MARQUES DU LINGE

MANIÈRE DE RELEVER LES PATRONS, DE LES AGRANDIR ET DE LES DIMINUER

ROBES ET CONFECTIONS, ETC., ETC.

6me ÉDITION REVUE ET AUGMENTÉE

PARIS

AU BUREAU DU JOURNAL DES DEMOISELLES

2, RUE DROUOT, AU COIN DU BOULEVARD MONTMARTRE

1879

PRÉFACE

—

« Il n'y a » disait-on un jour à l'Académie, « qu'une langue morte dont le dictionnaire puisse être terminé ». De même que la langue *vivante* française, donne sans cesse à remanier son dictionnaire, dans une plus modeste sphère, notre langue des doigts laborieux, vivante aussi. nous oblige à faire place aux nouveaux venus, et à enrichir son *dictionnaire*, de tous les points et travaux qui nous paraissent mériter l'attention de nos lectrices. La nouvelle édition de notre manuel, avec ses nombreuses additions, obtiendra, nous l'espérons, le même succès que les précédents. Cette édition contient 383 figures explicatives destinées à rendre les définitions du texte plus faciles à comprendre, à indiquer la position des mains dans les divers travaux en question, le détail des points, la manière de préparer et d'exécuter certains ouvrages, etc., etc.

Tous les travaux renfermés dans cette édition revue et augmentée, y sont traités avec le soin le plus scrupuleux.

Nous ne saurions trop conseiller à nos lectrices de ne consulter ce recueil que les instruments et matériaux en main et après avoir lu attentivement la première page qui leur donne la clef de termes qu'elles trouveront reproduits dans la plupart de nos travaux. — Ce ne sera qu'en suivant ainsi, pas à pas, des explications que nous nous sommes efforcées de donner aussi claires et précises que possible, qu'elles pourront bien s'en rendre compte et arriver à un résultat qui, nous l'espérons, répondra à leurs besoins et à notre désir de les satisfaire.

MANUEL

DU

JOURNAL DES DEMOISELLES

MÉTHODES

POUR LES PRINCIPAUX TRAVAUX DE DAMES

PARENTHÈSE ET SIGNE

PARENTHÈSE. — Pour simplifier nos explications, nous plaçons souvent un certain nombre de mailles entre parenthèses, en indiquant auparavant combien de fois il faut répéter ce fragment d'explication, enfermé dans la parenthèse, avant de continuer le travail.

SIGNE. — L'explication placée entre deux signes * comprend un raccord complet, et doit se répéter autant de fois que l'on a le nombre de mailles suffisant pour la faire entièrement; puis on reprend l'explication après le signe * pour terminer le rang. L'explication comprise entre deux signes * contient souvent une ou plusieurs parenthèses. Le signe * et la parenthèse sont employés fréquemment pour le tricot et le crochet, et quelquefois pour d'autres ouvrages.

1.

TAPISSERIE

Avant de commencer la nomenclature des points de tapisserie les plus usités, et d'indiquer la manière de les faire, nous devons prévenir nos lectrices que le numéro de la grosseur du canevas est indiqué dans chacune des figures, en un petit carré blanc.

Fig. 1. Point croisé.

POINT CROISÉ. — Ce point est sur gros canevas ordinaire ; vous le faites d'abord, de droite à gauche, en prenant deux fils dans la hauteur, deux fils dans la largeur ; vous croisez ensuite le point en revenant de gauche à droite. — On se sert de ce point pour remplir des fonds.

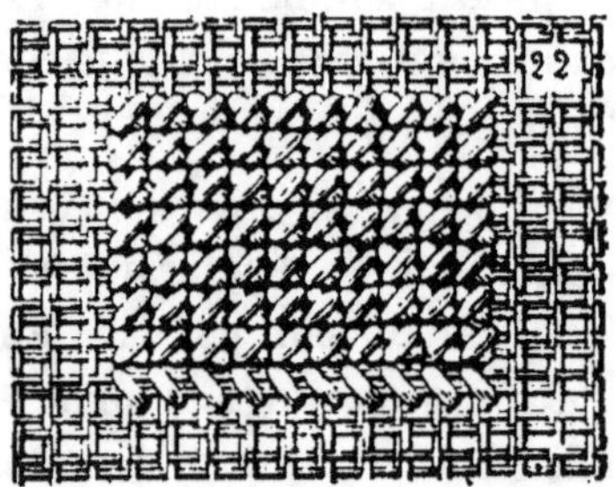

Fig. 2. Point de compte croisé.

POINT DE COMPTE CROISÉ. — Il se fait comme le précédent, sur canevas Pénélope.

Fig. 3. Point de compte tramé.

POINT DE COMPTE TRAMÉ. — Lancez la laine de droite à gauche, et revenez sur cette laine de gauche à droite, en prenant deux fils dans les deux sens.

Fig. 4. Point de piqûre.

POINT DE PIQURE. — Vous faites ce point sans recouvrir, avec une laine assez grosse pour bien remplir. Faites-le comme un point arrière en biais, en descendant de droite à gauche. Vous pouvez aussi le faire de gauche à droite; pour revenir, vous travaillez de droite à gauche, en piquant l'aiguille dans le haut du point à droite et la faisant ressortir en arrière du point, c'est-à-dire en prenant deux points d'intervalle dans le biais que traverse l'aiguille. Vous pouvez encore, pour revenir, retourner votre ouvrage de bas en haut.

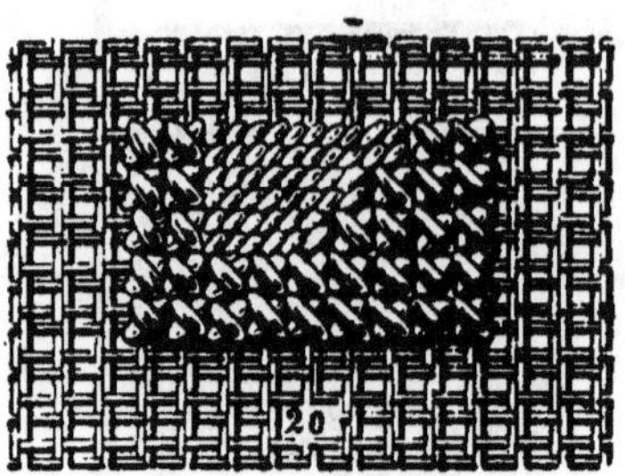

Fig. 5. Petit point et point de compte croisé.

PETIT POINT ET POINT DE COMPTE CROISÉ. — Le petit point
s'emploie généralement pour de petits dessins ; il se fait de
biais en prenant la croix d'un seul fil en hauteur, et d'un
seul en largeur. Le point de compte est celui du n° 1, qui
sert à remplir le fond.

Fig. 6. Point des Gobelins. — Fig. 7. Point des Gobelins.

POINT DES GOBELINS. — Ces deux figures se font de même,
l'une sur canevas ordinaire, l'autre sur canevas Pénélope.
Prenez deux fils en hauteur et un en largeur, en ayant soin
de diriger toujours la laine de gauche à droite ; pour revenir,
vous retournez votre ouvrage de bas en haut, ou vous piquez
l'aiguille en arrière du point, comme au point de piqûre,
fig. 4. — On se sert de ce point pour les dessins très-nuancés,
comme les fleurs, les emblèmes, les oiseaux, les têtes, etc.

Fig. 8. Point de Beauvais.

Point de Beauvais. — C'est le point des Gobelins en travers.

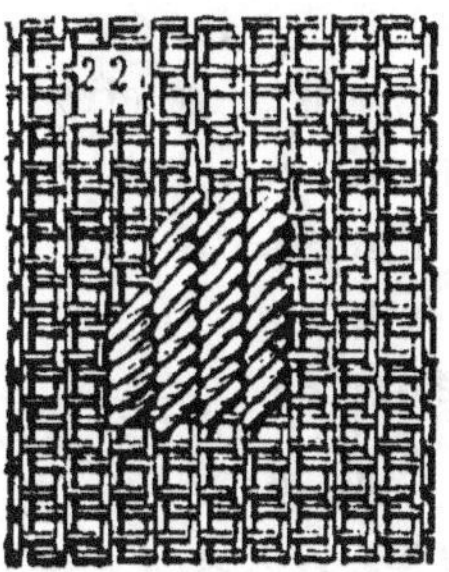

Fig. 9. Point reps.

Point reps. — Pour faire ce point, qui doit être serré, et bien couvrir le canevas, prenez du canevas Pénélope et passez la laine en hauteur entre les deux fils les plus rapprochés dans le sens de la lisière; il se fait en colonnes, en montant et en descendant. Vous piquez l'aiguille en prenant deux fils en hauteur, deux en largeur ; rapprochez les points en leur donnant plus de biais qu'au point des Gobelins, et en ne mettant qu'un fil d'intervalle entre chaque point.

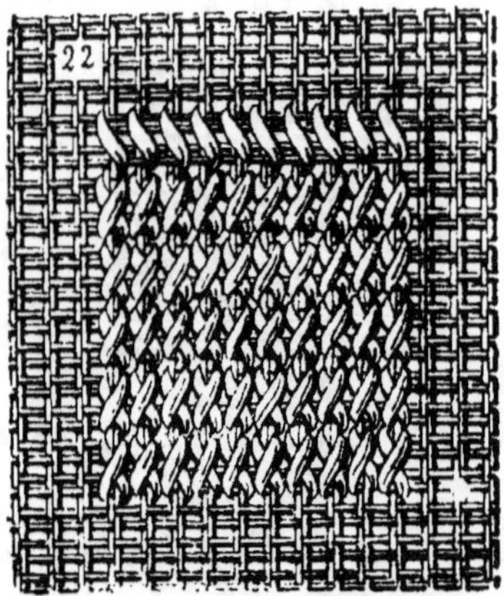

Fig 10. Croix allongée.

CROIX ALLONGÉE. — Vous faites cette croix comme le point
de compte croisé, en prenant quatre fils dans la hauteur,
c'est-à-dire deux points du canevas, et deux fils dans la largeur; commencez le point de droite à gauche et revenez en
le croisant de gauche à droite.

Fig. 11. Point mosaïque.

POINT MOSAIQUE. — Ce point forme des triangles rentrant les uns dans les autres ; en soie d'Alger d'une seule nuance, il fait de très-jolis fonds pour objets à monter. tels que béni-tier, thermomètre, porte-allumettes, porte-montre, etc. — Vous ferez aussi avec ce point de très-jolis dessins *use laines* en disposant bien les nuances. — La fig. 11 indique par-faitement la manière de faire ce point : vous commencez par passer la laine sur un point du canevas en biais, puis sur deux, puis sur trois, et enfin sur quatre ; vous reprenez en-suite un autre triangle ; celui qui rentre dans l'autre sens recommence tout à fait dans le même biais.

Chaise droite avec bande.

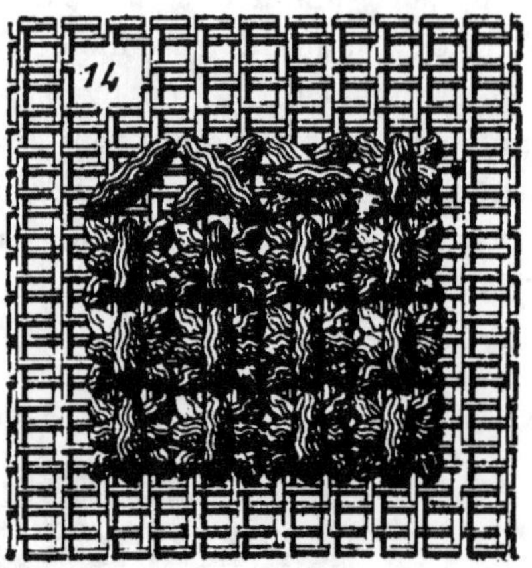

Fig. 12. Point capitonné.

Point capitonné. — Il se fait sur quatre points du canevas, c'est-à-dire deux en hauteur et deux en largeur ; on peut faire chaque point séparément. Vous passez la laine de gauche à droite, et vous la croisez de droite à gauche ; dans ce mouvement vous faites sortir l'aiguille en ne prenant que deux fils ; elle se trouve alors placée pour faire le point horizontal. En terminant ce point, vous passez l'aiguille en biais, et vous la faites sortir dans le bas, au milieu, pour faire le point vertical.

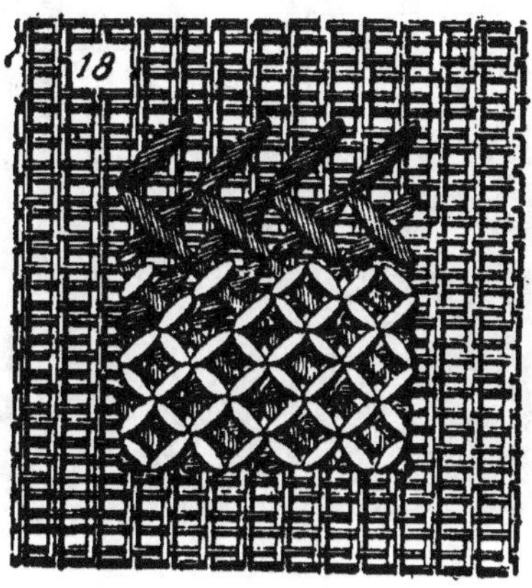

Fig. 13. Point de riz.

Point de riz. — Le point de riz peut se faire d'une seule couleur ou de deux couleurs, l'une qui fait le grand point croisé
sur quatre points de canevas, comme le *point capitonné*, et
l'autre qui recouvre les extrémités de la croix dans tous les
sens; vous faites ce second point par dessus, comme le *point
de piqûre* dans les deux sens, en prenant un point du canevas
en biais.

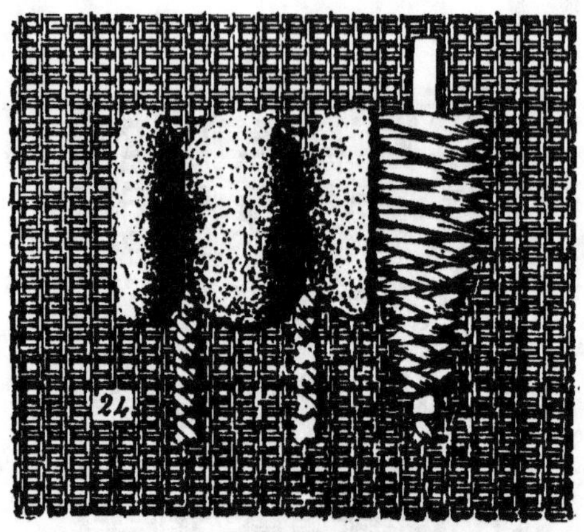

Fig. 14. Point de la Savonnerie.

POINT DE LA SAVONNERIE. — Ce point, qui est à laine coupée, forme un très-beau relief. — Faites un *point de compte croisé* en colonne; coupez une petite bande de carton mince, de la largeur d'un point ; posez-la sur le point de compte, et faites par dessus un point croisé, en prenant un fil en dehors de chaque côté. Revenez sur ce point, en faisant un point croisé plus large, en prenant encore un fil de plus de chaque côté; continuez ainsi à allonger les points, que vous croisez les uns par dessus les autres sur toute la longueur de votre premier point de compte, et, en largeur, de quatre fils de chaque côté en dehors du point de compte, puis avec de bons ciseaux, coupez les laines bien droit, en appuyant la pointe sur la petite bande de carton que vous retirez après.

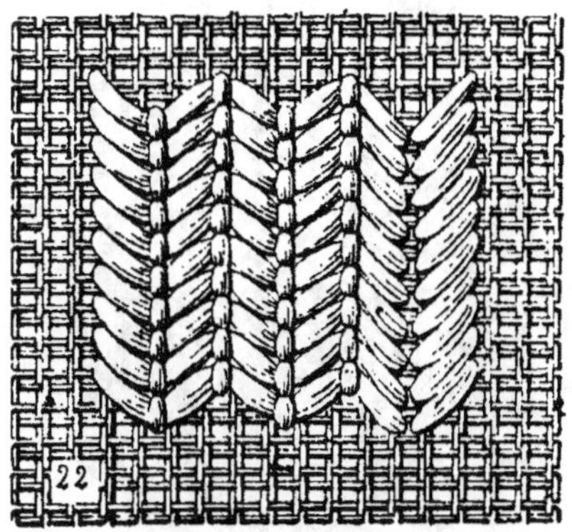

Fig. 15. Point fougère.

POINT FOUGÈRE. — Vous ferez ce point en commençant à
gauche de la figure. Prenez le canevas en travers, c'est-à-
dire en plaçant la lisière horizontalement et en faisant les
points en biais sur deux points dans un sens et deux dans
l'autre et en allant de gauche à droite ; mais il faut sortir
l'aiguille en biais et faire le point suivant en laissant seulement deux fils d'intervalle. Lorsque vous êtes au bout de la
colonne, vous retournez le canevas dans le sens de la lisière, et
vous faites le même point en remontant, et en passant l'aiguille en biais sur deux points, dans les deux sens du canevas et de gauche à droite ; faites sortir l'aiguille à gauche,
en remontant d'un point plus haut que le dernier point. —
Entre chaque colonne de points en biais, vous faites un point
de piqûre ou point arrière en soie ou en laine.

Fig. 16. Point natté.

Point natté. — Ce point se fait en colonne; il occupe trois points du canevas dans la largeur. Il y a deux manières de l'exécuter : pour la colonne de gauche, tenez le canevas droit devant vous et faites sortir l'aiguille dans le haut du point à gauche. — *Faites le point en traversant en biais sur deux points en hauteur et en largeur; faites sortir l'aiguille comme vous l'indique la position de la laine, en prenant, seulement dans le bas du point, deux fils en travers; croisez ensuite le bas du point, en faisant un grand point à droite, en biais, sur deux points de canevas; passez l'aiguille à l'envers et faites-la sortir à gauche de la natte, un point plus bas que le dernier point. — Retournez au signé *.

Pour le point qui est indiqué à la seconde colonne et qui fait le même effet, vous tenez le canevas en travers, le haut de

la natte à droite ; vous placez la laine dans la position où
elle est restée en bas de la natte, et vous faites le point du
haut, en traversant deux points en biais, de gauche à droite :
faites sortir l'aiguille trois points au-dessous et verticalement. — Traversez deux points en biais, en allant de droite
à gauche, et replacez la laine dans la position où elle se
trouve sur la fig. 16.

Fig. 17. Point byzantin.

POINT BYZANTIN. — Traversez en biais, de gauche à droite,
deux points en hauteur et deux points en largeur ; faites
sortir l'aiguille d'un point plus bas, en biaisant un peu à
l'envers pour faire le point dans tous les points du canevas,
dans la largeur.

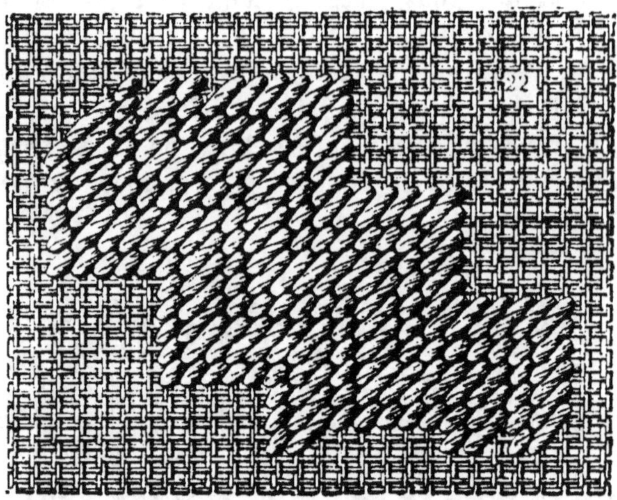

Fig. 18. Point Jacquart.

POINT JACQUART. — Il se fait comme le point byzantin, mais il est séparé par un point de piqûre, fig. 4.

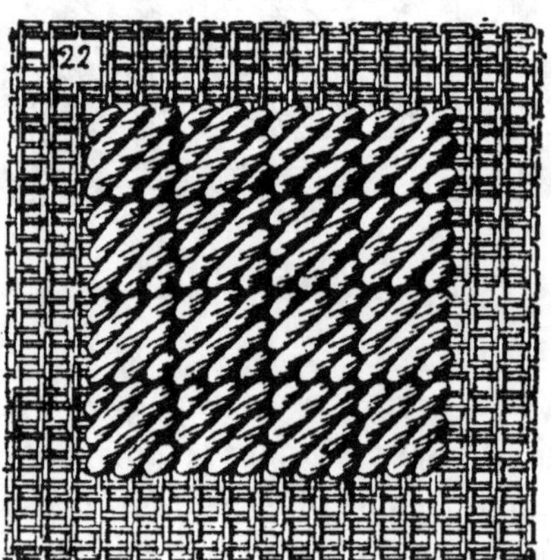

Fig 19 Point damier.

Point damier. — Il forme des carrés parfaitement égaux et se fait de gauche à droite, en prenant d'abord un point, puis deux points, puis trois points, vous terminez en prenant deux points, puis un point.

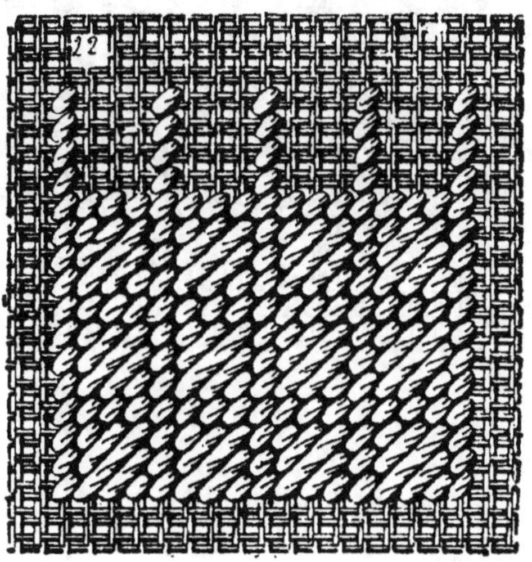

Fig. 20. Point écossais.

Point écossais. — Il se fait comme le *point damier*, et chaque carré est entouré d'un point de piqûre.

Fig. 21. Point d'Aubusson.

Point d'Aubusson. — Faites çe point en biais, en descendant de droite à gauche, comme le point de piqûre, fig. 4; il faut prendre une fois deux points et une fois un point. A la rangée suivante, vous contrariez les points en faisant les grands à côté des petits, et les petits à côté des grands.

Fig. 22. Point cachemire.

POINT CACHEMIRE. — Ce point forme de petits carrés longs.
Faites un point sur un point du canevas, puis sur deux points,
puis encore sur deux points en descendant, et sur un point
à côté du deuxième grand point; ce dernier point fera le
premier du carré suivant.

2

Fig. 23. Point de Smyrne.

POINT DE SMYRNE. — Vous pouvez faire ce point de deux
manières, soit comme le point damier, en prenant le dernier
point du carré pour le premier du carré suivant, soit comme
le point de piqûre, en faisant la première rangée de tous
points égaux, pris sur deux points du canevas. A la deuxième
rangée, vous prendrez alternativement trois points du canevas,
puis un point; la troisième rangée sera comme la première, de
tous points égaux de deux points du canevas; la quatrième
sera comme la deuxième, en contrariant les grands points
avec les petits points de la deuxième rangée.

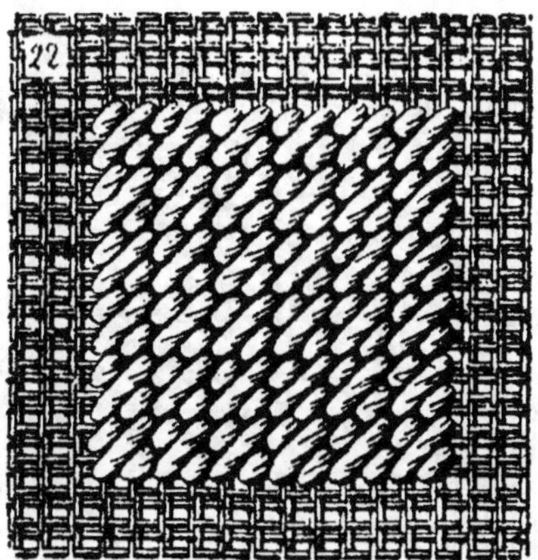

Fig. 24. Point florentin.

POINT FLORENTIN. — Il est formé de petits carrés égaux,
Faites-le par rangées, en point de piqûre; chaque rangée
est formée de points égaux : l'une de points d'un seul point
du canevas, et l'autre de deux points. — Ce point sert pour
des fonds unis en soie d'Alger.

Fig. 25. Point de Paris.

POINT DE PARIS. — Ce point est composé de points droits,
pris alternativement sur quatre et sur huit fils du canevas.

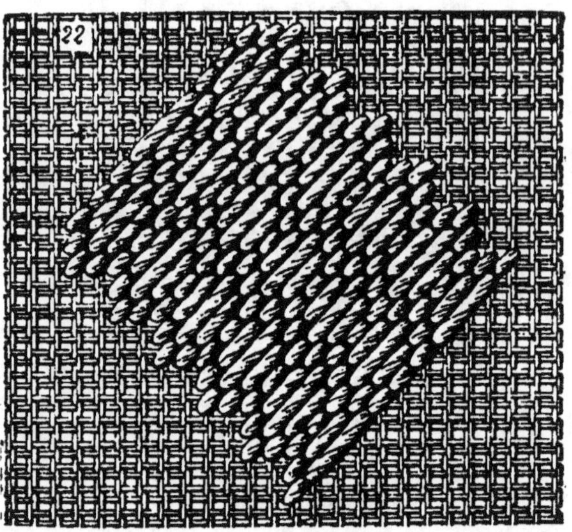

Fig. 26. Point mauresque.

POINT MAURESQUE. — Il se fait comme le point de Smyrne alterné de point de piqûre.

Fig. 27. Broderie au passé sur canevas.

Bʀᴏᴅᴇʀɪᴇ ᴀᴜ ᴘᴀssᴇ. — Cette broderie se lait sur canevas comme sur toute autre étoffe. — Voyez page 204, pour le détail de cette broderie.

Tapisserie par signes.

2.

TRICOT

Il y a plusieurs manières de commencer le tricot, nous donnons la plus simple et la plus usitée.

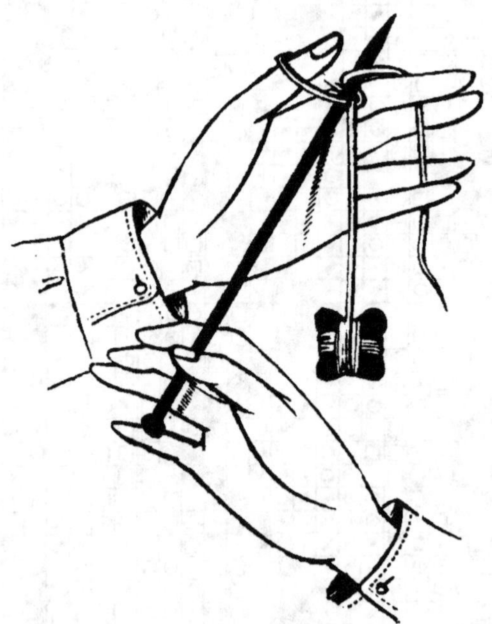

Fig. 28. 1re position des mains.

1re *position des mains.* — Tournez le fil sur les doigts de la main gauche en plaçant le bout entre le 2e et le 3e, puis vous

prenez le fil du peloton que vous tournez autour du pouce en
passant d'abord devant le pouce, puis derrière, de manière
à croiser le fil entre le pouce et l'index ; vous passez alors
l'aiguille dans la boucle qui est sur le pouce, et vous tirez
dans cette boucle, avec la pointe de l'aiguille, le bout du fil
qui est sur l'index.

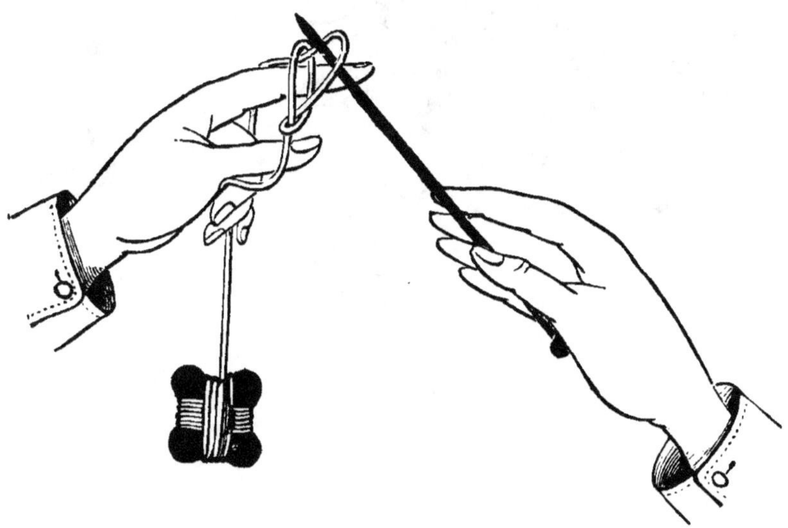

Fig. 29. 2ᵉ position des mains.

2ᵉ *position des mains*. — Lorsque vous avez tiré la boucle
avec l'aiguille, vous retirez le pouce de la 1ʳᵉ boucle et vous le
passez en dessous du fil du peloton, pour serrer doucement le
nœud en écartant le pouce et l'index.

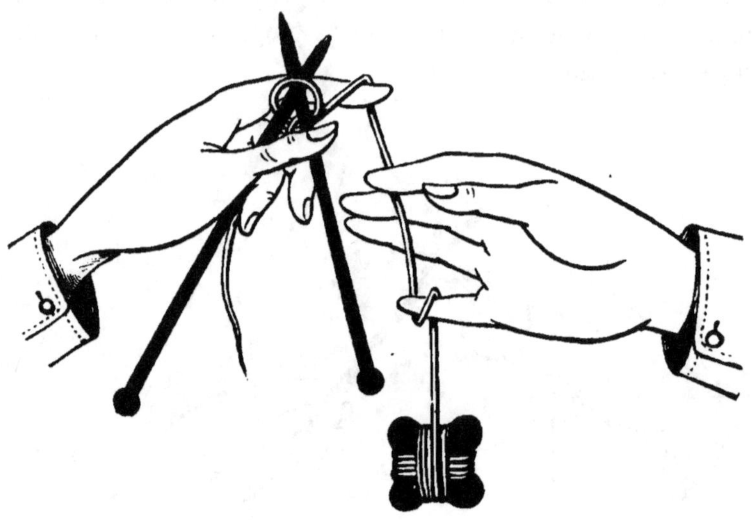

Fig. 30. 3ᵉ position des mains.

3ᵉ *position des mains*. — La maille de tricot ne doit jamais
être très-serrée. Passez l'aiguille sur laquelle vous venez de
monter la première maille dans la main gauche, et prenez-
en une seconde que vous passez dans la maille, en la croisant
en dessous de l'autre ; vous tournez le fil sur les doigts de la
main droite de manière à le maintenir un peu tendu avec
le 5ᵉ doigt et à le jeter sur l'aiguille avec l'index.

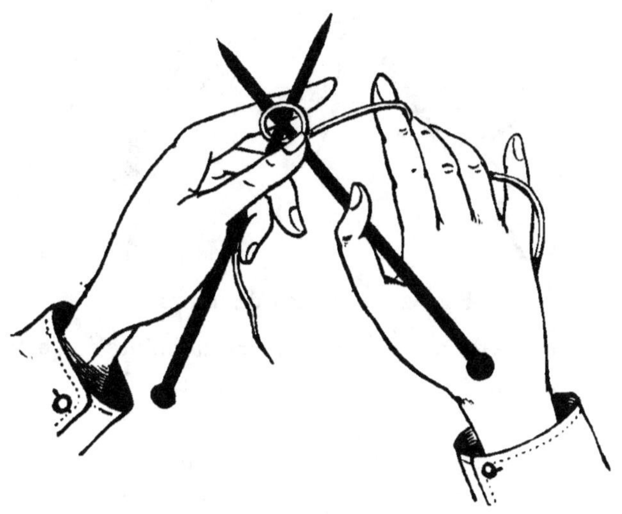

Fig. 31. 4e position des mains.

4e position des mains. — Vous tournez la main droite en prenant la 2e aiguille en dessus de la main ; l'index retient le fil du peloton.

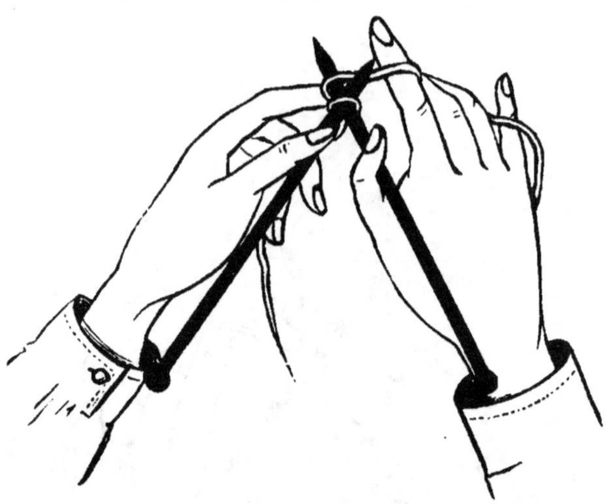

Fig. 32. 5e position des mains.

5e position des mains. — Jetez le fil sur la pointe de l'aiguille de la main droite en entourant l'aiguille avec le fil.

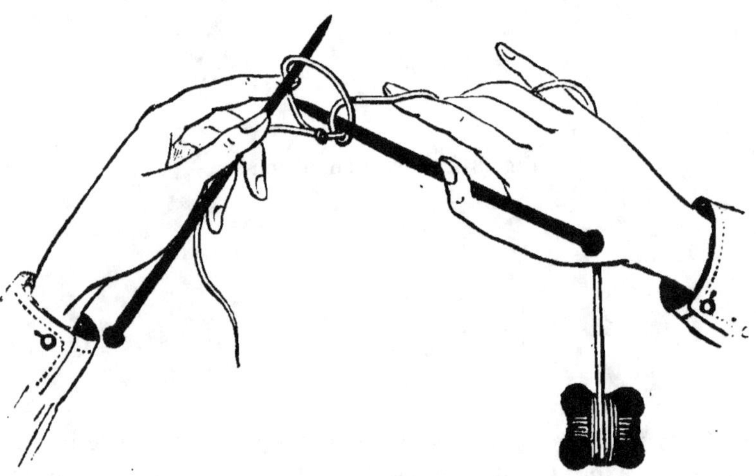

Fig. 33. 6e position des mains.

6e *position des mains.* — Vous retirez la maille avec l'aiguille de la main droite qui passe dans la maille de l'autre aiguille.

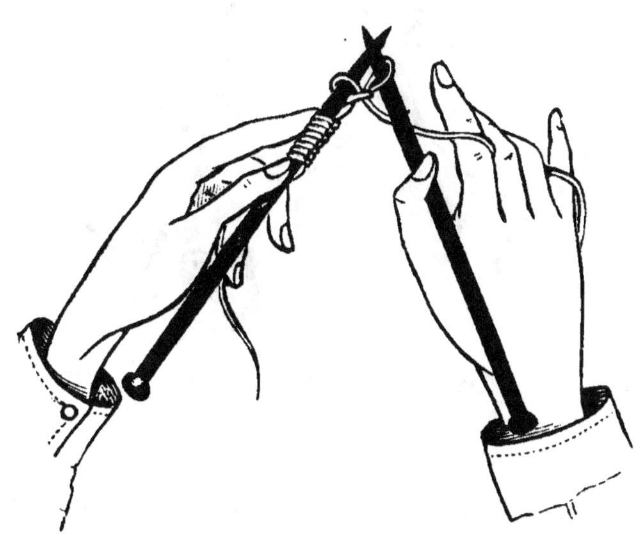

Fig 34. 7ᵈ position des mains.

7e *position des mains.* — Vous avez alors une maille sur chaque aiguille ; et pour continuer à monter les mailles de votre 1ᵉʳ rang de tricot, vous formez toutes vos mailles les unes dans les autres.

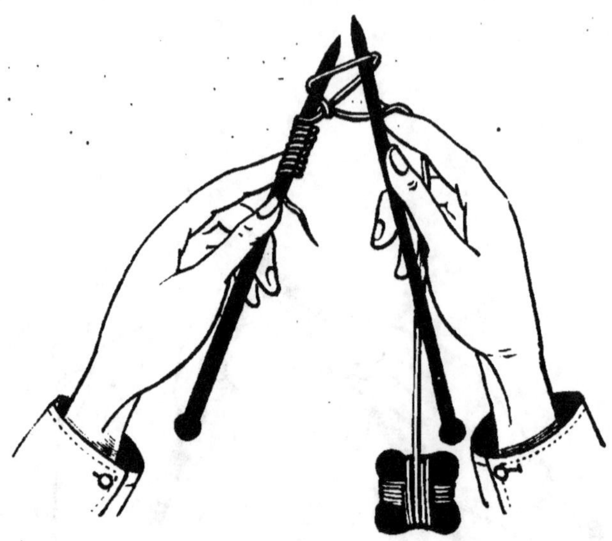

Fig. 35. 8e position des mains.

8e *position des mains*. — Passez l'aiguille de la main gauche dans la maille qui se trouve sur l'aiguille de la main droite ; croisez l'aiguille de la main droite en dessous de l'autre, et reprenez la 4e position des mains (fig. 31).

Pour le tricot à deux aiguilles, vous observerez les fig. 31, 32 33 et 34, c'est le tricot qui se fait en allant et en revenant. Vous arrêtez la dernière maille à la 7e position, et pour c` premier rang seulement, vous tricotez la seconde maille à *l'envers* (voyez cette maille fig. 38). Lorsque vous faites le 1er rang de tricot, après avoir monté les mailles sur l'aiguille, vous revenez en travaillant de droite à gauche. — On ne tricote jamais la 1re maille pour le tricot à deux aiguilles.

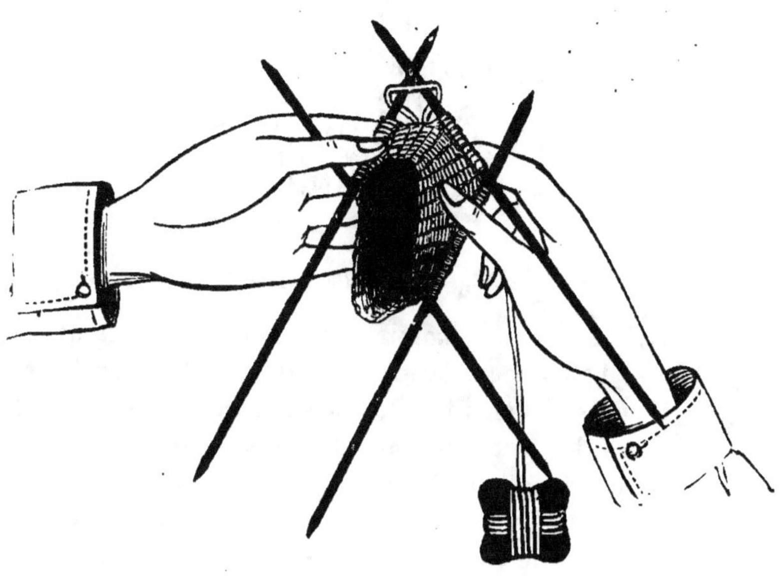

Fig. 36. 9ᵉ position des mains.

9ᵉ *position des mains*. — Cette figure vous donne la manière de tenir le tricot avec quatre aiguilles. — Lorsque vous avez monté le nombre de mailles que vous désirez sur trois aiguilles, vous fermez le rang en tricotant la 1ʳᵉ maille de la 1ʳᵉ aiguille avec votre 4ᵉ aiguille, et vous les relevez successivement en tournant et en prenant, pour continuer, l'aiguille que vous venez de débarrasser.

3

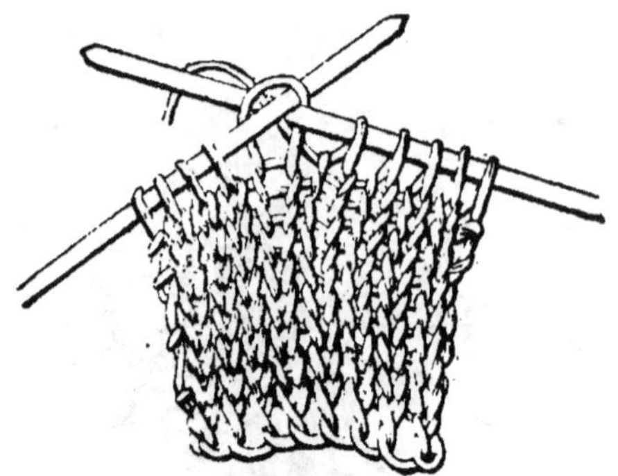

Fig. 37. (Maille simple.)

Maille simple ou a l'endroit. — Prenez la maille en dessus, et croisez l'aiguille de la main droite en dessous de l'autre; jetez le fil sur l'aiguille, et faites-la sortir en tirant le fil dans la maille qui est sur l'aiguille de la main gauche, puis vous retirez l'aiguille de la main gauche de dedans la maille. — Pour toutes les mailles à l'endroit, l'aiguille de la main droite croise en dessous de celle de la main gauche. On croise les aiguilles en sens contraire pour tirer le fil dans la maille.

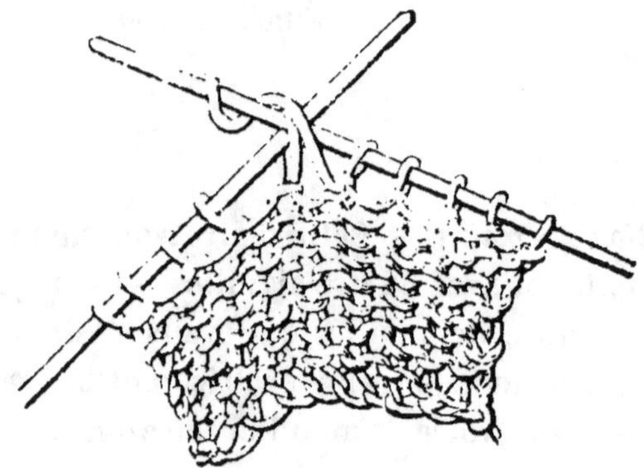

Fig. 38. (Maille à l'envers.)

Maille a l'envers. — Passez le fil sur l'aiguille de la main droite; prenez la maille en faisant croiser l'aiguille de la main droite sur celle de la main gauche; jetez le fil sur l'aiguille, et retirez le fil dans la maille en passant l'aiguille de la main droite en dessous de l'autre. Si vous avez à faire plusieurs mailles à l'envers de suite, laissez le fil devant l'aiguille; mais si c'est une maille à l'endroit que vous voulez faire après, il faut replacer le fil derrière l'aiguille. — Pour toutes les mailles à l'envers, l'aiguille de la main droite croise en dessus de celle de la main gauche.

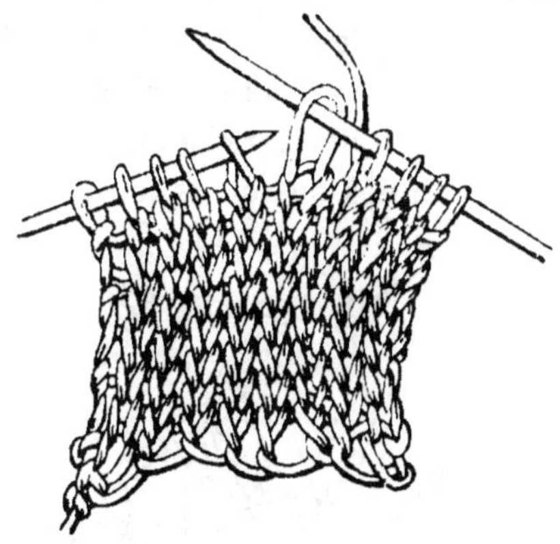

Fig. 39. Maille simple sans tricoter.

Maille simple sans tricoter. — Prenez la maille qui est sur l'aiguille de la main gauche, comme pour faire une maille simple, et retirez-la de l'aiguille sans jeter le fil sur l'aiguille.

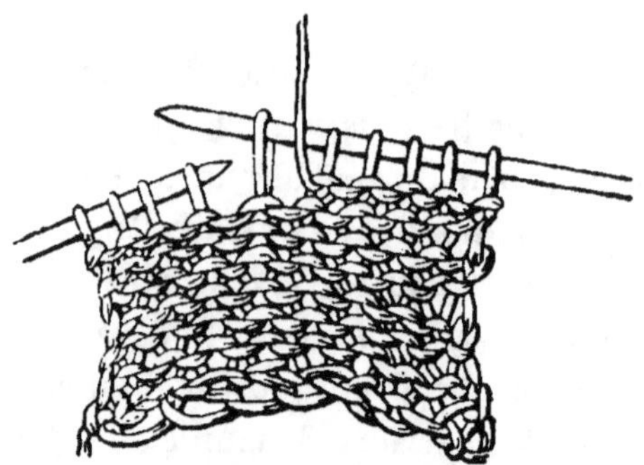

Fig. 40. Maille à l'envers sans tricoter.

MAILLE A L'ENVERS SANS TRICOTER. — Jetez le fil devant l'ai-guille de la main droite; prenez la maille qui est sur l'aiguille de la main gauche comme pour faire une maille à l'envers, et retirez-la de dessus l'aiguille sans jeter le fil sur celle de la main droite; si vous avez une maille à l'endroit à faire après, vous replacez le fil derrière l'aiguille de la main droite, en le faisant passer en dessous de cette aiguille.

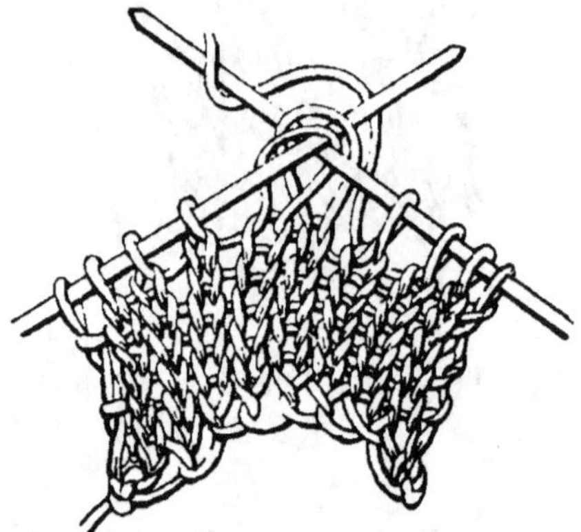

Fig. 41. Deux mailles ensemble à l'endroit.

DEUX MAILLES ENSEMBLE A L'ENDROIT. —Piquez l'aiguille de la main droite dans la 2e maille de l'aiguille de la main gauche,

puis dans la 1ʳᵉ; tournez l'aiguille en la croisant en dessous
de celle de la main gauche; jetez le fil sur l'aiguille, et
tirez-le dans les deux mailles ensemble: cette maille fait
une diminution.

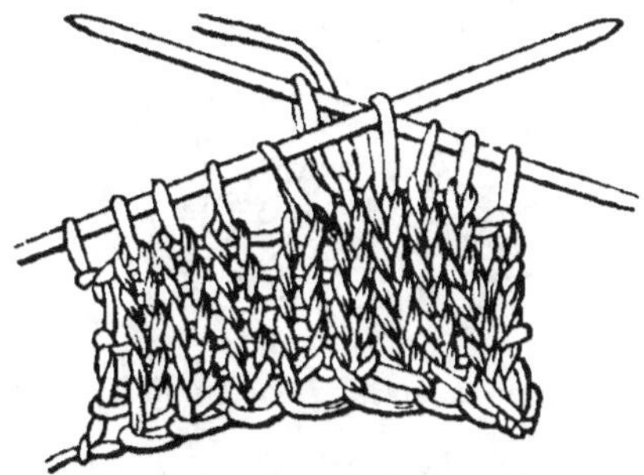

Fig. 42. Surjet simple.

SURJET SIMPLE.— Prenez la maille simple ou à l'endroit sans
tricoter; tricotez la 2ᵉ; piquez l'aiguille de la main gauche
dans la maille qui n'est pas tricotée, et retirez la maille tricotée dans cette maille. Cette maille fait une diminution.

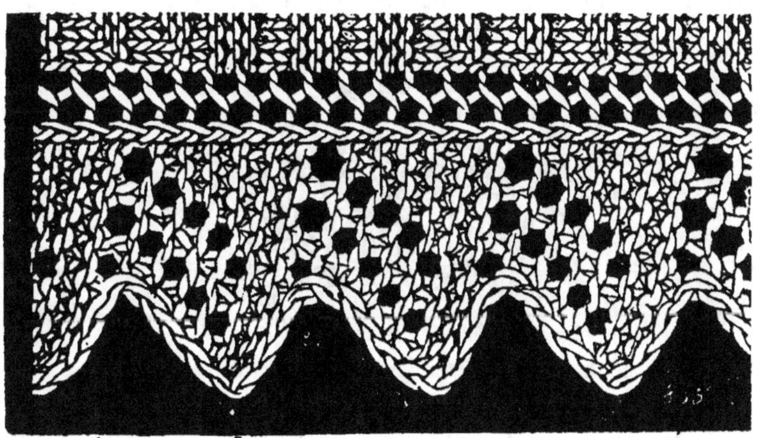

Dentelle en tricot.

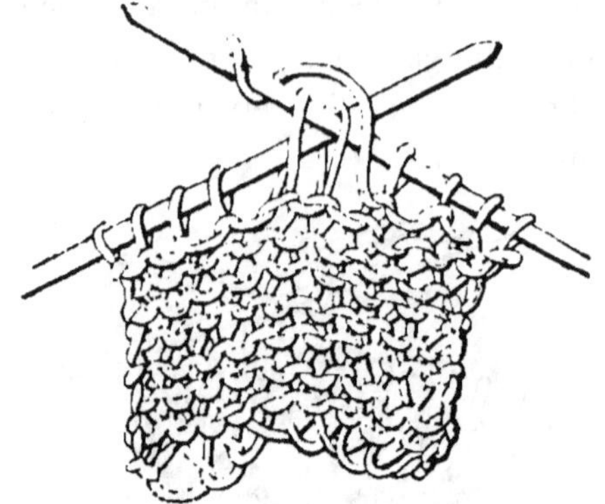

Fig. 43. Deux mailles ensemble à l'envers.

Deux mailles ensemble a l'envers. — Jetez le fil devant l'aiguille de la main droite, comme pour la maille à l'envers ; passez l'aiguille dans la 1re maille, puis dans la 2e ; jetez le fil sur l'aiguille et retirez-le dans les 2 mailles à la fois. Cette maille fait une diminution.

Si vous avez une maille à l'endroit à faire après, il faudra replacer le fil derrière l'aiguille.

Fig. 44. Surjet double.

Surjet double. — Prenez la première *maille simple sans tricoter*, faites *deux mailles ensemble à l'endroit*, et jetez la maille qui n'est pas tricotée sur cette maille, comme au *surjet simple*. Cette maille diminue 2 mailles.

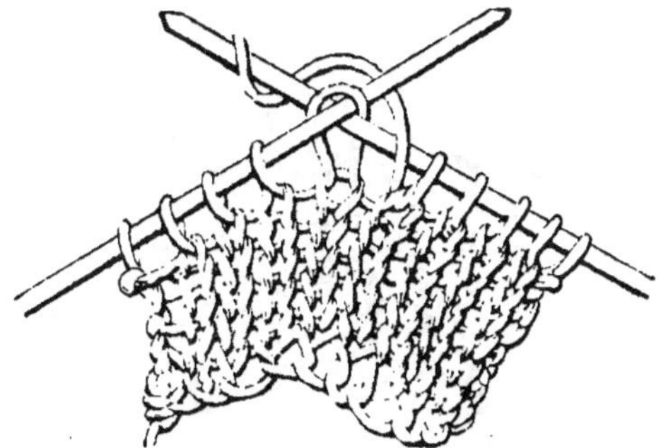

Fig. 45. Passe.

PASSE. — Jetez le fil devant l'aiguille comme pour faire une maille à l'envers, et faites une *maille simple*. Le fil que vous avez jeté sur l'aiguille avant de faire la maille fait une maille de plus et un jour. — La passe se trouve souvent avant une diminution.

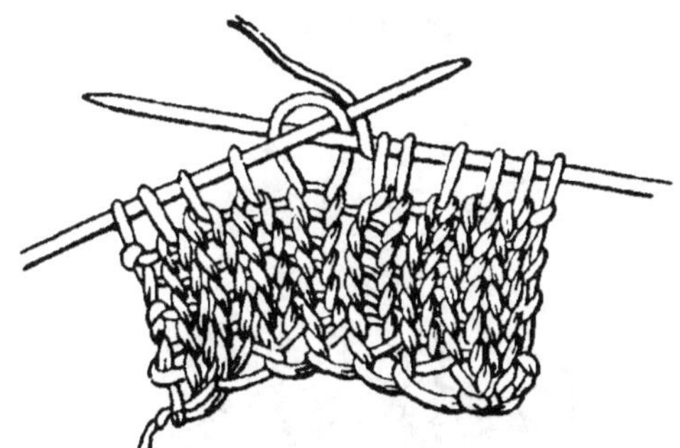

Fig. 46. Passe double.

PASSE DOUBLE. — L'aiguille de la main gauche doit passer dans la maille comme à la fig. 45. Jetez le fil devant l'aiguille, comme pour la passe ; jetez-le une seconde fois autour de l'aiguille avant de faire la maille. Elle augmente de deux mailles et fait un jour plus grand. — Elle se reprend au tour suivant, en faisant une maille à l'endroit et une maille à l'envers.

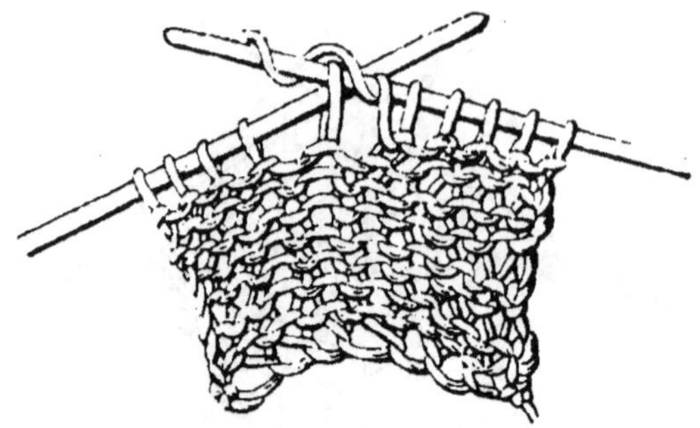

Fig. 47. Passe à l'envers.

PASSE A L'ENVERS. — Si elle se trouve placée entre deux mailles à l'envers, vous jetez le fil autour de l'aiguille avant de faire la maille ; si elle est placée après une maille simple et avant une maille à l'envers, vous la ferez comme la passe double. Cette passe augmente d'une maille.

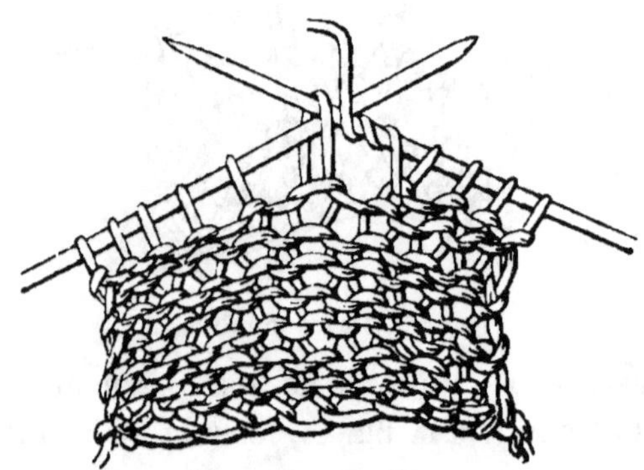

Fig. 48. Passe double à l'envers.

PASSE DOUBLE A L'ENVERS. — Elle se fait comme la précédente, mais en tournant le fil une fois de plus autour de l'aiguille.

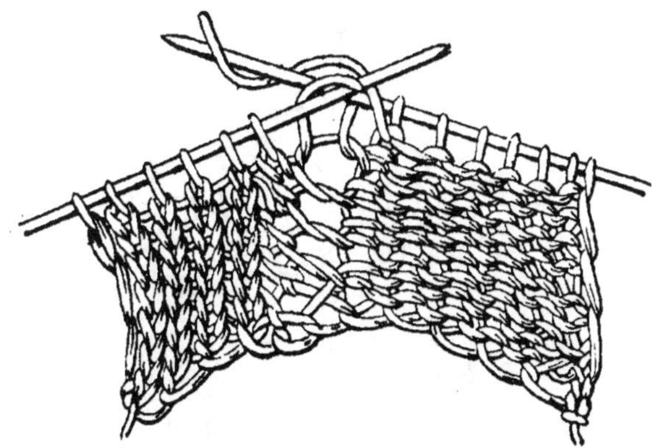

Fig. 49. Laissez le fil devant l'aiguille.

LAISSEZ LE FIL DEVANT L'AIGUILLE. — Si vous voulez faire une *passe* après une maille à l'envers et avant une maille simple, vous laissez le fil devant l'aiguille, il se trouve placé comme pour la *passe* et fait également une augmentation et un jour.

Brassière tricotée.

3.

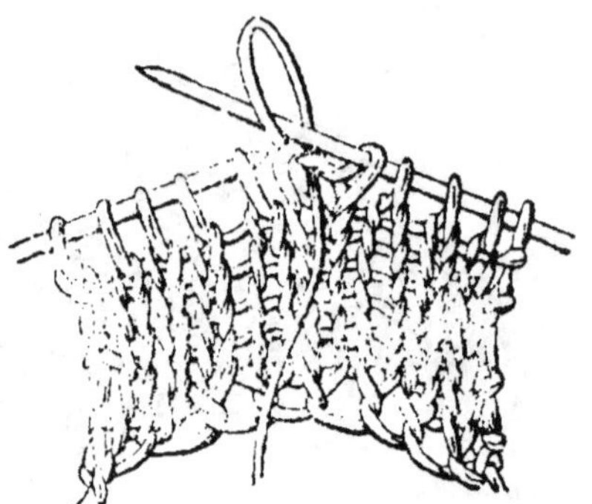

Fig. 50. Former une Maille.

FORMER UNE MAILLE. — Lorsque vous voulez augmenter votre tricot d'une maille sans faire de jour, vous faites une maille simple et une maille à l'envers dans la même maille, avant de la retirer de l'aiguille de la main gauche : ainsi vous faites la maille simple et, sans retirer la maille de dessus l'aiguille de la main gauche, vous jetez le fil sur l'aiguille, vous faites la maille à l'envers en ramenant la pointe de l'aiguille de la main droite devant l'autre, puis en arrière ; vous faites ainsi vos deux mailles, et vous retirez la maille de l'aiguille de la main gauche.

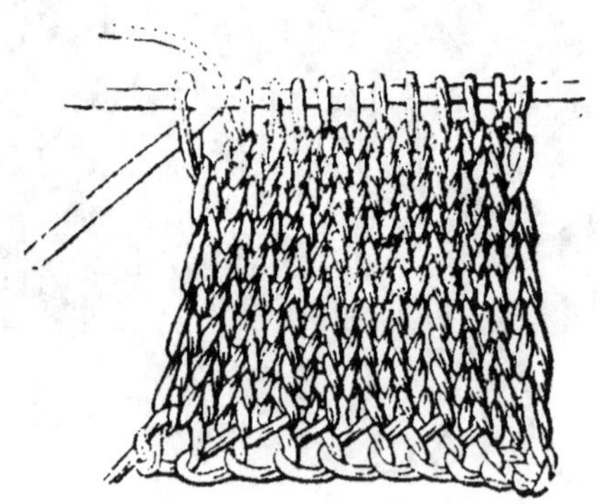

Fig. 51. Maille simple prise derrière l'aiguille.

MAILLE SIMPLE PRISE DERRIÈRE L'AIGUILLE. — Faites la maille simple en prenant le fil derrière l'aiguille, et non devant, comme la maille ordinaire, cette maille se trouve tournée et plus serrée que la maille simple. — On la fait aussi pour former la lisière dans le tricot à deux aiguilles ; pour faire cette lisière vous commencez tous les rangs par une *maille à l'envers sans tricoter*, et vous les terminez par une *maille simple prise derrière l'aiguille*.

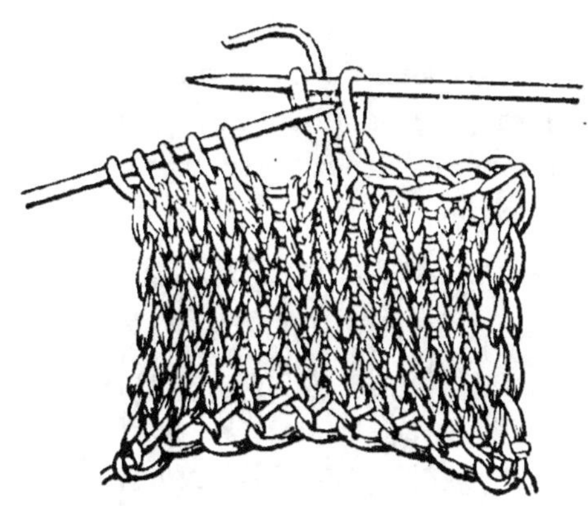

Fig. 52. **Rabattre 1, 2, 3 mailles et plus.**

RABATTRE 1, 2, ou 3 MAILLES. — La 1re maille rabattue se fait comme le *surjet simple*; pour les suivantes, vous faites une maille simple, et vous rabattez la précédente en faisant passer la maille simple dans cette maille, et ainsi de suite pour toutes les **mailles rabattues.**

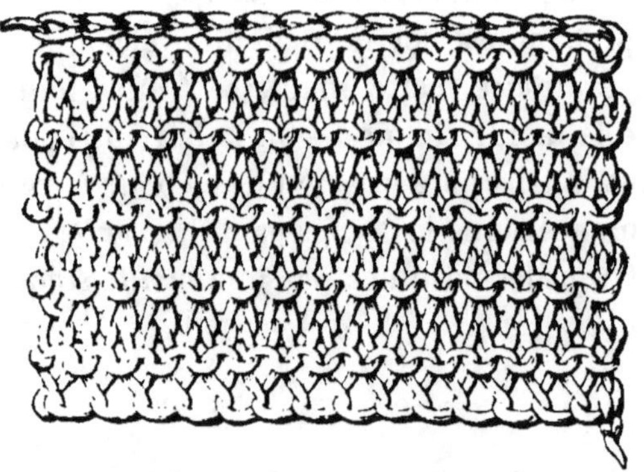

Fig. 53. Tricot mousse.

TRICOT MOUSSE. — (Deux aiguilles en acier ou en bois.) — Vous
faltes tous les rangs en mailles simples, en ayant soin, toutes
les fois que vous retournez votre ouvrage, de prendre la 1re
maille sans la tricoter.

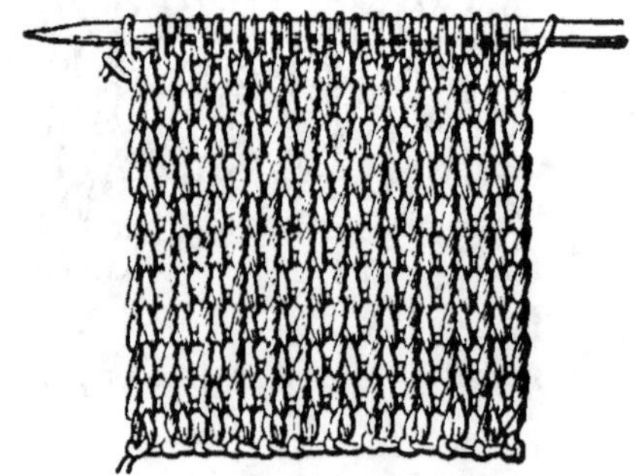

Fig. 54. Tricot double.

TRICOT DOUBLE. — Prenez deux aiguilles en acier ou en bois.
— Montez un nombre pair de mailles.

1er *rang.* — 1 maille à l'envers sans tricoter. — * 1 maille
simple. — 1 maille à l'envers sans tricoter. — Retournez au
signe *. — Terminez par une maille simple.

2me *rang*. — Comme le premier. — Au premier rang vous avez tricoté la moitié de vos mailles, au deuxième vous tricotez celles que vous avez prises à l'envers sans tricoter et qui se trouvent, de ce côté, être des mailles simples. Ce tricot est sans envers et forme deux doubles de tissu qui se séparent en les tirant de chaque côté.

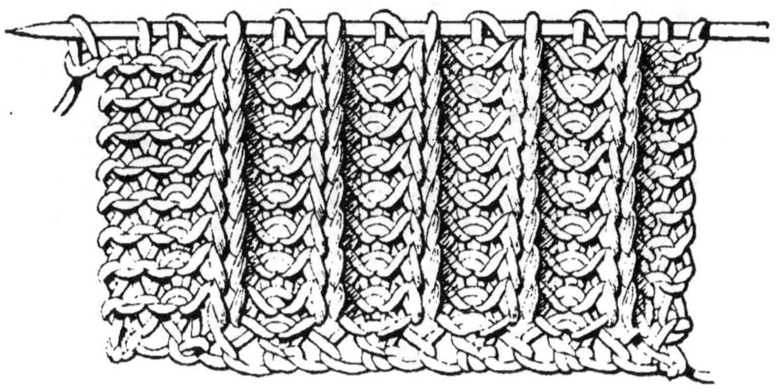

Fig. 55. Tricot anglais ou point de brioche.

Tricot anglais ou point de brioche. — (Deux aiguilles en acier ou en bois.) — Montez un nombre de mailles divisible par 3, ajoutez 4 mailles pour les lisières.

1er *rang*. — 1 maille simple sans tricoter. — 1 maille simple* — 2 mailles ensemble. — 1 maille à l'envers sans tricoter.— Laissez le fil devant l'aiguille. — Retournez au signe *. Terminez par deux mailles simples.

2me *rang*. — Comme le 1er.

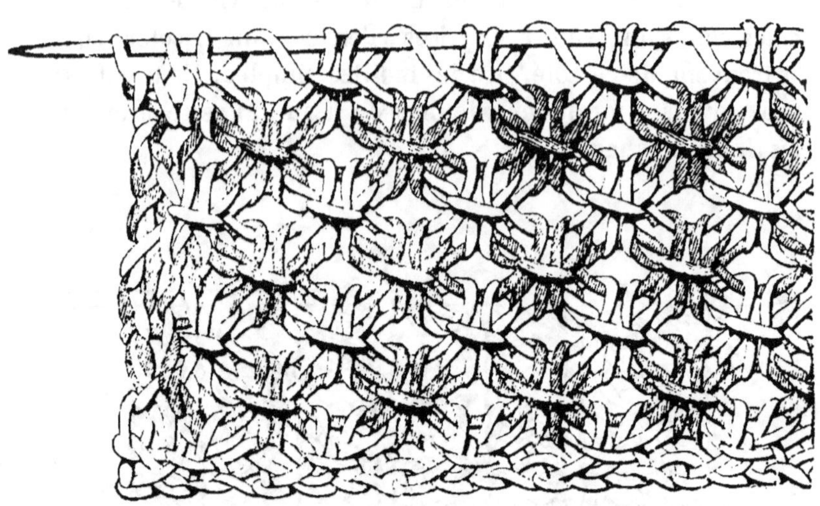

Fig. 56. Tricot capitonné.

TRICOT CAPITONNÉ. — (Deux aiguilles en bois, et de la laine de deux nuances.) — Vous changez de laine tous les deux rangs. — Montez un nombre de mailles divisible par 3; ajoutez 2 mailles pour les lisières.

1er *rang*. — 1 maille simple sans tricoter. — Toutes les mailles à l'envers. — Terminez par 1 maille simple.

2me *rang*. — 1 maille simple sans tricoter. — * 3 mailles simples. — Prenez la 1re de ces 3 mailles et surjetez-la sur les deux autres. — 1 passe. — Retournez au signe *. — Terminez par 1 maille simple. — Changez la laine.

3me *rang*. — 1 maille simple sans tricoter. — Toutes les mailles à l'envers. — Terminez par 1 maille simple.

4**me** *rang.* — 1 maille simple sans tricoter. — 1 maille simple. — * 1 passe. — 3 mailles simples. — Prenez la 1re de ces 3 mailles et surjetez-la sur les 2 autres. — Retournez au signe *. — Terminez par 3 mailles simples.

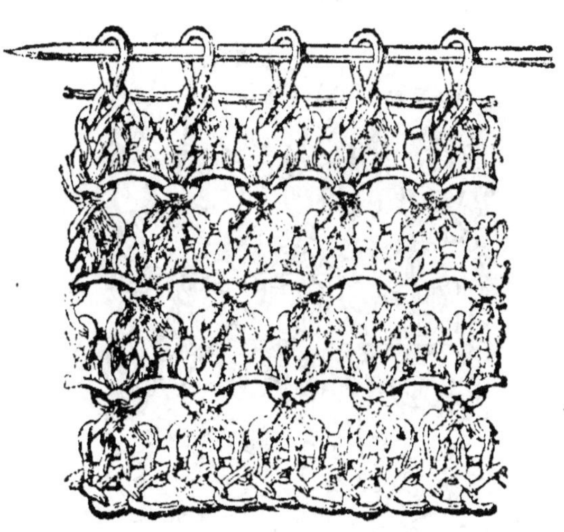

Fig. 57. Tricot diamant à l'endroit.

TRICOT DIAMANT A L'ENDROIT. — (Deux aiguilles en bois et laine très-fine.) — Montez un nombre pair de mailles.

1**er** *rang.* — 1 maille simple sans tricoter. — Toutes les mailles simples.

2**me** *rang.* — 1 maille simple sans tricoter. — Toutes les mailles à l'envers.

3**me** *rang.* — 1 maille sans tricoter — 1 maille simple. — * 2 mailles ensemble. — Retournez au signe *. — Terminez par 2 mailles simples.

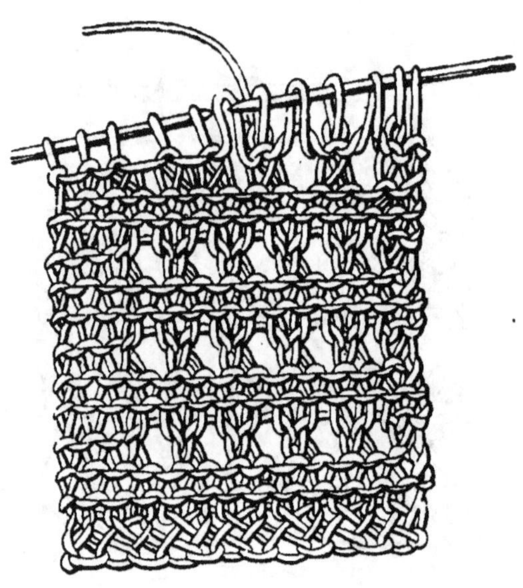

Fig. 58. Tricot diamant à l'envers.

4e *rang.* — 1 maille simple sans tricoter.— 1 maille simple — * Relevez une maille en passant l'aiguille dans la laine qui se trouve tendue entre les 2 aiguilles. — 1 maille simple. — Retournez au signe *. — Terminez par 2 mailles simples.

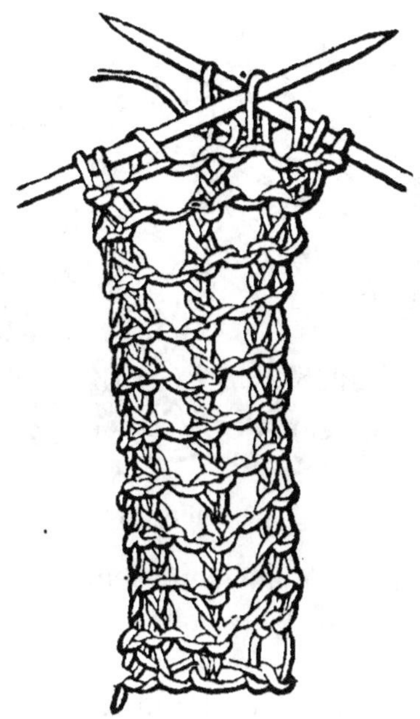

Fig. 59. Point d'échelle.

POINT D'ÉCHELLE. — Point à jour pour dentelle. — 2 aiguilles
en acier ou en bois. — Pour faire l'entre-deux de la fig. 59,
montez 7 mailles.

1er *rang*. — 1 maille simple sans tricoter. — 1 maille simple—faites 2 fois : (1 passe—1 surjet simple.)— Terminez par
1 maille simple.

2e *rang*. — 1 maille simple sans tricoter. — Toutes les mailles simples. — Ajoutez 2 mailles pour chaque raccord en plus
que vous voudrez faire, ou diminuez deux mailles pour faire
1 seul jour du dessin.

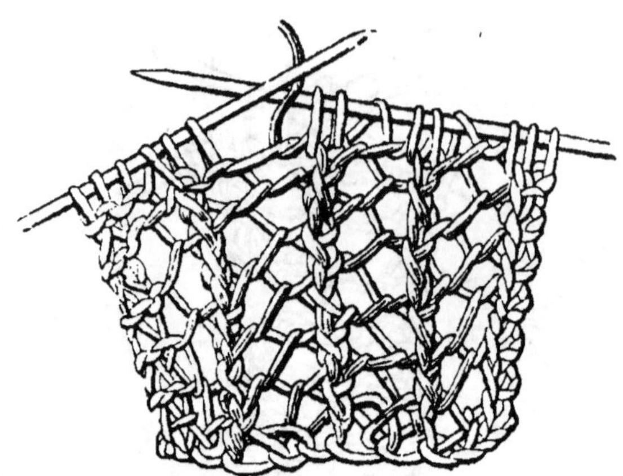

Fig. 60. Point turc.

POINT TURC. — Point à jour pour dentelle. — Deux aiguilles en acier ou en bois. — Pour faire les 4 rangs de jour de la fig. 60, il faut monter 15 mailles, et ajouter 3 mailles pour chaque raccord en plus, ou diminuer 3 mailles pour chaque raccord en moins.

1er rang. — 1 maille simple sans tricoter. — 2 mailles simples. — Faites 4 fois : (1 passe — 1 surjet simple — 1 maille simple.) — Terminez par 1 maille simple.

2e rang. — Comme le premier rang.

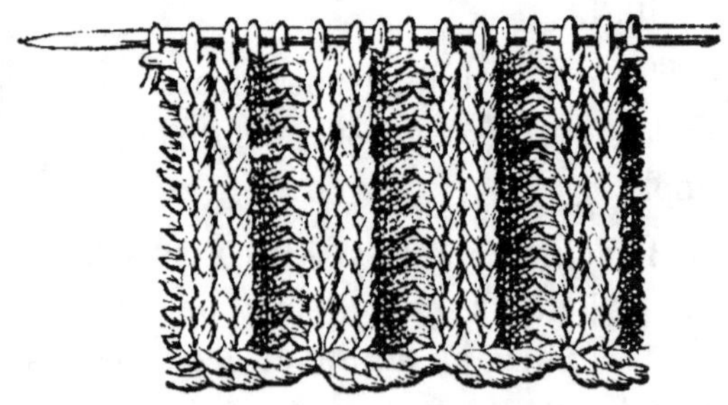

Fig. 61. Côtes de 2 mailles.

CÔTES DE 2 MAILLES. — Le travail du tricot à côtes se fait généralement avec quatre aiguilles; celui de 2 mailles se fait en alternant, **2 mailles à l'endroit, 2 mailles à l'envers.**

Fig. 62. Côtes d'une maille.

CÔTES D'UNE MAILLE. — Cette côte se fait comme la précédente avec 4 aiguilles; cependant ces deux dessins peuvent se faire avec **deux aiguilles** s'ils se trouvent dans un modèle à **deux aiguilles.** — Alternez 1 maille à l'endroit, 1 maille à l'nvers.

Fig. 63. Côtes anglaises.

CÔTES ANGLAISES. — Ces côtes se font avec 4 aiguilles; elles se resserrent beaucoup plus que les précédentes. — Alternez 1 maille simple, prise derrière l'aiguille — 1 maille à l'envers.

CROCHET

Fig. 64. Chaîne. — Maille-chaînette.

CHAINE. — Une chaîne est une suite de mailles-chaînettes, dans lesquelles on prend les mailles du premier rang d'un travail au crochet.

MAILLE-CHAINETTE. — Pour faire la première maille d'une chaîne, formez une boucle avec votre fil; — passez le crochet dans cette boucle et sous le fil; — ramenez le fil avec le crochet — tirez-le dans la boucle. Pour les mailles suivantes :— Passez le crochet sous le fil — tirez-le dans la maille qui est sur le crochet.

ESPACE DES MAILLES. — Lorsque nous ne désignons pas spécialement, dans une explication, la maille dans laquelle doit être prise une *bride*, une *demi-bride*, une *maille passée*, etc., c'est qu'elle devra être prise dans la maille du rang précédent qui suivra immédiatement celle dans laquelle vous aurez pris la dernière maille que vous venez de faire. Si nous disons : « Piquez le crochet dans la 2ᵉ *maille*, dans la 3ᵉ *maille*, etc.,» sans autre désignation, on piquera le crochet dans la 2ᵉ *maille*, dans la 3ᵉ *maille*, etc., du rang précédent, en comptant de la dernière maille prise dans ce rang.

Faire un rang *maille* pour *maille*, c'est faire une maille dans chacune des mailles du rang précédent sans aucune augmentation ni diminution.

Prendre une maille *en arrière*, c'est piquer le crochet sur la 2e *maille*, la 3e *maille*, la 4e *maille*, etc., en revenant en arrière soit sur le rang précédent, soit sur une partie du rang même que vous faites.

Fig. 65. Maille passée.

MAILLE PASSEE.—Piquez le crochet dans une maille.—Passez le crochet sous le fil; — tirez-le dans la maille et dans celle qui est sur le crochet.

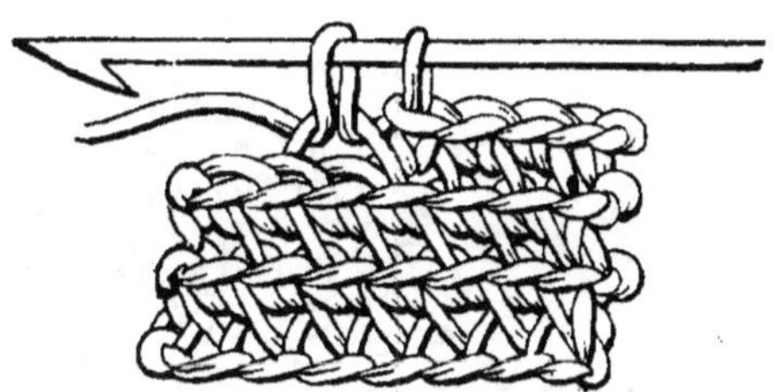

Fig. 66. Demi-bride.

DEMI-BRIDE. — Piquez le crochet dans une maille — passez le crochet sous le fil — tirez le fil dans la maille, vous aurez 2 mailles sur le crochet — passez le crochet sous le fil — tirez-le dans les 2 mailles qui sont sur le crochet.

Fig. 67. Bride.

Bride. — Tournez le fil autour du crochet — piquez le crochet dans une maille — passez le crochet sous le fil — tirez-le dans la maille — passez le crochet sous le fil — tirez-le dans les 2 fils les plus rapprochés de la pointe du crochet — passez le crochet sous le fil — tirez-le dans les 2 fils restant sur le crochet.

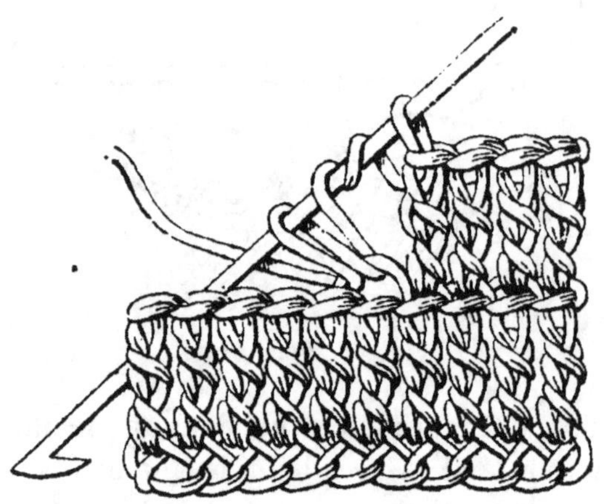

Fig. 68. Bride double.

BRIDE DOUBLE. — Tournez le fil 2 fois autour du crochet —
piquez le crochet dans une maille — passez le crochet sous
le fil — tirez-le dans la maille — passez le crochet sous le fil
— tirez-le dans les 2 fils les plus rapprochés de la pointe
du crochet — passez le crochet sous le fil — tirez-le dans les
2 fils suivants — passez le crochet sous le fil — tirez-le dans
les 2 fils restant sur le crochet.

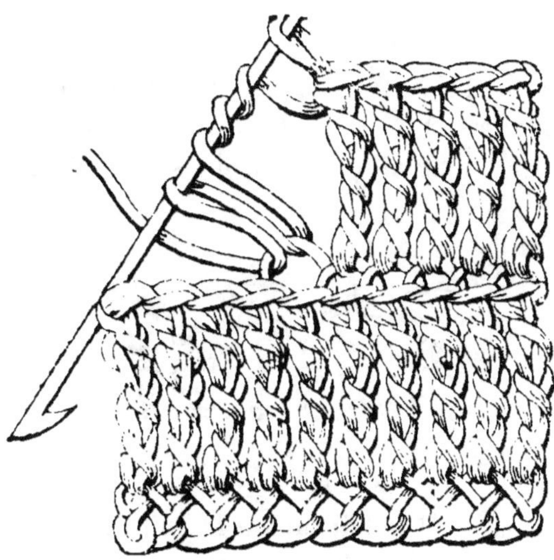

Fig. 69. Bride triple.

BRIDE TRIPLE. — Tournez le fil 3 fois autour du crochet —
piquez le crochet dans une maille — passez le crochet sous le
fil — tirez-le dans la maille — passez le crochet sous le fil, et
tirez-le successivement dans 2 fils, c'est-à-dire 4 fois. Si vous
rencontrez, ce qui est fort rare dans une explication, une
bride quadruple, *quintuple*, etc., il est facile de vous rendre
compte, d'après les explications précédentes, qu'il vous
suffit de tourner le fil 4 fois, 5 fois, etc., autour du crochet et
de tirer le fil successivement dans 2 fils jusqu'à ce qu'il n'en
reste plus qu'un sur le crochet.

Fig. 70. Picot mat.

Picot mat. — Selon la grandeur dont vous voulez faire le picot, vous faites : 3, 4, 5 ou 6 mailles-chaînettes, et vous revenez faire une maille passée dans la 1re de ces mailles-chaînettes.

Fig. 71. Picot à jour.

Picot a jour. — Il se fait sur un travail mat, en demi-brides, brides, ou brides doubles ; lorsque vous avez terminé la maille qui précède le picot, vous faites 4, 5 ou 6 mailles-chaînettes, ou plus, selon la grandeur que vous voulez lui donner — puis vous faites la maille mate suivante.

Travail de deux nuances. — Lorsque vous faites un travail avec deux nuances, il faut terminer la maille, précédant celle qui doit être d'une autre nuance, avec le fil qui doit servir pour cette maille. Supposons que vous travaillez avec du fil blanc et du fil bleu, travaillant avec le fil blanc, vous avez à faire une maille bleue; vous terminez la dernière maille blanche avec le fil bleu.

Fig. 72. Mailles-chaînettes, changement de nuance.

Si vous avez une maille bleue, après une maille-chaînette blanche, vous faites cette maille avec le fil bleu, qui se trouve ainsi placé sur le crochet pour la maille suivante.

Fig. 73. Demi-brides, changement de nuance.

Si vous avez une demi-bride bleue après une demi-bride blanche, vous tirez le fil bleu dans les 2 fils blancs.

Fig. 74. Brides, changement de nuance.

Si vous avez une bride bleue après une bride blanche, vous tirez le fil bleu dans les 2 derniers fils qui sont sur le crochet en terminant la maille blanche.

Lorsque vous travaillez avec deux fils de nuances différentes, il faut toujours tenir vos deux fils ensemble, sur l'index de la main gauche, placer au-dessus celui avec lequel vous travaillez, et enfermer à chaque maille celui dont vous ne vous servez pas.

4

Supposant toujours que vous travaillez avec le fil blanc et le fil bleu :

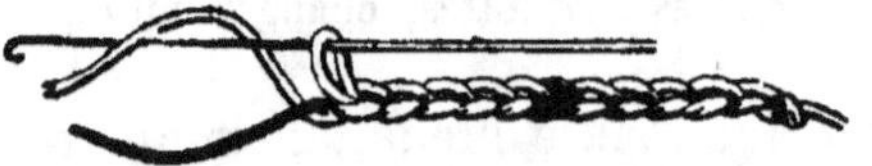

Fig. 75. Mailles-chaînettes, fil enfermé.

Pour les mailles-chaînettes : travaillant avec le fil blanc, il est posé au-dessus du bleu sur le doigt, pour enfermer le fil bleu dans la maille; vous passez le crochet sur le fil bleu, pour tirer le fil blanc.

Fig. 76. Demi-brides, fil enfermé.

Pour les demi-brides, travaillant avec le fil blanc, pour enfermer le fil bleu, piquez le crochet dans la maille du rang précédent ; tirez le fil blanc en passant le crochet sous le fil bleu ; terminez la maille en prenant le fil blanc au-dessus du fil bleu, pour le tirer dans les 2 fils blancs qui sont sur le crochet.

Fig. 77. (Brides, fil enfermé.)

Pour les brides, travaillant toujours avec le fil blanc, passez le crochet sous le fil bleu pour tourner le fil blanc autour du crochet, piquez le crochet dans une maille du rang inférieur — tirez le fil blanc dans les deux premiers fils qui sont sur le crochet — tirez le fil blanc dans les deux derniers fils en passant le crochet au-dessus du fil bleu.

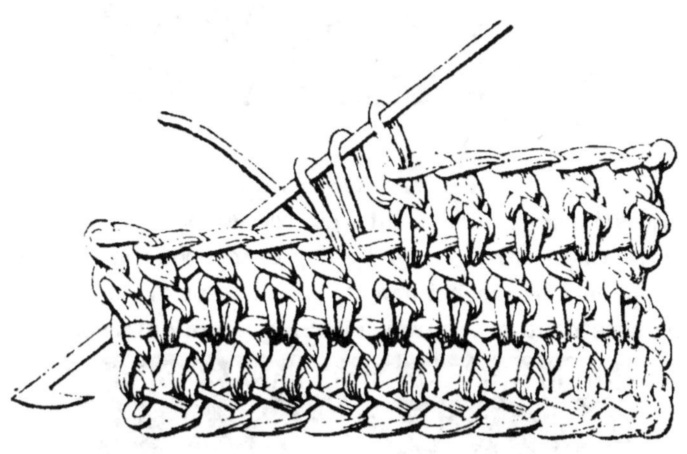

Fig. 78. Crochet Marie-Louise.

Crochet Marie-Louise. — Ce crochet peut être exécuté en *demi-brides*, *brides*, *brides doubles*, etc., la seule différence entre ce crochet et le crochet ordinaire est que vous piquez le crochet, non dans un fil de la chaîne, mais sous les deux fils de la chaîne, entre deux mailles.

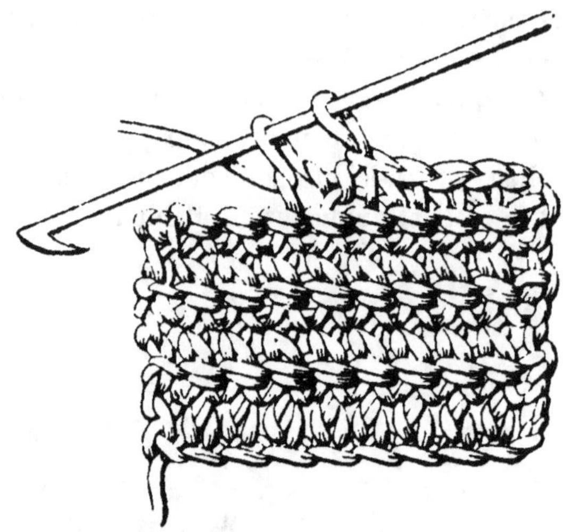

Fig. 79. Crochet russe.

CROCHET RUSSE. — Vous faites ce crochet tout en demi-brides
et retournant votre ouvrage à chaque rang; pour faire la maille
vous piquez le crochet dans le fil inférieur de la chaîne du
rang précédent, qui se trouve derrière votre ouvrage.

Feuilles en crochet russe.

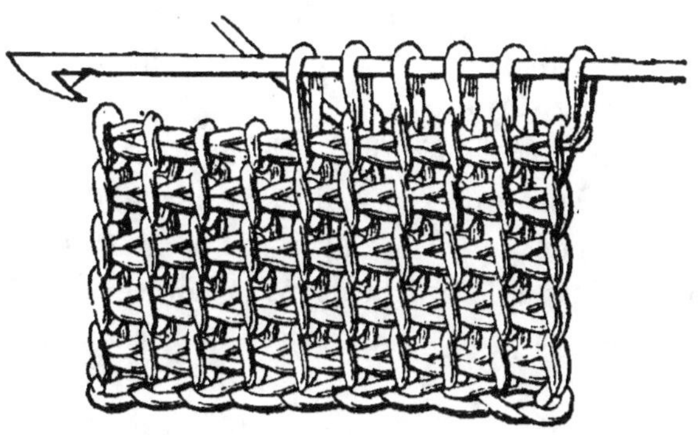

Fig. 80. Crochet tunisien.

CROCHET TUNISIEN. — Il se fait généralement avec de la laine sur un long crochet droit en buis ou en ivoire. Montez une chaîne de la longueur nécessaire pour l'objet que vous voulez faire. — Un rang se compose de deux mouvements, *monter* de droite à gauche et *redescendre* de gauche à droite. Pour monter le 1er rang : piquez le crochet dans la 2e maille en partant du crochet — tirez la laine dans cette maille, vous aurez 2 mailles sur le crochet — tirez la laine dans la maille suivante, vous aurez 3 mailles sur le crochet — tirez la laine successivement dans toutes les mailles de la chaîne; votre rang *monté*, vous aurez autant de mailles sur le crochet que vous avez fait de mailles-chaînettes pour votre chaîne.

4.

Pour *redescendre le rang* : —passez le crochet sous la laine — tirez-la dans la dernière que vous venez de monter — passez le crochet sous la laine — tirez-la dans 2 mailles — continuez jusqu'à la fin à passer *le crochet sous la laine et à la tirer dans 2 mailles*. — La dernière laine tirée restant sur le crochet au *rang redescendant,* vous donne la première maille *montée* du rang suivant.

Pour monter les rangs suivants, vous piquez le crochet successivement dans toutes les mailles verticales (les mailles verticales sont celles que vous avez faites en montant le rang précédent). Passez le crochet sous la laine et tirez-le dans la maille. Tous les rangs sont redescendus comme le premier rang.

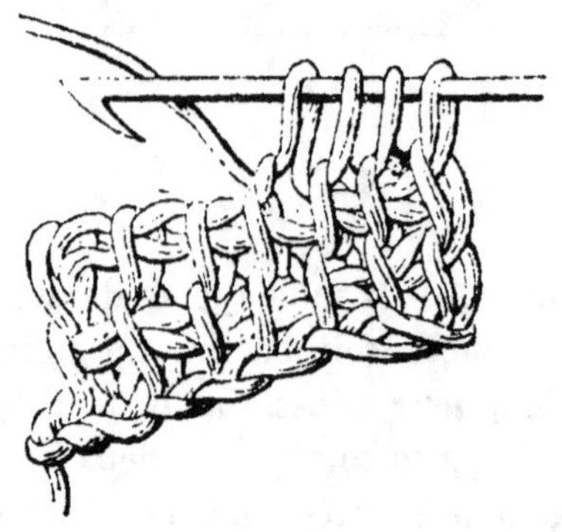

Fig. 81. Augmentation.

Augmentation. — Vous faites les augmentations en montant le rang : — piquez le crochet dans une maille de la chaîne du rang précédent à l'endroit où vous voulez augmenter,

— passez le crochet sous la laine, — faites passer la laine dans la maille, ce qui vous donne une maille montée de plus sur le crochet ; si l'augmentation doit être faite au commencement du rang, vous ajoutez une maille-chaînette après avoir complétement redescendu le rang précédent, puis vous piquez le crochet dans la 1re maille verticale de ce rang, ce qui fera votre 2e maille montée du rang suivant.

Diminution. — Les diminutions se font en deux fois : — vous les préparez en redescendant le rang qui précède celui auquel vous devez faire la diminution; vous la terminez en montant le rang.

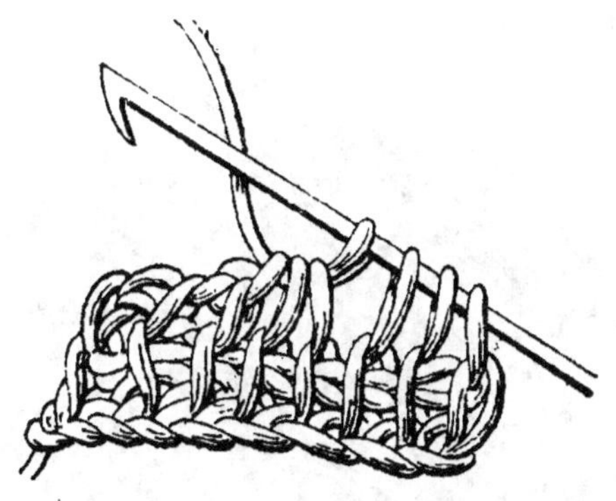

Fig. 82. Diminution, préparation

Vous supprimez une maille-chaînette en tirant la laine dans trois mailles, à la maille correspondant à celle indiquée pour la diminution, au rang supérieur.

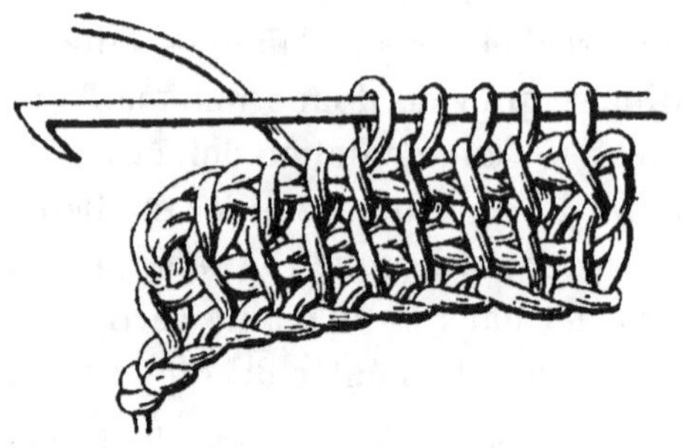

Fig. 83. Diminution.

Vous terminez votre diminution en montant le rang; vous piquez le crochet à la fois dans les deux mailles verticales, entre lesquelles vous avez supprimé la maille-chaînette, en redescendant le rang.

PLATEAU DE LAMPE, au crochet.

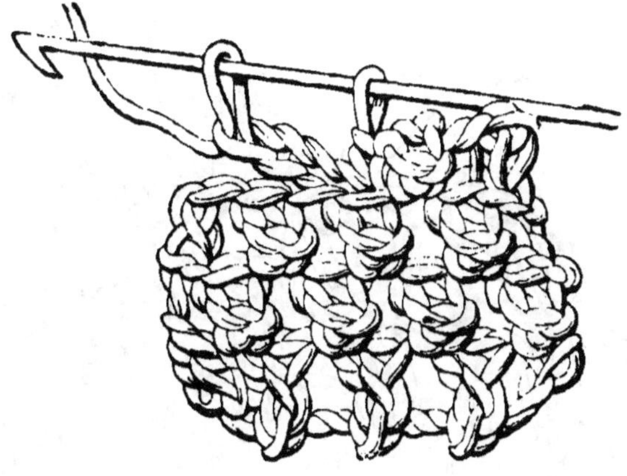

Fig. 84. Crochet astrakan.

CROCHET ASTRAKAN. — Faites alternativement : — une-demi-bride — une boucle — à chaque rang vous contrariez les demi-brides et les boucles avec celles du rang précédent.

Boucle. — Piquez le crochet dans la maille-chaînette du rang inférieur dans laquelle la boucle doit être prise — passez le crochet sous la laine — tirez-la dans la maille —faites à la suite 3 mailles-chaînettes — passez le crochet sous la laine — tirez-la dans les deux laines qui sont sur le crochet — selon que vous voudrez avoir une boucle plus ou moins en relief, vous ferez 3, 4 ou 5 mailles-chaînettes avant de tirer la laine dans les deux laines qui sont sur le crochet.

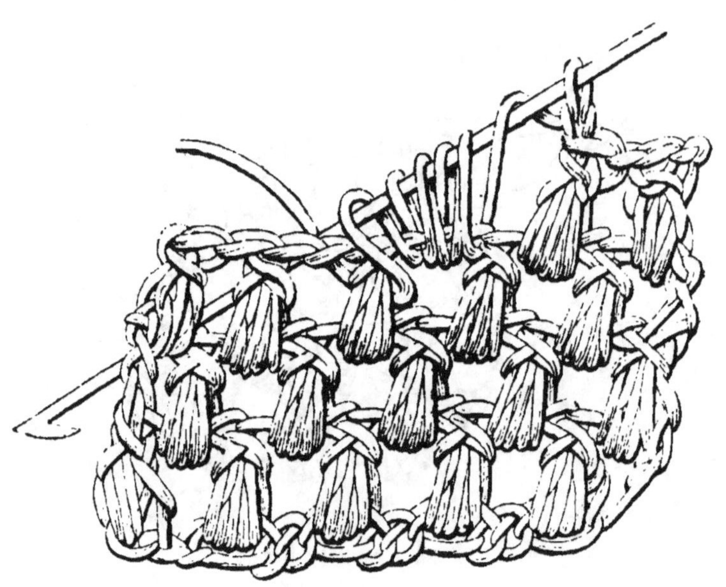

Fig. 85. Crochet ananas.

CROCHET ANANAS, OU CROCHET-BOULE. — Il se fait en laine,
comme au travail précédent, vous alternez 1 boucle, 1 maille-
chaînette, et vous contrariez toujours les boucles et les
mailles-chaînettes avec celles du rang inférieur; ce travail
doit être fait sans être serré.

Boucle. — Tournez la laine autour du crochet — piquez le
crochet dans un jour du rang inférieur — passez le crochet
sous la laine — tirez-la dans le jour seulement — recommencez deux fois les mêmes mouvements — vous aurez 7 fils

sur le crochet — passez le crochet sous la laine — tirez-la dans 6 fils — passez le crochet sous la laine — tirez-la dans les 2 fils restant sur le crochet.

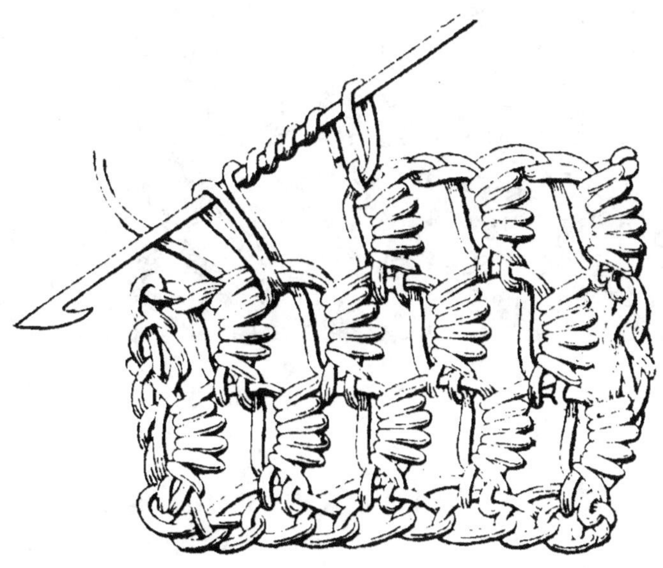

Fig. 86. Crochet boule.

On peut faire les boules comme ce second modèle, mais le travail est moins joli et moins régulier. — Tournez la laine 5 fois autour du crochet — piquez le crochet dans le jour du rang inférieur — passez le crochet sous la laine — tirez la laine dans le jour — passez le crochet sous la laine — tirez la laine dans tous les fils qui sont sur le crochet — faites 1 maille-chaînette.

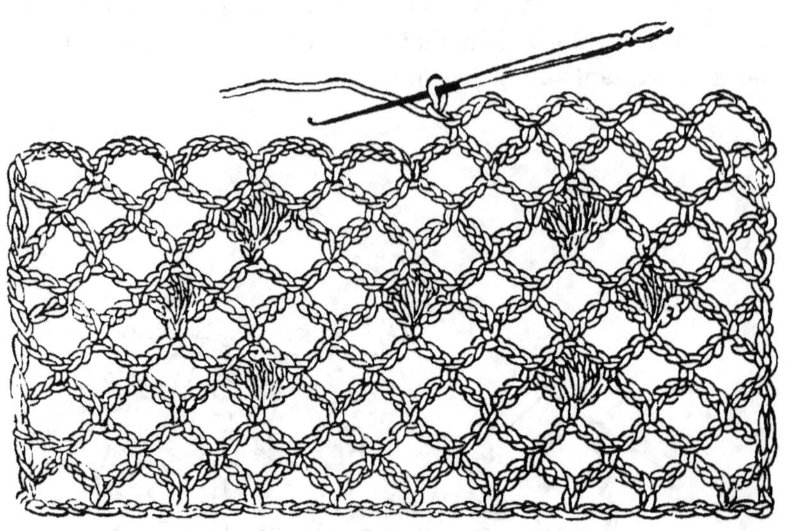

Fig. 87. Crochet égyptien.

CROCHET ÉGYPTIEN. — On se sert, pour les dessins de ce crochet, des modèles de filet en biais — chaque carré à jour est composé de : — 5 mailles-chaînettes — 1 demi-bride prise dans la 3e maille-chaînette du carré du rang inférieur. — Les carrés mats se font par : * — 5 brides prises dans la même maille, cette maille est la demi-bride qui termine le carré du rang précédent — 1 demi-bride comme pour terminer le carré à jour — retournez au signe *. Le premier rang se fait en laissant sur la chaîne 3 mailles d'intervalle entre chaque carré. — Si l'on veut faire ce travail en allant et revenant, on termine tous les rangs par un demi-carré — c'est-à-dire qu'il faut faire seulement : 2 mailles-chaînettes, puis 1 bride dans la demi-bride du rang précédent — retournez

votre ouvrage — faites 1 maille-chaînette qui remplace la
demi-bride — puis les 5 mailles-chaînettes qui forment le
carré. — Si vous voulez couper le fil à chaque rang, pour
faire le travail tout à l'endroit, ce qui le rend plus joli et
plus égal, vous commencez et finissez les rangs pairs par 1
carré et les rangs impairs par 1 *demi-carré*.

CROCHET A LA FOURCHE

Ce travail fait une petite ganse à picots, très-solide, que l'on mêle à différents points de crochet; pour former les picots régulièrement, on se sert d'une petite fourche dorée, ou à défaut de la fourche, d'une épingle à cheveux.

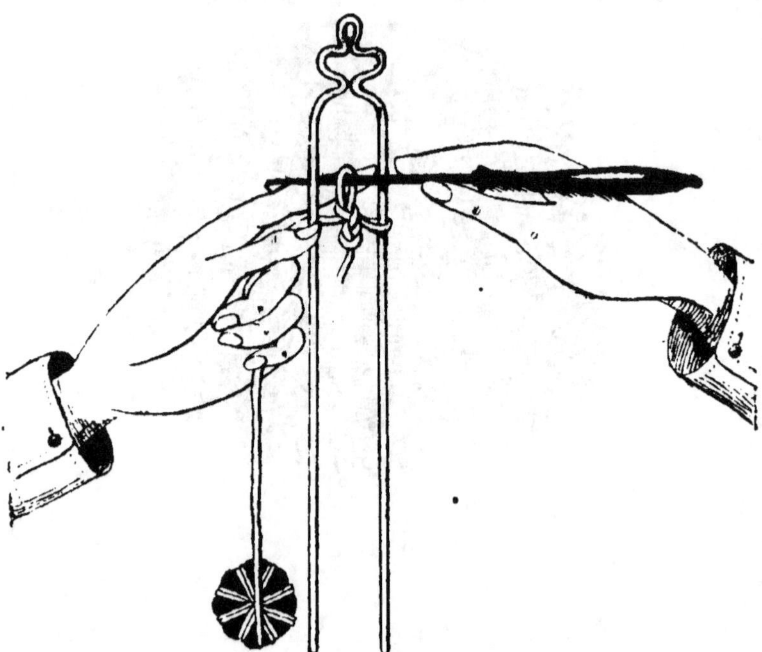

Fig. 88. Crochet à la fourche, 1er position des mains.

CROCHET A LA FOURCHE, 1re *position des mains*. — Faites une maille-chaînette. — Prenez la fourche avec la main gauche et maintenez le crochet entre les deux branches de la fourche, pour tourner le fil autour de la branche de droite.

— Replacez le fil sur l'index de la main gauche, derrière la fourche, et faites une maille-chaînette qui formera le premier picot.

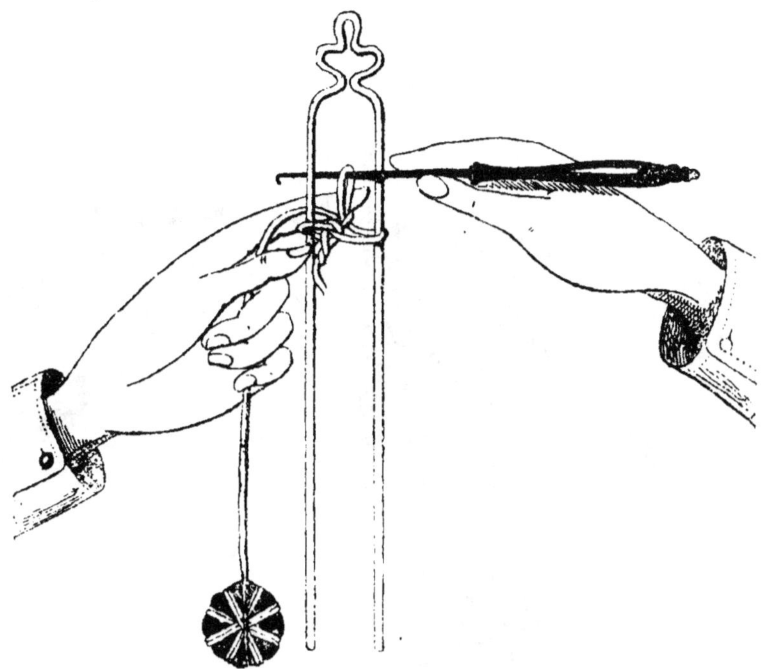

Fig. 88 bis. Crochet à la fourche, 2e position des mains.

CROCHET A LA FOURCHE, 2e *position des mains*. — Retirez le crochet de la maille et rentrez-le dans cette maille, en le passant derrière la branche de droite de la fourche. (Voir la fig. 89.) — Faites tourner la fourche sur elle-même, de droite à gauche, et replacez la fourche pour former le picot sur l'autre branche, comme pour le premier picot.—1 maille-chaînette, en maintenant toujours le crochet au milieu de la fourche. — 1 demi-bride dans le fil qui forme le premier picot. — 1 maille-chaînette.

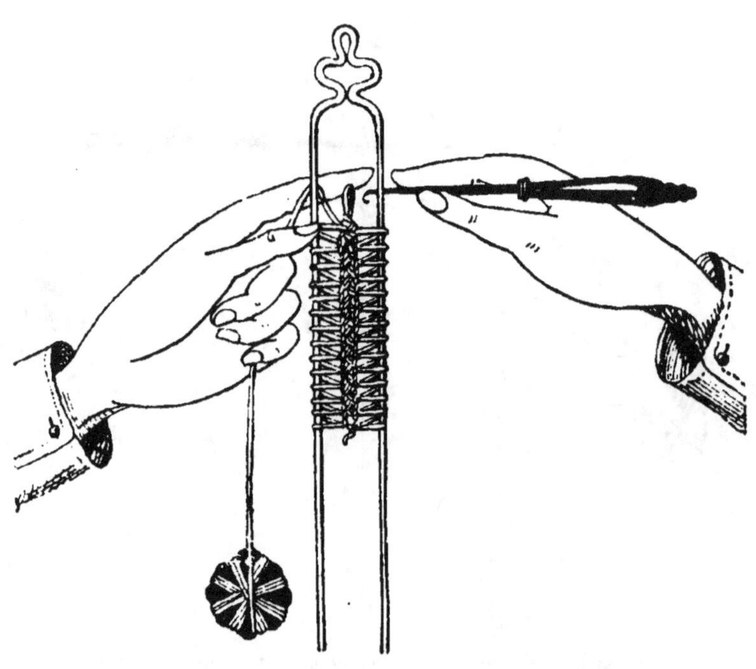

Fig. 89. Crochet à la fourche, 3e position des mains.

Crochet a la fourche, 3e *position des mains*. — Retirez le crochet de la maille et rentrez-le dans cette maille en faisant tourner la fourche sur elle-même.

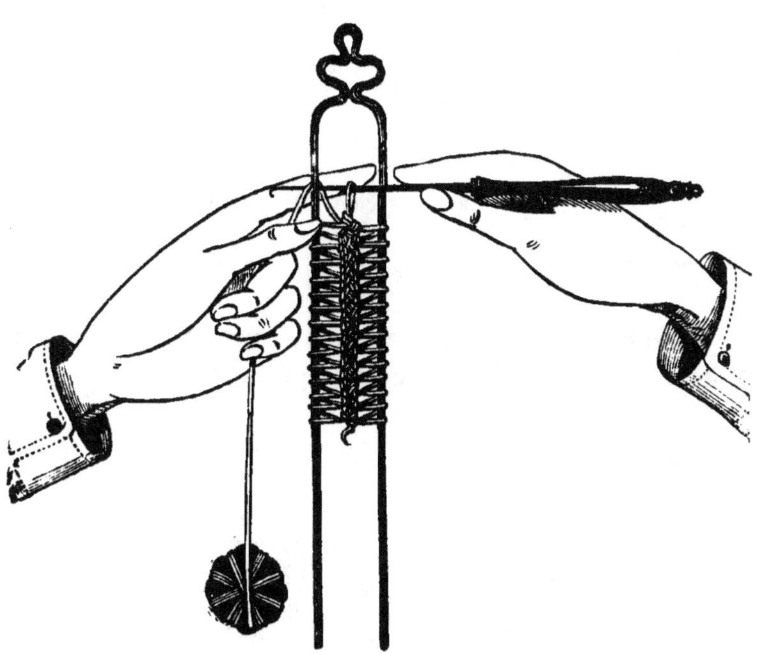

Fig. 89 bis. Crochet à la fourche, 4ᵉ position des mains

Crochet a la fourche, 4ᵉ *position des mains*.—*1 demi-bride dans le fil du dernier picot de la branche de gauche; ce fil est celui qui est placé tout à fait devant vous et qui retombe sur la ganse. — 1 maille-chaînette. — Retirez le crochet de la maille et rentrez-le dans cette maille, en faisant tourner la fourche sur elle-même. — Retournez au signe *.

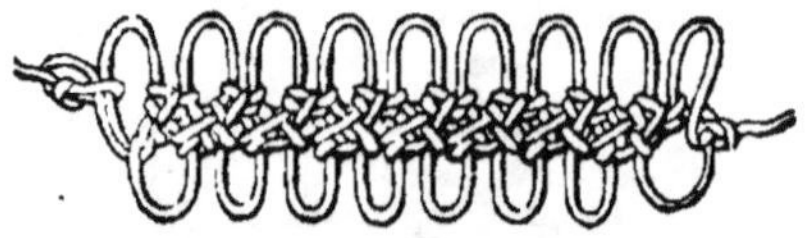

Fig. 90. Ganse, crochet à la fourche.

A mesure que vous allongez votre ganse, elle redescend d'elle-même et sort de la fourche; elle forme la fig. 90.

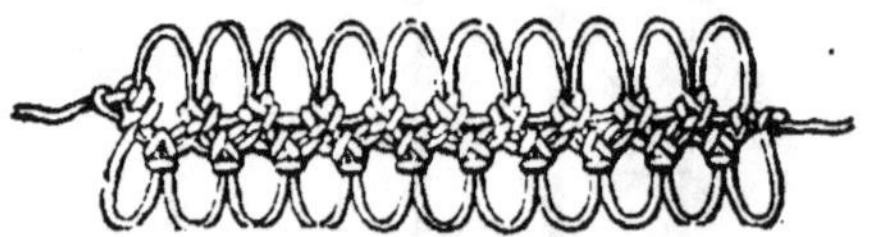

Fig. 91. Serpentine, crochet à la fourche.

SERPENTINE, CROCHET A LA FOURCHE. — Commencez la serpentine de même que la ganse; après la 1ʳᵉ demi-bride. — Retirez le crochet de la maille et rentrez-le dans cette maille, en faisant tourner la fourche sur elle-même. — 1 maille chaînette pour former le picot. — 1 demi-bride dans le fil du dernier picot de la branche de gauche. — Retournez au signe *.

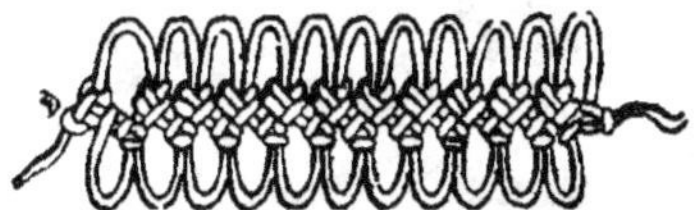

Fig. 92. Ganse picots multiples, crochet à la fourche.

GANSE PICOTS MULTIPLES, CROCHET A LA FOURCHE.—Faites cette ganse en faisant une demi-bride seulement, et tournez la fourche sur elle-même à chaque demi-bride.

Fig. 93. Dentelle, ganse crochet à la fourche et crochet.

DENTELLE, GANSE CROCHET A LA FOURCHE ET CROCHET.—Relevez les picots d'un côté par un petit trèfle en crochet qui formera la dentelle ; il se fait sur 2 picots. — 1 demi-bride dans un picot. — * 2 mailles-chaînettes. — 1 demi-bride dans le picot suivant. — 3 fois : (4 mailles-chaînettes. — 1 demi-bride dans la dernière demi-bride.) — 1 demi-bride dans la demi-bride prise dans le picot, avant de faire le trèfle pour le fermer. — 2 mailles-chaînettes. — 1 demi-bride. — Retournez au signe *. — Pour le pied de la dentelle, vous faites : — 2 brides dans chaque picot. — 1 maille-chaînette entre chaque picot.

Fig. 94. Entre-deux, serpentine, crochet à la fourche.

ENTRE-DEUX, SERPENTINE, CROCHET A LA FOURCHE. — Les picots de l'un des côtés de la serpentine sont relevés par 3 brides prises dans 2 picots ensemble; chaque groupe de 3 brides est séparé par 3 mailles-chaînettes. — De l'autre côté de la serpentine vous faites 2 demi-brides dans chaque picot, et vous faites 1 maille-chaînette entre chaque picot.

Le coton employé pour nos modèles de crochet à la fourche est du n° 20; celui pour le crochet est du n° 50. — On peut varier les modèles à l'infini.

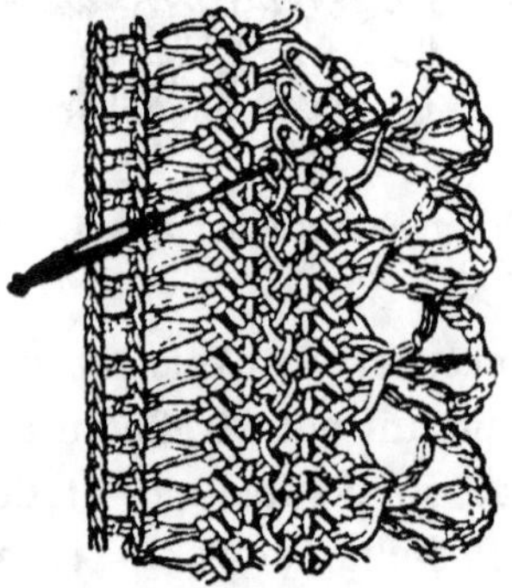

Fig. 95. Dentelle, ganse picots multiples et crochet.

DENTELLE, GANSE PICOTS MULTIPLES ET CROCHET. — Cette dentelle se compose de deux ganses réunies entre elles au milieu. — Vous relevez les picots de l'un des côtés par une petite écaille formant la dent. — * 1 bride, en prenant 3 picots à la fois. — 3 mailles-chaînettes.— 2 fois : (1 bride prise dans les 3 mêmes picots que la première. — 3 mailles-chaînettes.)

— 1 bride prise dans les 3 mêmes picots que la dernière bride. Vous avez 4 brides prises dans 3 mêmes picots. — Retournez au signe *. — L'autre ganse fait le pied de la dentelle et se compose de deux rangs; au premier, vous faites 1 demi-bride dans chaque picot, séparée par une maille-chaînette; au deuxième rang, vous faites : — 1 bride. — 1 maille-chaînette, en laissant une maille d'intervalle dans le bas.

Pour réunir les deux ganses entre elles, vous faites ce travail sans prendre aucun coton. Placez les deux ganses verticalement, l'une à côté de l'autre, sur l'index de la main gauche; passez le crochet dans le premier picot, en bas de la ganse et à votre gauche. — Prenez le premier picot en bas de la ganse, à droite, et tirez-le dans le picot que vous avez relevé à gauche. — Prenez le 2e picot à gauche. — Tirez-le dans le picot qui est sur le crochet; alternativement, à gauche et à droite; relevez les picots les uns dans les autres; la position du crochet, dans la fig. 95, vous indique parfaitement ce travail.

FRIVOLITÉ

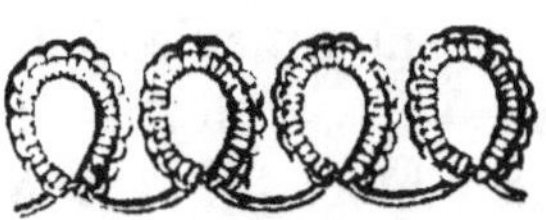

Fig. 96. Anneaux simples.

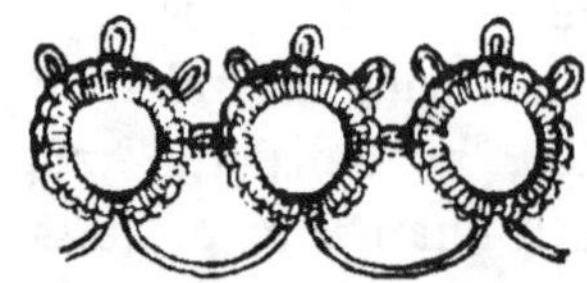

Fig. 97. Anneaux avec picots.

La FRIVOLITÉ est une suite d'anneaux, plus ou moins allongés, avec ou sans picots, que l'on dispose en fleurettes, étoiles, etc., pour entre-deux, garnitures, parures, etc. On emploie pour ce travail une navette plate en buis ou en ivoire, sur laquelle on enroule du fil d'Irlande ou du cordonnet de soie.

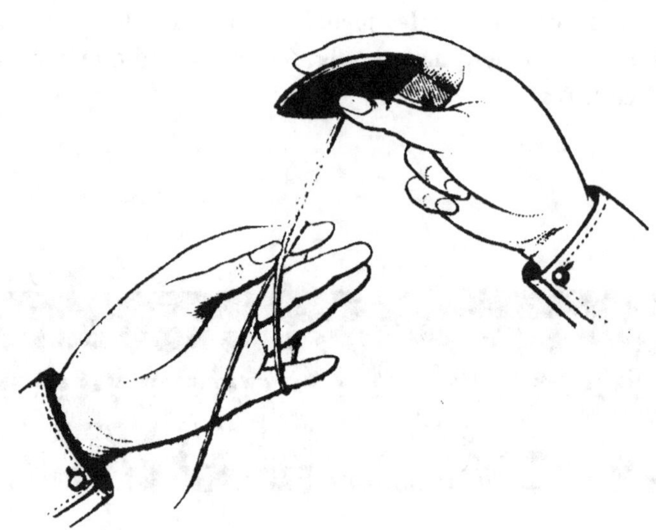

Fig. 98. 1ʳᵉ position des mains.

1re *position des mains*. — Tenez l'extrémité du fil entre le
pouce et l'index de la main gauche. — Prenez la navette de
la main droite en plaçant le pouce en dessous, l'index et le
médium en dessus, et tournant la navette de manière à avoir
en dehors le fil qui se déroule de la navette ; — formez un grand
anneau autour des doigts de la main gauche, en tournant le
fil en dehors, et le ramenant en dedans de la main jusque
sur l'index, où vous le placez en croix sur le commencement
du fil ; — maintenez le fil en croix avec le pouce gauche.

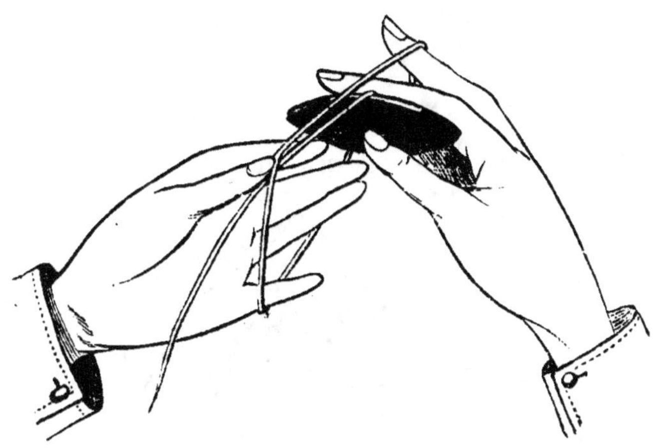

Fig. 99 2e position des mains.

—*2e position des mains*. — Passez la navette sous le fil
de l'anneau entre l'index et le médium de la main gauche, le
fil glissant entre la navette et l'index de la main droite.

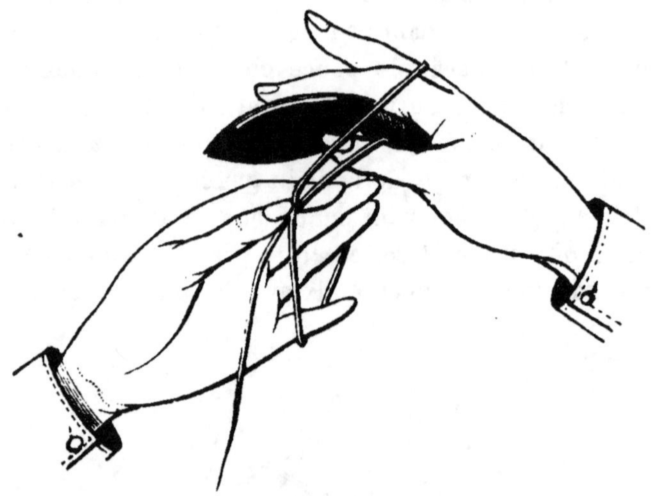

Fig. 100. 3ᵉ position des mains.

3ᵉ position des mains. — **Passez entièrement la navette.**

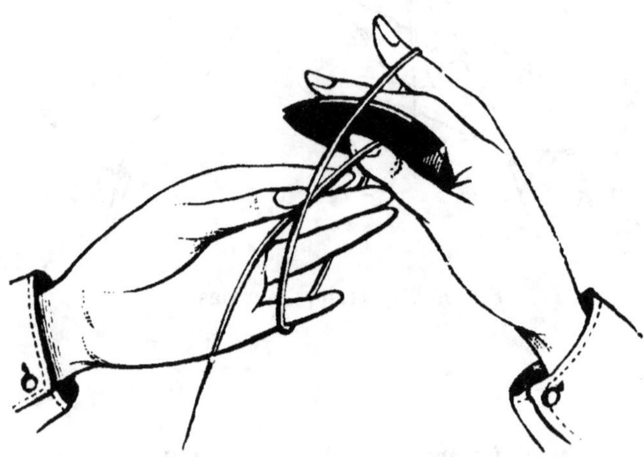

Fig. 101. 4ᵉ position des mains.

4ᵉ position des mains. — **Ramenez la navette à sa première** position en passant sur le fil de l'anneau ; dans ce mouvement, le fil glisse entre la navette et le pouce de la main droite.

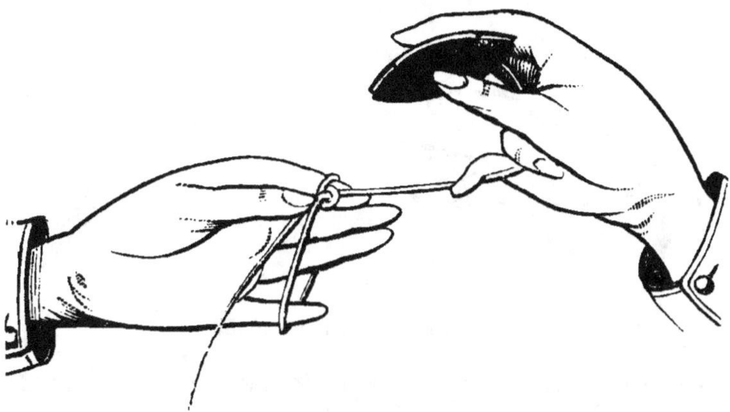

Fig. 102. 5ᵉ position des mains, fil tendu, nœud en dessous.

5ᵉ *position des mains*. — Tendez le fil de la navette en le maintenant avec le 4ᵉ et le 5ᵉ doigt de la main droite, et le ramenant un peu à gauche en avant, tout en rejetant en arrière le médium de la main gauche, pour serrer le nœud, *il faut bien tendre le fil de la navette, qui doit toujours glisser dans les nœuds.* — Ces premiers mouvements forment le *nœud en dessous.*

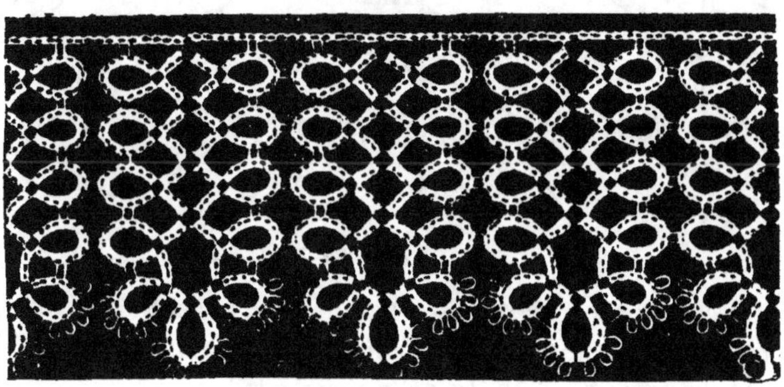

Dentelle en frivolité.

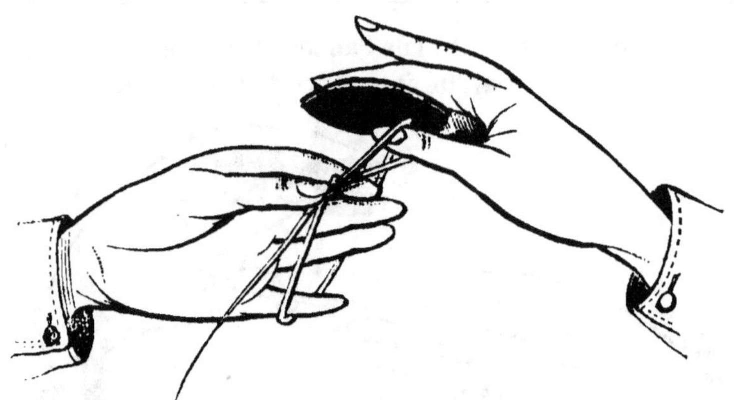

Fig. 103. 6ᵉ position des mains.

6ᵉ position des mains. — Passez la navette en dehors de l'anneau entre l'index et le médium de la main gauche, en passant sur le fil de l'anneau, et le faisant glisser entre la navette et le pouce de la main droite.

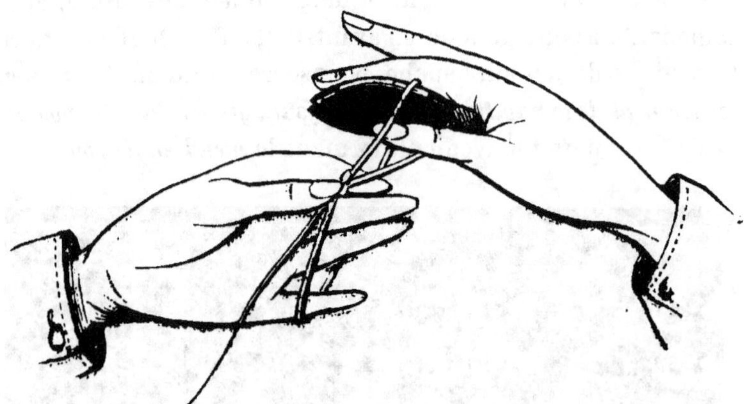

Fig. 104. 7ᵉ position des mains.

7ᵉ position des mains. — Ramenez la navette en avant, en la passant sous le fil de l'anneau et faisant glisser le fil entre la navette et l'index de la main droite.

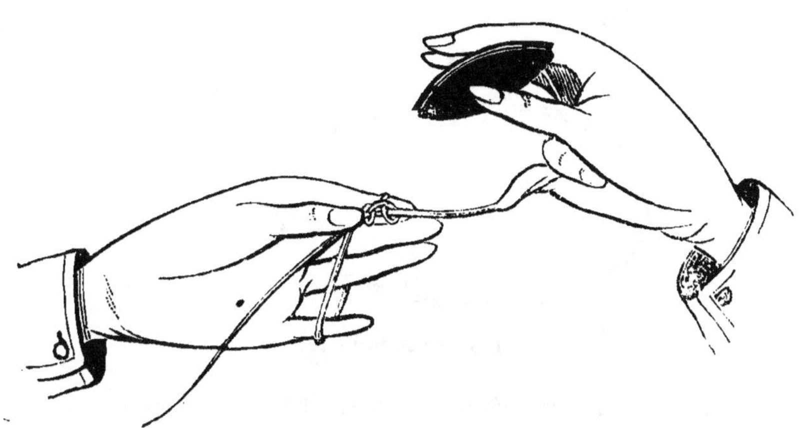

Fig. 105. 8ᵉ position des mains, fil tendu, nœud en-dessus.

8ᵉ position des mains. — Tendez le fil et serrez le nœud qui est le nœud *en dessus,* comme vous avez serré le nœud *en dessous.* — Retournez au signe * 2ᵉ *position des mains.* Le travail compris entre les deux signes * forme *le nœud double,* terme que nous employons dans les explications.

Si vos doigts se trouvent trop serrés dans le fil qui entoure la main gauche, après avoir fait plusieurs nœuds, vous élargissez cet anneau en retirant avec la main droite le fil qui est en dedans de la main gauche, en le faisant couler dans les nœuds.Lorsque vous avez fait le nombre de nœuds nécessaire pour un anneau, vous le fermez; maintenez les nœuds entre le pouce et l'index de la main gauche ; — tirez le fil de la navette qui coule dans les nœuds jusqu'à ce que le premier et le dernier nœud se touchent. Il faut toujours commencer les anneaux par un nœud en-dessous.

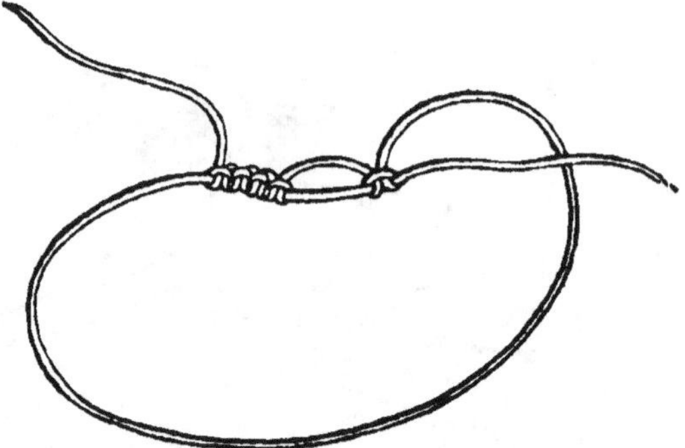

Fig. 106. Picot préparé.

Picot. — Il se fait immédiatement après un nœud *en-dessus*.
— Vous formez le nœud *en dessous* suivant, sans le serrer, en
le maintenant à une distance de 2, 3, 4, 5, 6 millimètres ou
plus, du nœud en dessus, selon la longueur que doit avoir
votre picot ; — faites le nœud en-dessus qui complète le nœud
double après le picot.

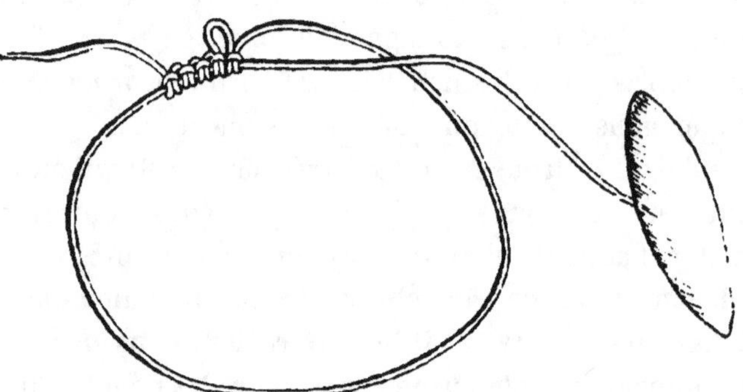

Fig. 107. Picot terminé.

Rapprochez ce nœud du nœud double précédent en le faisant glisser sur le fil ; votre picot se trouvera formé naturellement, par le fil du nœud que vous n'avez pas serré.

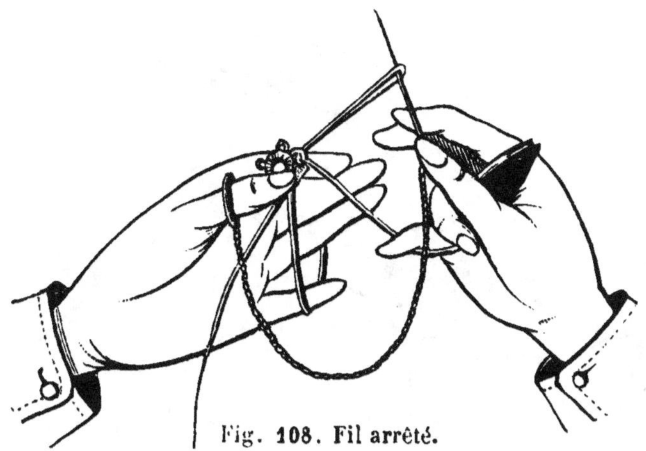

Fig. 108. Fil arrêté.

FIL ARRÊTÉ. — Prenez une épingle ou mieux un petit crochet ou un poinçon fin, fixé à un anneau par une petite chaine ; passez le pouce gauche dans cet anneau, afin d'avoir toujours le poinçon sous la main lorsque vous voulez faire un fil arrêté. — Après un nœud *en dessus*, vous piquez le poinçon dans le picot d'un anneau précédent, dans lequel doit être arrêté le fil. — Tirez le fil dans ce picot ; le fil tiré forme une boucle dans laquelle vous passez la navette, après avoir retiré le poinçon ; tirez le fil jusqu'à ce que le nœud soit serré ; — faites un nœud en dessus, le fil arrêté ayant remplacé le nœud *en-dessous* du nœud double.

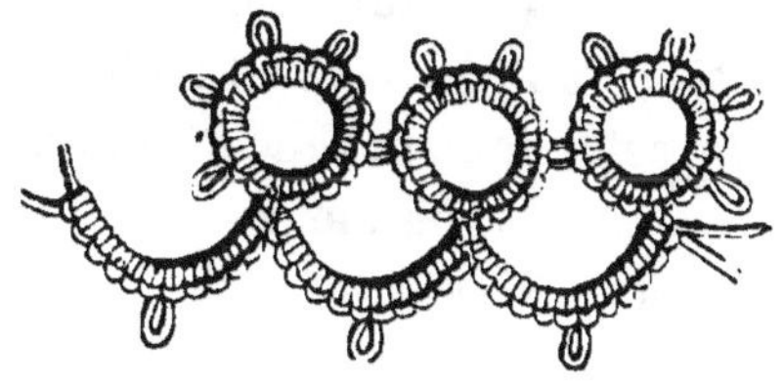

Fig. 109. Travail à deux fils.

Pour faire des barrettes reliant des anneaux, il faut, outre le fil de la navette, travailler avec un second fil enroulé sur une étoile.

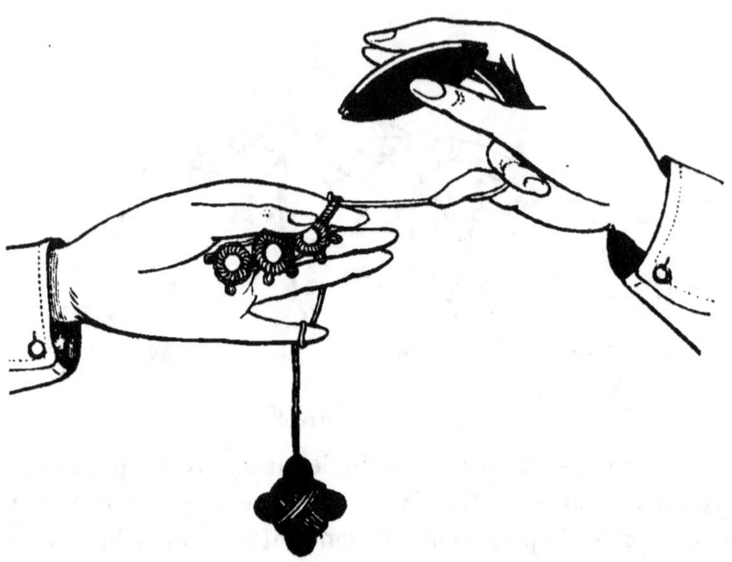

Fig. 110. Travail à deux fils, position des mains.

TRAVAIL A 2 FILS, POSITION DES MAINS. — Vous tournez le fil autour du 5e doigt de la main gauche contre l'étoile qui contient le fil, vous le tournez derrière les doigts, et vous ramenez l'extrémité, que vous maintenez entre le pouce et l'index ; le fil de l'étoile ainsi tourné remplace l'anneau que vous formez sur la main gauche, lorsque vous travaillez avec la navette seule. Vous faites le travail comme le travail à un fil, le fil de l'étoile formant les nœuds, celui de la navette devant toujours glisser dans les nœuds. A deux fils comme à un fil, vous formez des picots, et vous faites des fils arrêtés.

FRIVOLITÉ, MÉTHODE ANCIENNE

Quelques personnes préférant cette méthode, nous en donnons l'explication ; mais le travail en est moins égal et plus lent que par la méthode précédente.

Pour commencer le travail, vous placez le fil d'après la fig. 98 (*première position des mains*) de la méthode précédente.

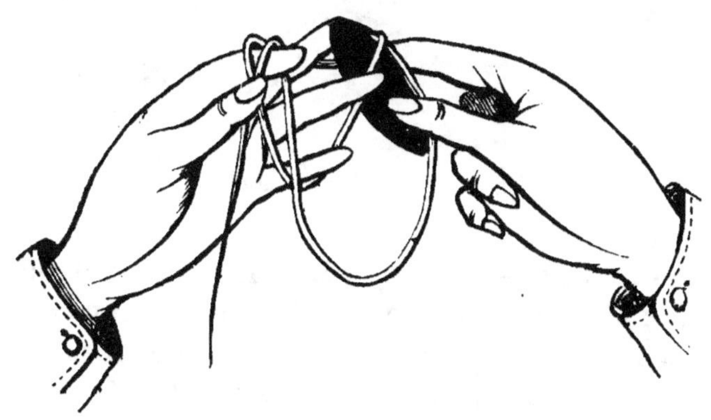

Fig. 111. Nœud en dedans.

Nœud en dedans. — Rejetez le fil en avant ; — tournez autour du 5e et du 4e doigt ; — ramenez la navette en dedans de la main, en la passant sous le fil de l'anneau entre le médium et le 4e doigt. — Retirez le médium, et tendez le fil de la navette en la tirant à droite, comme pour le nœud en dehors ; — replacez le médium dans l'anneau, et serrez le nœud.

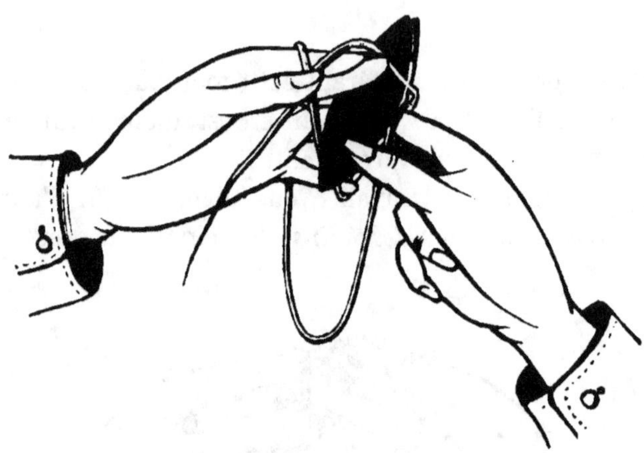

Fig. 112. Nœud en dehors.

Nœud en dehors. — Rejetez le fil derrière la main gauche, tournez le fil autour des doigts, en le laissant tomber sur la main — ramenez la navette en dedans en tournant autour du 3e et du 4e doigt — passez la navette entre le médium et le 4e doigt, sous le fil de l'anneau ; — tirez la navette. — Sortez le médium de l'anneau — tendez le fil de la navette en la tirant à droite pour faire le nœud (ce nœud est une boucle formée par le fil de l'anneau, le fil de la navette devant toujours couler dans les nœuds); —repassez le médium dans le fil, et faites-lui reprendre la place qu'il occupait dans l'anneau, — rejetez le médium un peu en arrière pour serrer le nœud,— vous aurez *le nœud en dehors.*

Ces deux nœuds forment *le nœud double,* terme que nous employons dans nos explications.

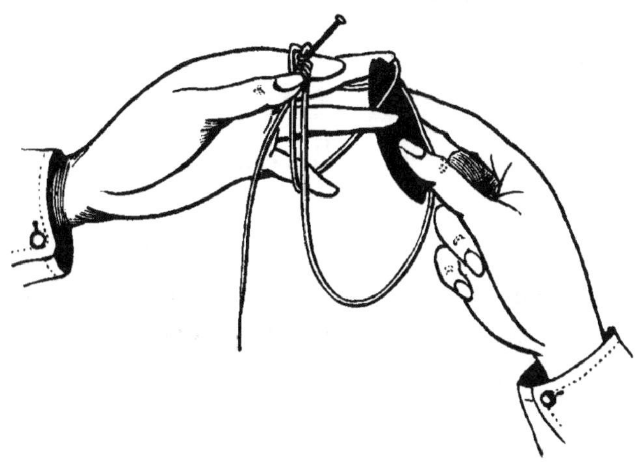

Fig. 113. Picot.

Picot. — Le picot se fait après un *nœud en dedans;* il est
suivi d'un *nœud en dehors.* Votre *nœud en dedans* terminé,
prenez une épingle, que vous maintenez couchée au-dessus de
vos nœuds entre le pouce et l'index de la main gauche; —
passez sur cette épingle le fil formant l'anneau autour de vos
doigts; — faites le nœud en dehors qui fixe le picot. — Si vous
avez plusieurs picots dans un même anneau, vous gardez
l'épingle au-dessus des nœuds; vous ne la retirez que lorsque
vous avez terminé votre anneau. Les picots sont plus ou moins
espacés suivant les dessins que l'on veut exécuter.

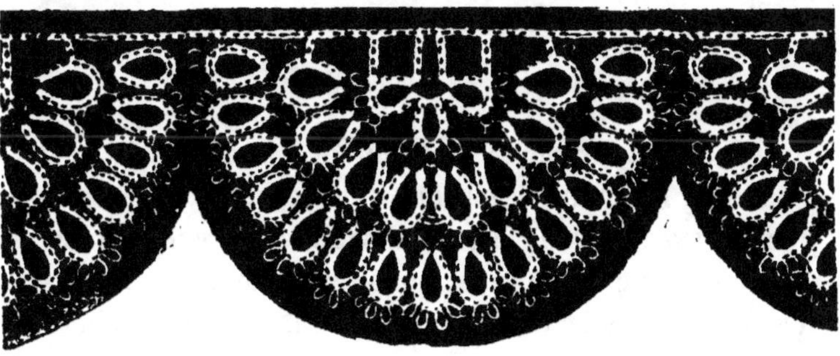

FILET

Il faut pour ce travail deux instruments : un moule rond comme un crayon ou une aiguille à tricoter, et une navette.

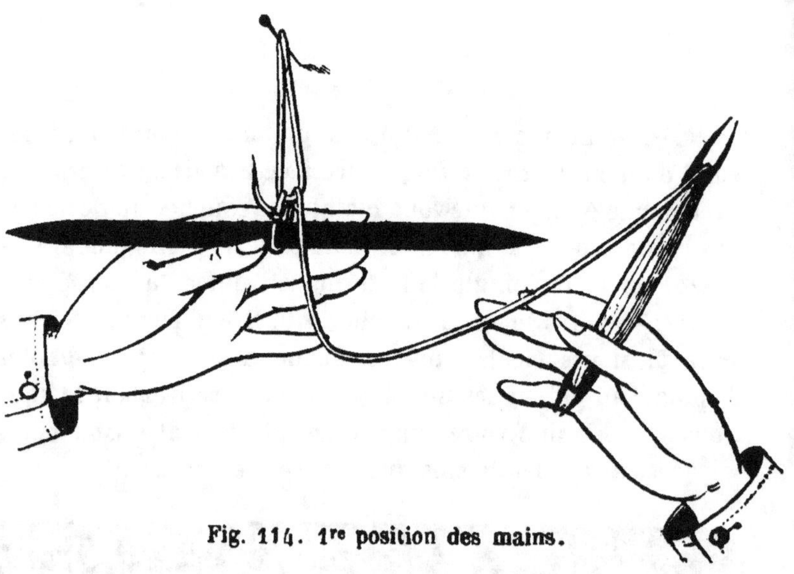

Fig. 114. 1re position des mains.

1re *position des mains.* — Avant de commencer le travail ré-gulier, il faut faire ce que l'on appelle une *tête de filet.* — Vous formez avec un gros fil ou une ficelle un anneau de 30 cen-timètres; lorsque vous avez noué ensemble les deux extrémités de ce fil, vous le **fixez sur un plomb** ; vous attachez à cet

anneau l'extrémité du fil dont vous aurez chargé votre navette,
en plaçant le nœud à un demi-centimètre environ de l'anneau. — Prenez le moule de la main gauche et horizontalement, en ayant soin de bien poser le nœud sur le haut du
moule. — Tournez le fil autour du moule, et passez la navette
dans l'anneau en gros fil; tendez le fil en le maintenant
à un demi-centimètre de l'anneau en gros fil. — Les quatre
premières positions des mains expliquent le 1er rang de filet
que l'on nomme *filet au gros pouce*.

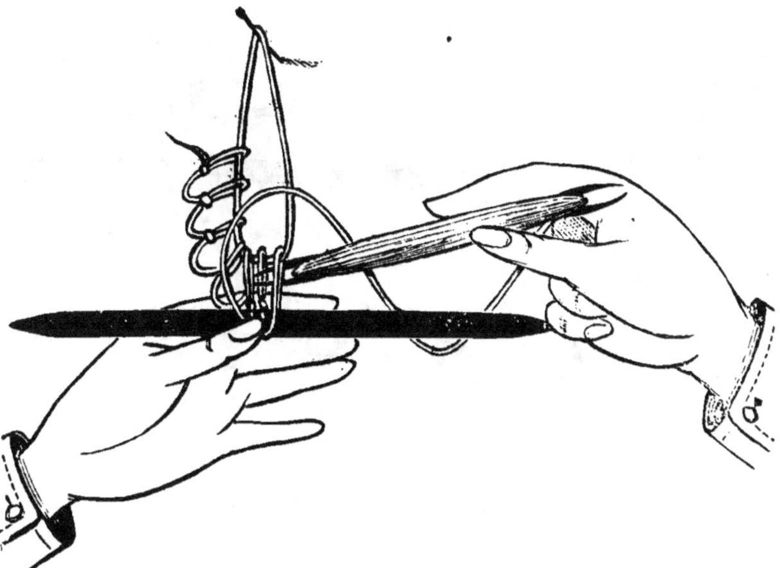

Fig. 115. 2e position des mains.

2e *position des mains*. — Rejetez le fil à gauche et maintenez-
le sur le moule avec le pouce de la main gauche. — Passez la
navette sous les 2 fils tendus qui tiennent le moule à l'anneau,
et en-dessus du fil de la boucle formée par le fil maintenu par
le pouce.

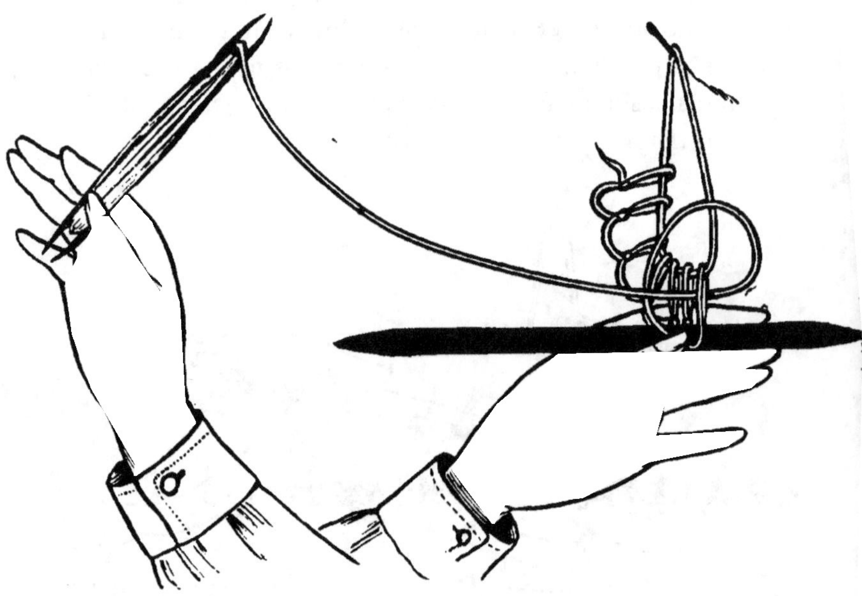

Fig. 116. 3ᵉ position des mains.

3ᵉ *position des mains*. — Tirez le fil en croisant la main droite par dessus la main gauche et en maintenant la boucle avec le pouce de la main gauche.

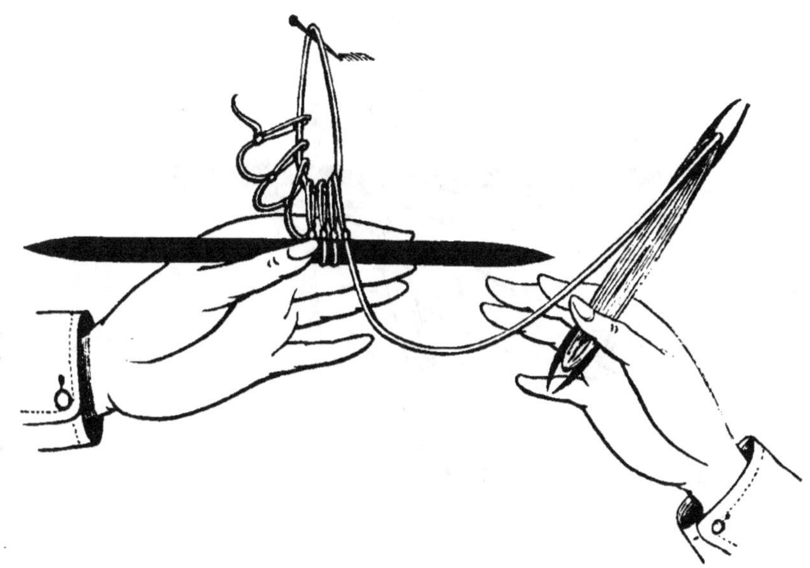

Fig. 117. 4e position des mains.

4e *position des mains*. — Ramenez la main droite et serrez
le nœud. Il faut, en serrant le nœud, que l'index appuie fortement le nœud sur le moule, afin de le faire également. —
Lorsque vous avez un nombre suffisant de mailles, vous
retirez le moule et vous commencez le 2e rang en filet ordinaire. Retournez votre ouvrage et revenez sur le rang que
vous venez de faire.

6

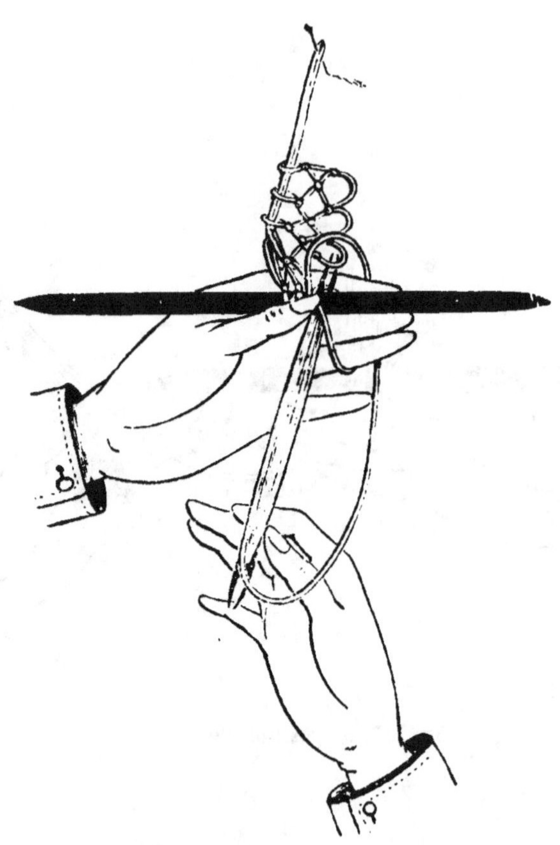

Fig. 118. 5ᵉ position des mains.

5ᵉ *position des mains.* — Tenez toujours le moule de la main
gauche, l'index dans le sens du moule. — Passez le fil sur
le moule en-dessous du pouce en ayant soin de bien maintenir
le moule juste à l'extrémité des mailles du rang précédent;

tournez le fil autour du 3e et du 4e doigt en passant d'abord
devant, puis derrière ces deux doigts et le moule ; ramenez le
fil en-dessus du moule et rejetez-le à gauche devant l'index
et en-dessous du pouce pour le maintenir. — Formez une
grande boucle autour de la main en rejetant le fil sur la tête
du filet. — Redescendez derrière le moule et toute la main.
— Ramenez la navette devant la main. — Passez-la dans la
1re boucle qui entoure seulement le 3e et le 4e doigt.— Continuez à passer la navette entre l'index et le moule, puis
dans une maille du rang précédent.

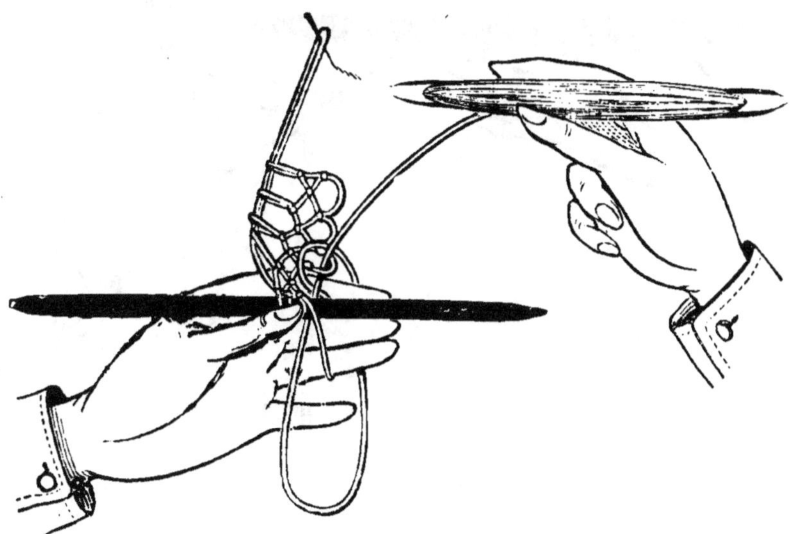

Fig. 119. 6e position des mains.

6e *position des mains*. —Tirez la navette entièrement à travers
la maille ; puis tirez doucement le fil pour serrer le nœud. —
Le pouce de la main gauche ne retient plus le fil.

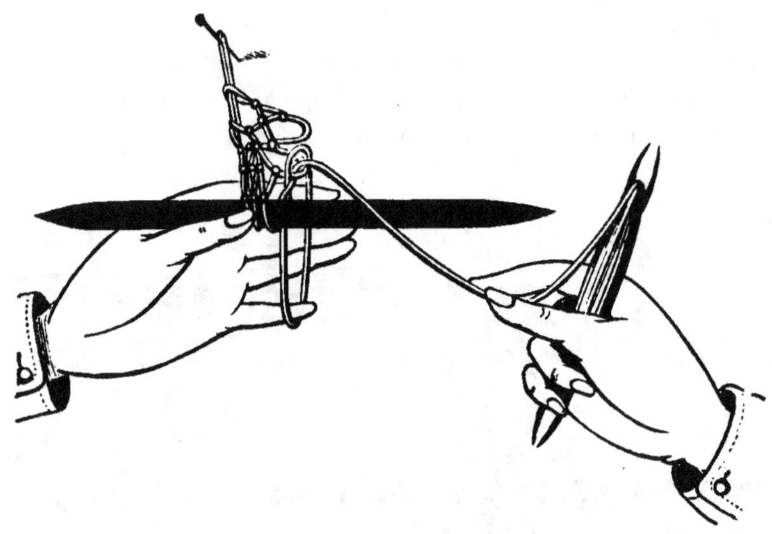

Fig. 120. 7e position des mains.

7e position des mains. — Dégagez successivement vos doigts,
et tenez votre ouvrage tendu sur le plomb: faites glisser le fil
de la 1re boucle dans la maille, en tenant le fil tendu avec le
5e doigt, et en ayant soin, avec l'index qui est derrière le
moule, de bien appuyer sur le moule pour que le nœud se
trouve régulièrement placé.

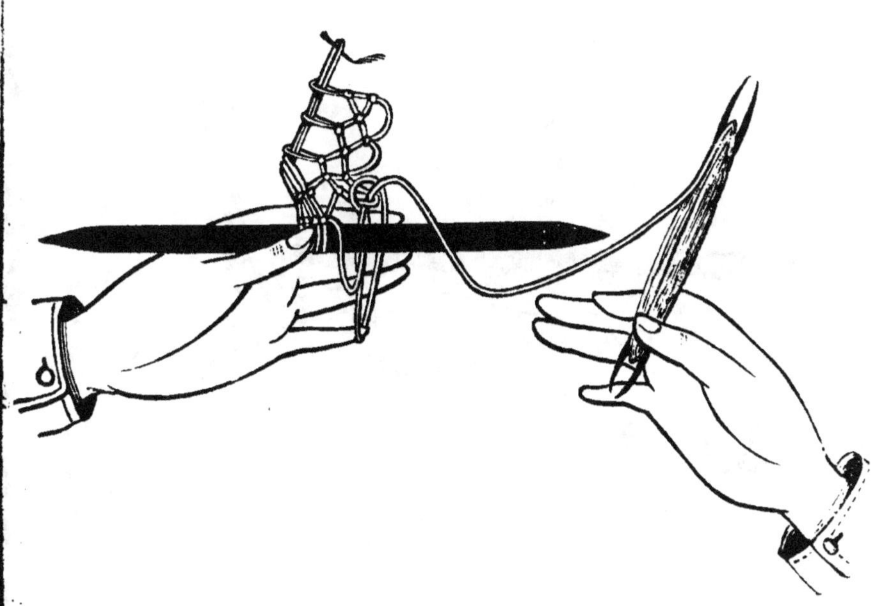

Fig. 121. 8e position des mains.

8e *position des mains*. — Tirez le fil en tenant toujours la boucle avec le 5e doigt, que vous ne retirerez que lorsque la boucle sera contre le moule et ne laissera plus de place pour ce
doigt.

6.

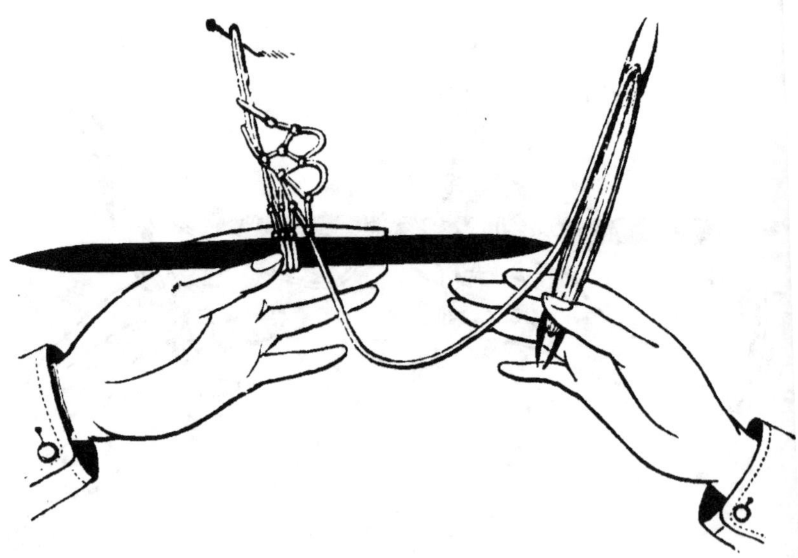

Fig. 122. 9e position des mains.

9e *position des mains.* — Serrez le nœud en tirant le fil par
un mouvement un peu sec.

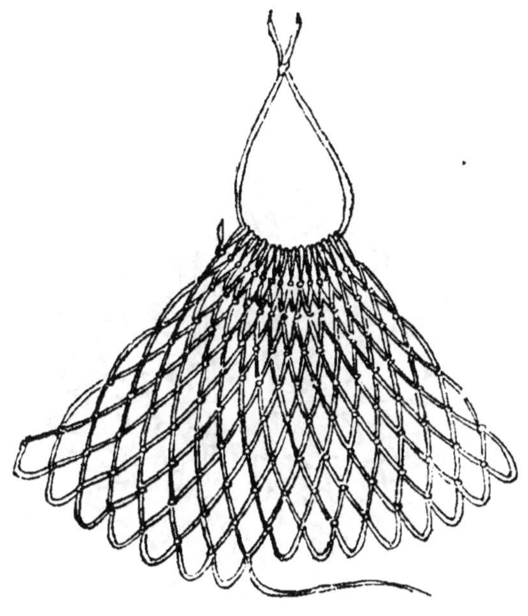

Fig. 123. Tête de filet en allant et revenant.

TÊTE DE FILET EN ALLANT ET REVENANT. — Cette *tête* peut servir pour commencer tous les filets ; d'abord pour celui que l'on fait en bande unie, le filet en biais ; on lui donne la largeur que l'on veut, en commençant, au premier rang, ou en faisant des augmentations dans les rangs suivants. — Ces rangs se font en allant et en revenant, en retournant l'ouvrage à chaque rang. — On sépare le filet de la *tête* en coupant les mailles tout à fait au ras des nœuds ; puis, avec la pointe d'une épingle, on fait sortir le petit bout de fil qui reste dans le nœud. — Il faut également retirer les bouts de fil des nœuds de la *tête* en coupant les fils très-près des nœuds et en les défaisant avec une épingle.

Fig. 124. Tête de filet en rond.

Tête de filet en rond. — Si vous voulez faire un filet cylindrique, pour bourse, sac à œufs, etc., vous faites le 1er rang d'autant de mailles qu'il vous est nécessaire pour la largeur du sac ; puis vous fermez votre filet en faisant le 1er nœud du 2e rang dans la 1re maille du 1er rang, et vous continuez le filet en tournant toujours ; il faut décharger le moule tous les vingt ou trente nœuds, en laissant seulement 2 ou 3 nœuds sur le moule pour placer les autres régulièrement.

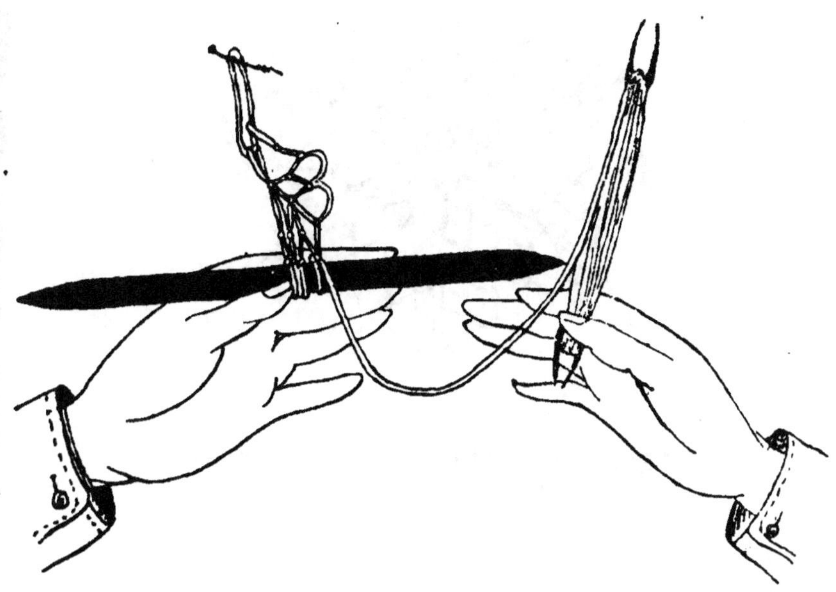

Fig. 125. Augmentation.

AUGMENTATION. — Les augmentations s'obtiennent en faisant 2 nœuds dans la même maille.

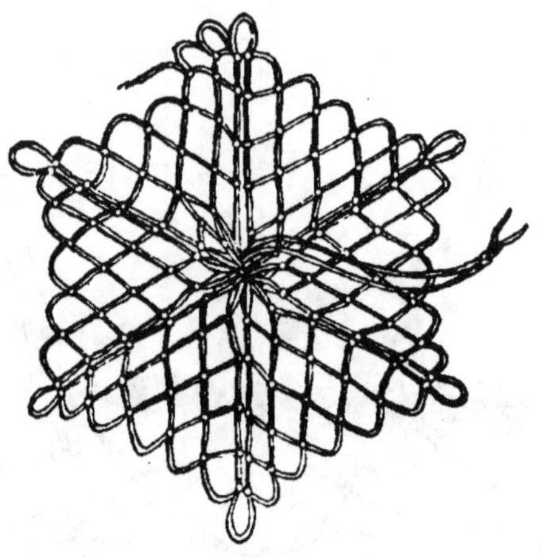

Fig. 125. Tête de filet en rond par augmentations.

Tête de filet en rond par augmentations. — Faites le 1ᵉ rang de 12 nœuds en filet au gros pouce; fermez le filet en passant la navette pour le 13ᵉ nœud dans la 1ʳᵉ maille du 1ᵉʳ rang ; il faut pour cela ne conserver que la dernière maille sur votre moule. — *2 nœuds dans la maille suivante — 1 nœud dans la maille suivante — retournez au signe *. — Lorsque vous aurez 18 mailles, vous commencerez le 3ᵉ rang, et vous continuerez le filet en faisant toujours 2 nœuds dans chaque petite maille d'augmentation que vous rencontrerez,

— Vous aurez un hexagone avec les six augmentations placées très-régulièrement. — Lorsque vous trouverez votre rond suffisamment grand, vous continuerez le filet uni.

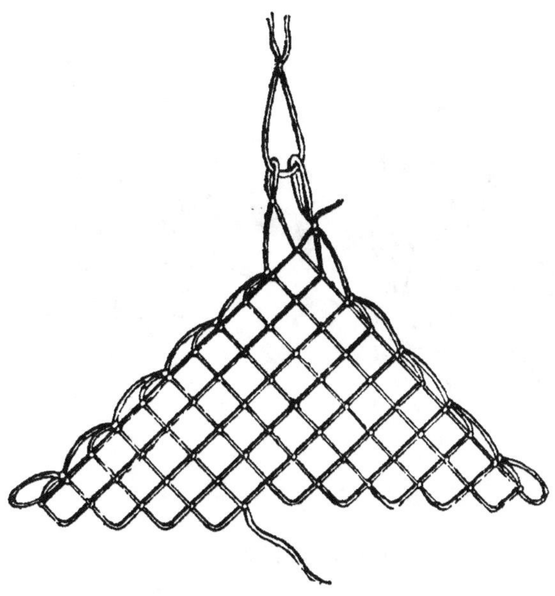

Fig. 127. Pointe par augmentations.

POINTE PAR AUGMENTATIONS.— Faites un seul nœud en filet au gros pouce. — Retirez le moule. — Retournez votre ouvrage, et faites 2 nœuds dans la maille que vous venez de faire. — 3e *rang*. — 1 nœud dans la 1re maille. — 2 nœuds dans la dernière. Continuez votre filet en **terminant** tous les rangs par 2 nœuds dans la même maille.

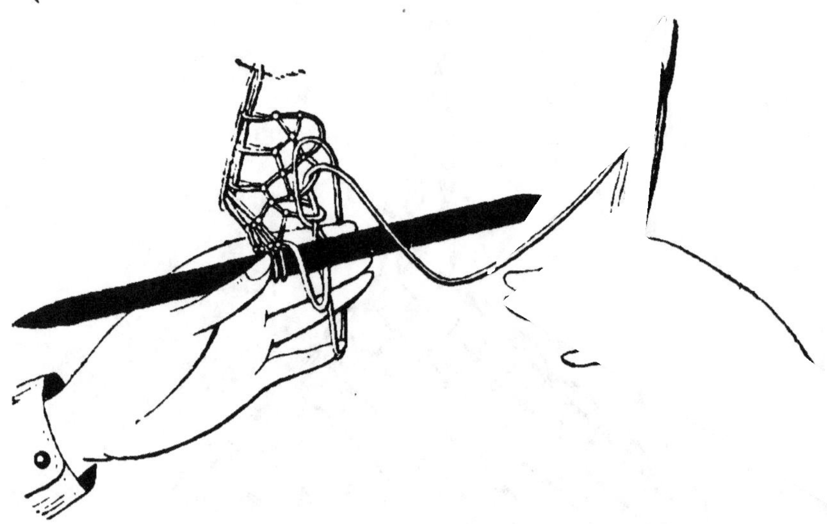

Fig. 128. Diminution.

DIMINUTION. — On fait les diminutions en passant la navette dans 2 mailles à la fois.

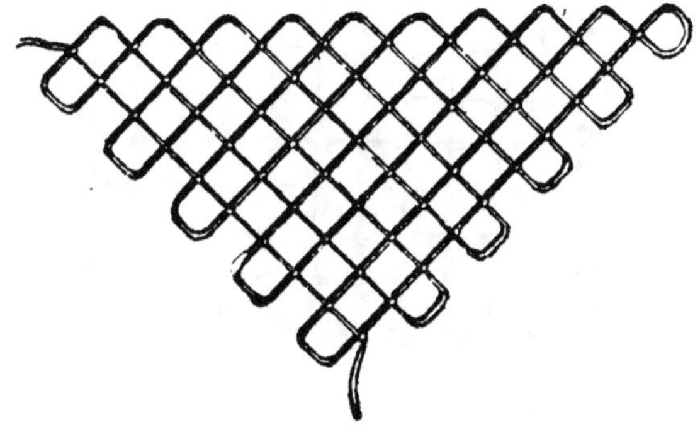

Fig. 129. Pointe par diminutions.

POINTE PAR DIMINUTIONS. — On fait aussi les diminutions à la fin des rangs, en laissant 1 maille libre. — Si vous faites un fichu, vous montez sur une *tête de filet* la quantité de mailles nécessaire, suivant la grosseur du moule; puis, à la fin de chaque rang, vous laissez une maille et vous retournez votre ouvrage. — Votre pointe terminée, toutes ces mailles libres vous servent de base pour faire une dentelle.

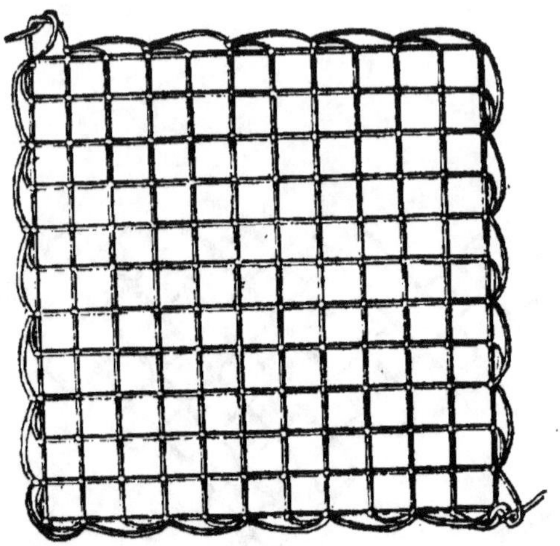

Fig. 130. Carré par augmentations et diminutions.

CARRÉ PAR AUGMENTATIONS ET DIMINUTIONS. — Ce carré sert pour les filets à broder — Commencez la pointe comme la fig. 128; lorsque vous avez le nombre de mailles que vous désirez, ajoutez encore un rang, avant de diminuer. — Vous terminez le carré, en prenant 2 mailles ensemble à la fin de chaque rang. — Lorsque vous n'avez plus que 2 mailles sur le moule, vous coupez le fil, que vous passez dans ces deux mailles, en faisant un point de feston pour arrêter la pointe. — Vous coupez la 1re maille du commencement; vous défaites les 2 nœuds, et vous passez aussi le fil dans ces 2 mailles, pour fermer également cette pointe. — On peut faire la pointe par diminutions, en commençant comme nous l'avons expliqué fig. 129, et terminant tous les rangs par 2 mailles ensemble.

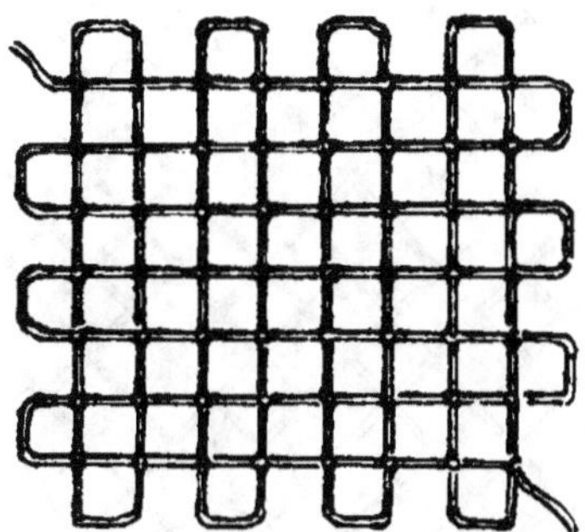

Fig. 131. Carré par diminutions.

Carré par diminutions. — Montez, sur une *tête en filet*, le nombre de mailles que vous désirez, mais avec un moule un peu plus petit, afin que, vos nœuds étant défaits, vos mailles ne se trouvent pas plus longues ; au deuxième rang, vous prenez le moule qui doit vous servir pour le reste du carré ; vous descendez jusqu'à la pointe, en laissant toujours une maille à la fin de chaque rang. — Puis vous coupez le filet, pour séparer la pointe de la tête, juste au-dessus des nœuds qui ont été faits avec le petit moule ; vous retirez les bouts de fil des nœuds, vous passez le fil qui tient au plomb à la pointe du filet ; puis vous attachez le fil de la navette au bout de fil du 1er rang, qui se trouve maintenant le dernier, et vous continuez le travail, en laissant une maille à la fin de chaque rang. — De cette manière, vous obtenez un carré parfait, avec toutes mailles libres tout autour.

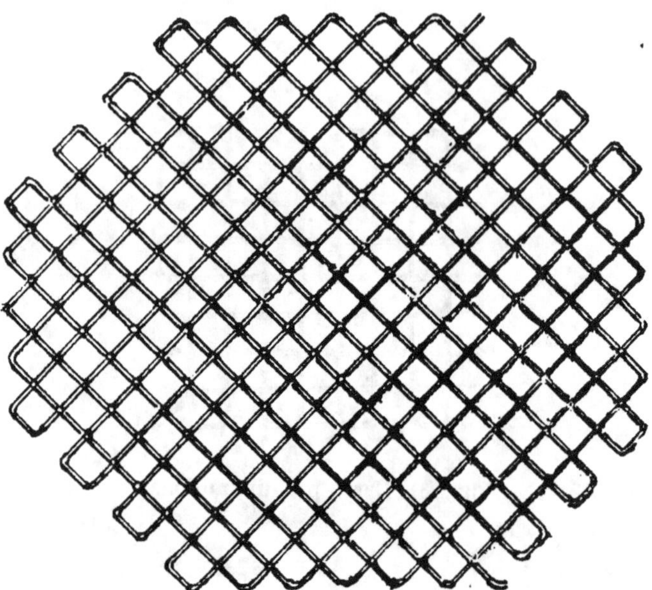

Fig. 132. Hexagone par diminutions.

HEXAGONE PAR DIMINUTIONS.—Vous faites ce filet comme le précédent, en faisant le 1er rang avec un plus petit moule.— Faites ensuite quelques rangs unis; puis vous continuerez, en laissant toujours une maille à la fin de chaque rang. Lorsque vous n'aurez plus que le nombre de mailles que vous désirez, vous couperez le fil, et vous séparerez le filet de la tête, en coupant le rang au-dessus de celui fait avec le petit moule. Après avoir défait les nœuds, vous reprenez le travail comme de l'autre côté. — Si vous voulez faire un filet un peu allongé, vous faites plus de rangs dans le milieu, et vous avez alors un ovale, qui peut vous servir pour *résille*, et que vous pouvez agrandir tout autour, en faisant quelques rangs avec augmentations, suivant l'usage auquel vous le destinez.

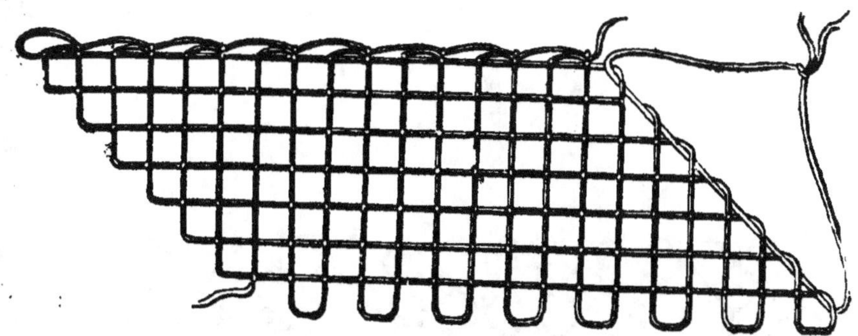

Fig. 133. Bande pour filet à broder.

BANDE POUR FILET A BRODER. — Vous faites ce filet en biais, en terminant les rangs pairs par une augmentation, et les rangs impairs par une diminution. — Ce filet étant de biais, il faut, tous les 15 ou 20 rangs, redescendre le fil qui tient au plomb, afin de le tirer également.

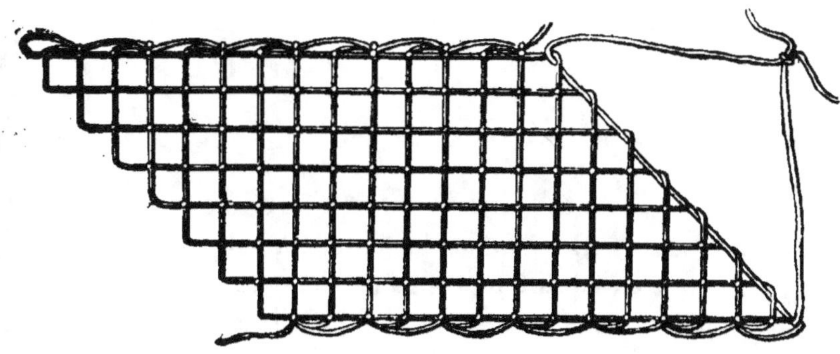

Fig. 134. Bande pour filet à broder. — Mailles libres.

BANDE POUR FILET A BRODER. — MAILLES LIBRES. — On le fait comme le précédent, mais avec cette différence que du côté des diminutions, on laisse 1 maille à la fin du rang.

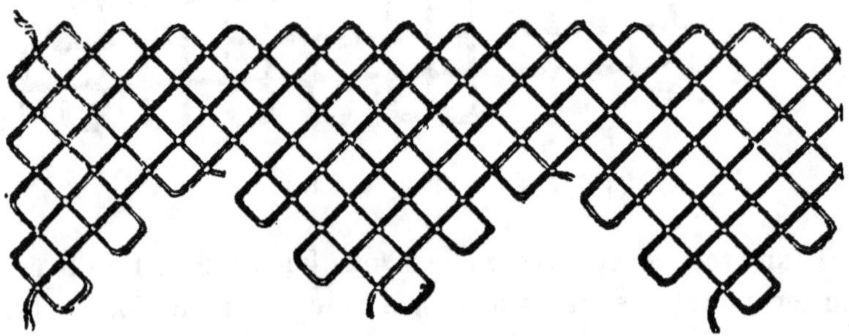

Fig. 135.   Dentelle filet uni.

DENTELLE FILET UNI. — Montez la dentelle à l'objet que vous
voulez garnir, en faisant le 1ᵉʳ rang; lorsque vous voulez
commencer les dents, vous faites sur le dernier rang 7, 8,
9 nœuds, ou plus, suivant la largeur des dents que vous
voulez former, et vous retournez votre ouvrage, en laissant
1 maille à la fin de chaque rang, comme la pointe, fig. 129.
Vous coupez le fil à la fin de la dent, et vous recommencez
successivement pour toutes les dents.

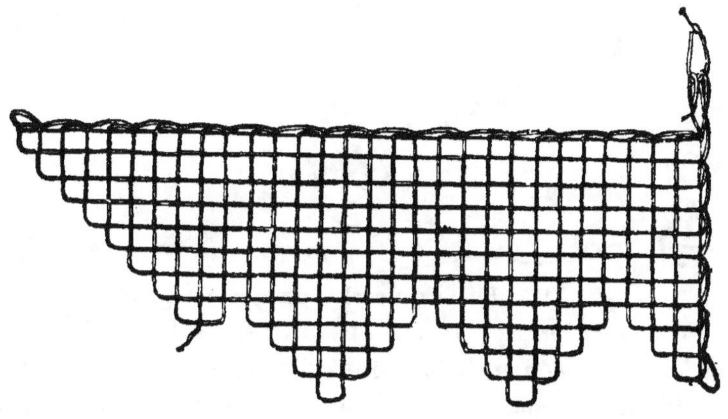

Fig. 136. Dentelle filet à broder.

**DENTELLE FILET A BRODER. — Vous pouvez commencer cette
dentelle en la montant à une tête, ou la commencer par une
seule maille, pour faire deux lisières; vous ferez alors quelques rangs, en faisant une augmentation à la fin de chaque
rang ; lorsque vous arrivez à la hauteur que vous désirez
pour la dentelle, vous arrêtez le rang, en laissant libres 4, 5
ou 6 mailles; vous retournez votre ouvrage, et vous continuez
le filet en augmentant tous les deux rangs d'une maille à la
fin du rang, du côté du pied de la dentelle; puis, lorsque
vous avez le même nombre de mailles qu'à la première dent,
vous laissez les mailles libres au bout du rang pour former
la dent.**

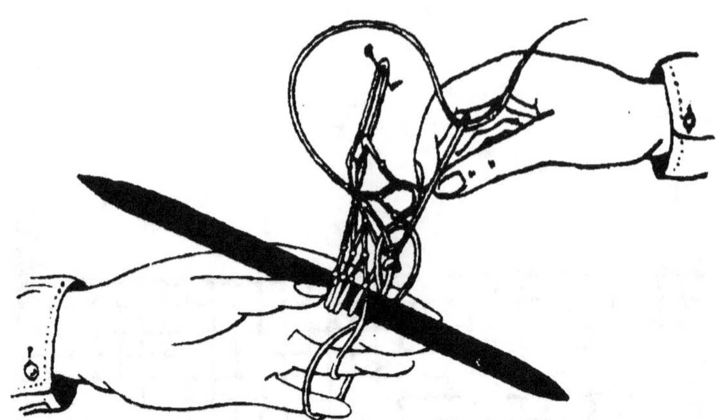

Fig. 137. Filet avec perles, position des mains.

FILET AVEC PERLES, POSITION DES MAINS. — Pour placer les perles, il faut couper le fil à une certaine longueur et remplacer la navette par une aiguille très-fine et très-longue. — Prenez la perle avec l'aiguille. — Tournez le fil autour des doigts ; passez l'aiguille dans la maille, et faites glisser la perle dans le fil en la retenant au-dessus du moule avec l'index de la main gauche. Avant de tirer le fil, vous repassez l'aiguille dans la perle en enlaçant le fil de la maille, dans laquelle vous faites le nœud.

Fig. 138. Filet avec perles.

FILET AVEC PERLES. — Tirez le fil, faites remonter la perle sur la maille en-dessus du nœud que vous allez faire. Serrez le nœud ; dans ce mouvement le nœud rentre dans la perle.

FILET GUIPURE

Il est important pour cette broderie de monter le filet sur un petit cadre en fer fait exprès pour les carrés, ou sur un métier à tapisserie, si c'est un ouvrage plus grand. On emploie pour cette broderie du fil de lin de la même grosseur que le fil du filet. — Le détail de tous les points est très-grossi dans les figures, afin de pouvoir suivre la direction des fils.

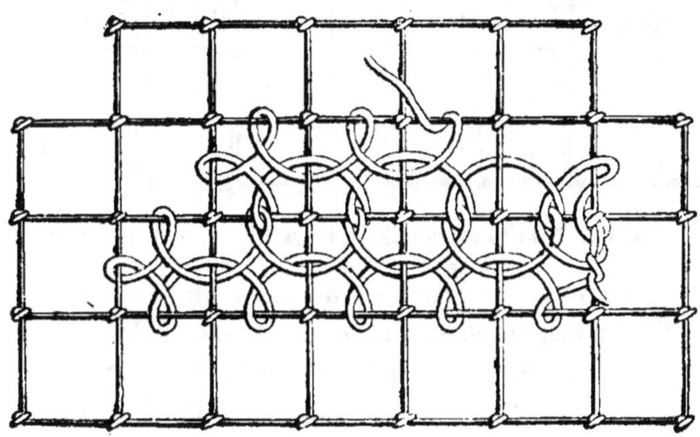

Fig. 139. Point d'esprit.

Point d'esprit. — Faites un point de feston très-lâche dans chaque carré, en prenant toujours le fil qui fait le haut des

carrés ; revenez ensuite en sens contraire, c'est-à-dire en
retournant votre ouvrage de bas en haut, et faites également
un point de feston sur le fil de l'autre côté des petits
carrés, en ayant soin à chaque point de passer l'aiguille en
dessous du fil vertical du filet et en dedans de la boucle que
vous venez de faire de l'autre côté. — Ce point sert souvent
pour le fond des dessins; on le continue en retournant son
ouvrage.

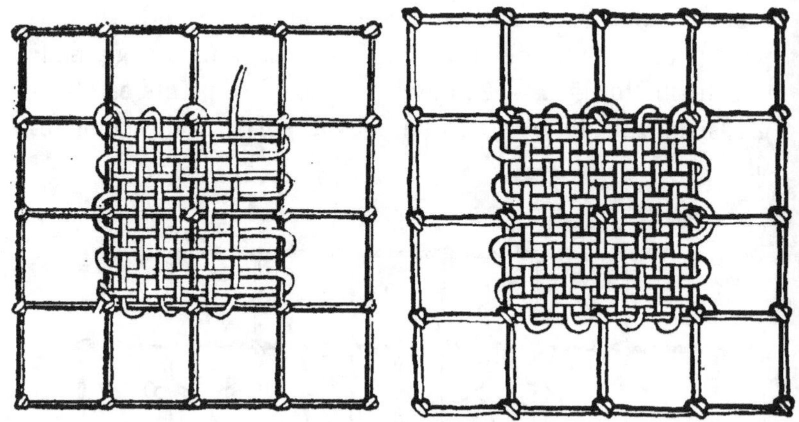

Fig. 140. Point de toile, détail du travail. Fig. 141. Point de toile.

POINT DE TOILE. — Jetez les fils dans un sens, quatre fois
dans les carrés, en passant régulièrement dans les fils du filet
en dessus et en dessous ; puis vous croisez quatre fois également en passant une fois en dessus et une fois en dessous
de chaque fil, de manière à former un petit grillage. Si vous
avez à faire plusieurs carrés placés les uns à côté des autres, vous passez l'aiguille tout du long dans tous les carrés,
toujours en passant une fois en dessus et une fois en dessous. Si le filet est fin, vous ne passerez que deux fils, et s'il
est gros, vous en passerez six ou huit.

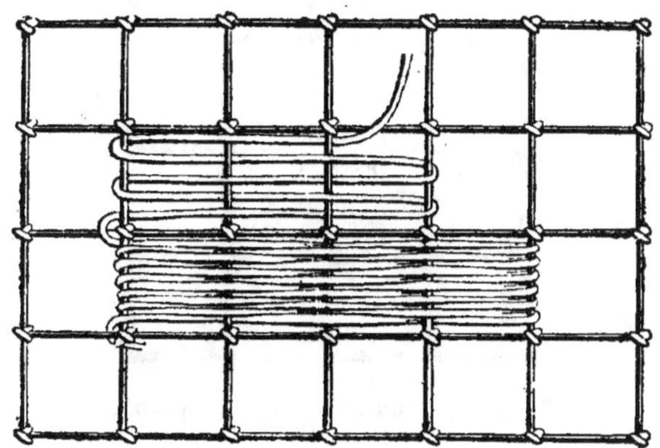

Fig. 142. Point de reprise.

POINT DE REPRISE. — Ce point est tout à fait mat et remplit les carrés, mais sans être croisé comme le point de toile Passez une fois en dessus et une fois en dessous des fils du filet; puis revenez en contrariant les fils. Il faut aller et revenir autant de fois qu'il est nécessaire pour remplir les carrés.

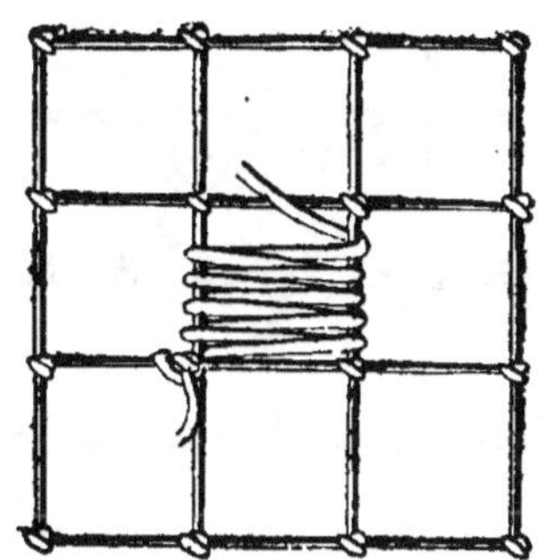

Fig. 143. Point de reprise sur un seul carré.

POINT DE REPRISE SUR UN SEUL CARRÉ. — Si vous voulez faire ce point d'un seul point de largeur, vous passez le fil alternativement à droite et à gauche en dessus du fil du filet.

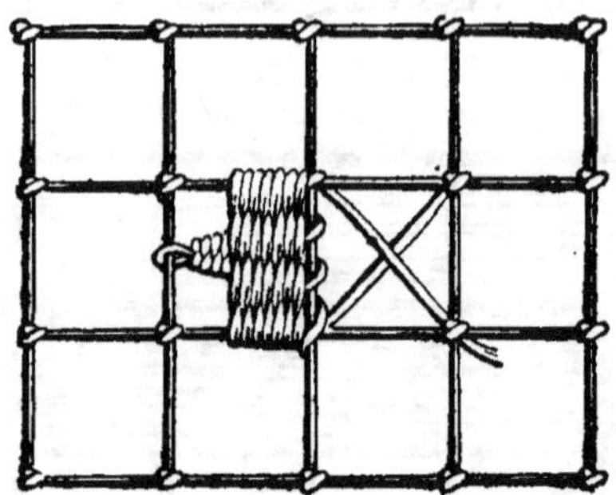

Fig. 144. Point croisé et point pagode.

POINT CROISÉ. — Ce point se fait en biais dans un seul carré. Jetez le fil d'un angle à l'autre du carré ; faites le dessin du carré qui est à côté, et jetez le fil en biais dans l'autre sens, de manière à croiser le point. — Nous expliquerons, à la figure 183, le point *pagode* ; la croix peut se faire avec *le point de reprise,* ou le point de toile, ou tout autre point.

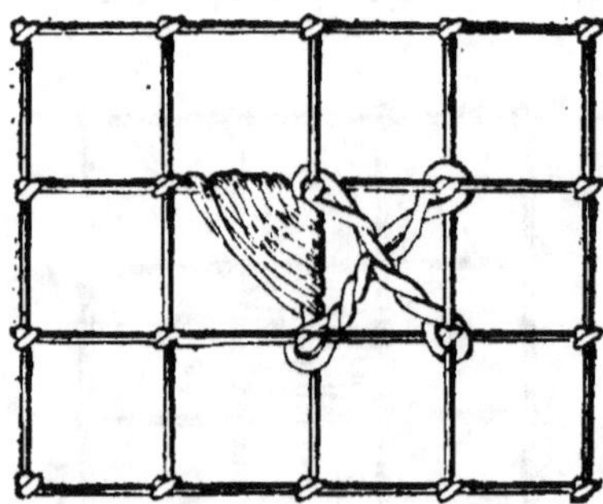

Fig. 145. Croix double de Venise et point de reprise en angle. .

CROIX DOUBLE DE VENISE. — Faites ce point comme le *point croisé,* en tournant le fil deux fois autour de celui que vous lancez en biais. — Nous donnerons à la figure 155 le détail du point de reprise en angle.

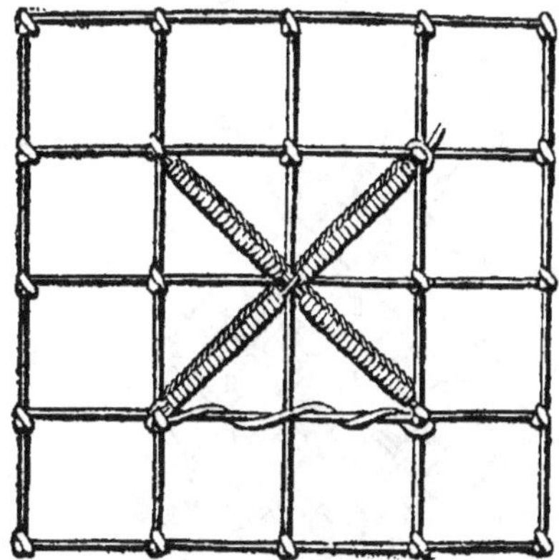

Fig. 146. Croix feston danois ou ailes de moulin.

CROIX FESTON DANOIS OU AILES DE MOULIN. — Ce point occupe généralement quatre carrés ; faites la *croix double de Venise*, puis festonnez, par un petit point de feston très-serré, les fils que vous avez jetés aux angles.

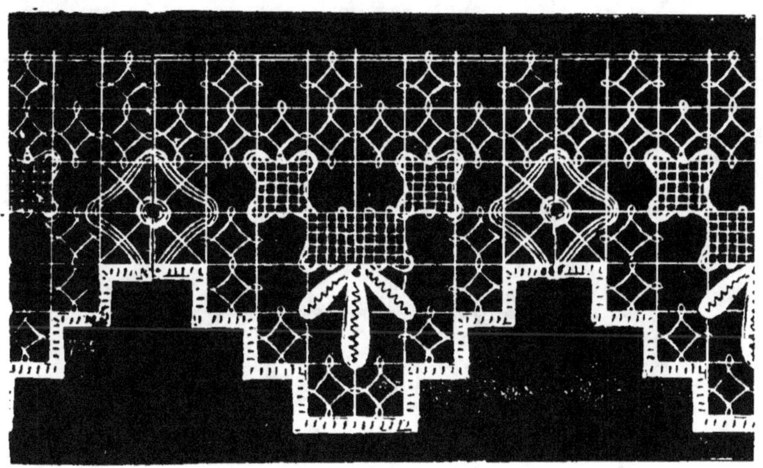

Filet guipure.

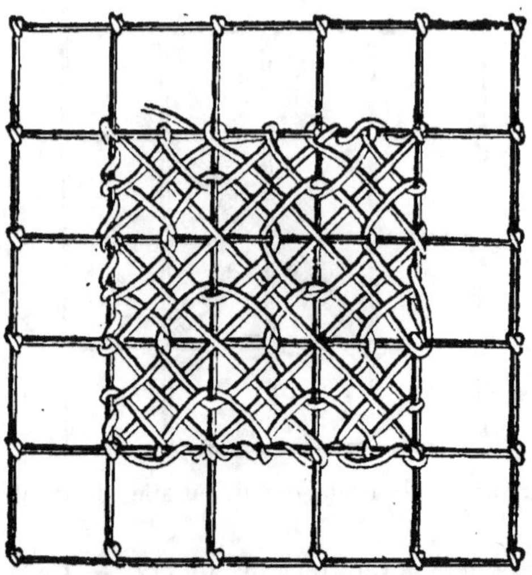

Fig. 147. Point d'esprit croisé.

POINT D'ESPRIT CROISÉ. — Dans un ou plusieurs carrés remplis en point d'esprit, vous jetez un fil en biais dans les deux sens.

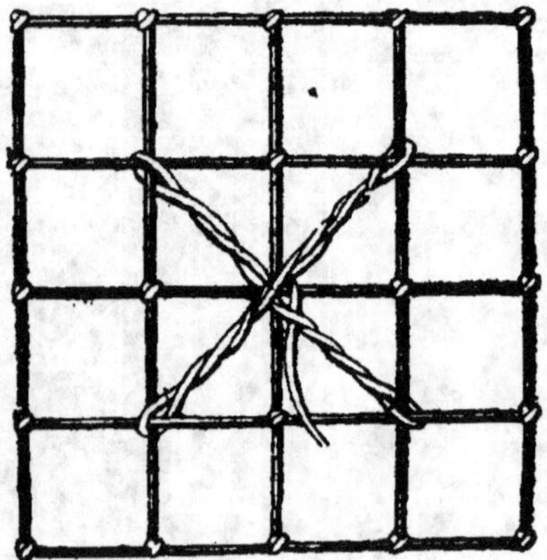

Fig. 148. Croix.

CROIX. — La croix se fait en biais sur quatre carrés ; attachez le fil dans le nœud qui fera le centre de la croix, traver-

sez l'un des quatre carrés en biais, passez l'aiguille sous le
nœud que vous trouvez à cet angle, revenez au centre en
tournant le fil 1 ou 2 fois autour de celui qui est en biais, passez l'aiguille de même, dans l'autre carré, placé vis-à-vis ; continuez ainsi pour les quatre carrés, toujours en revenant au
centre. La croix sert généralement pour commencer un autre
point; mais si vous voulez faire ce point en vous arrêtant au
croisement des fils, il faut le faire comme la *croix double de
Venise*, en commençant à l'un des angles.

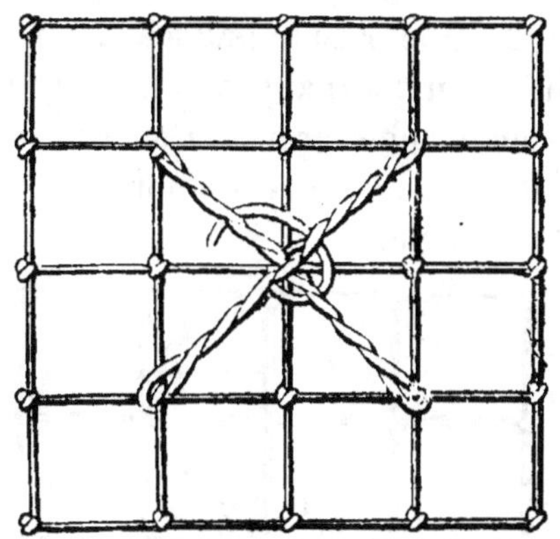

Fig. 149. Roue.

Roue. — Faites ce point sur la *croix*; lorsque vous avez ramené le fil au centre des quatre carrés, vous tournez le fil
trois ou quatre fois autour du centre en passant l'aiguille
alternativement en dessus et en dessous.

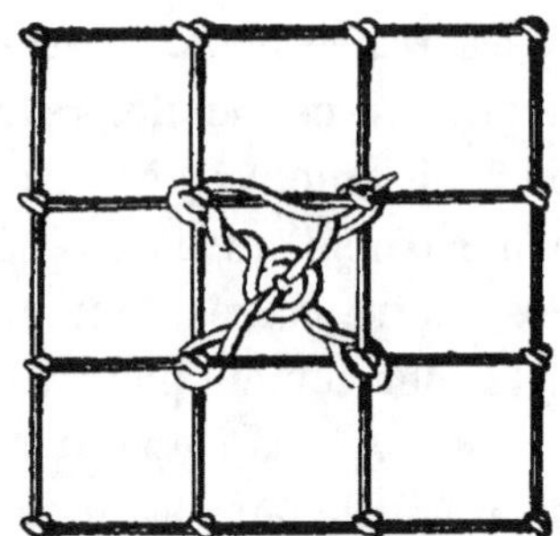

Fig. 150. Petite roue.

PETITE ROUE. — Elle n'occupe qu'un seul carré au lieu de quatre ; attachez le fil dans l'un des nœuds du carré, puis dans le nœud placé à l'autre angle en biais ; revenez au centre en tournant l'aiguille autour du fil ; attachez le fil dans un autre angle, descendez en tournant autour du fil ; passez le fil dans le quatrième angle, revenez au centre pour faire la petite *roue* en tournant deux fois autour du centre, terminez en retournant à l'angle.

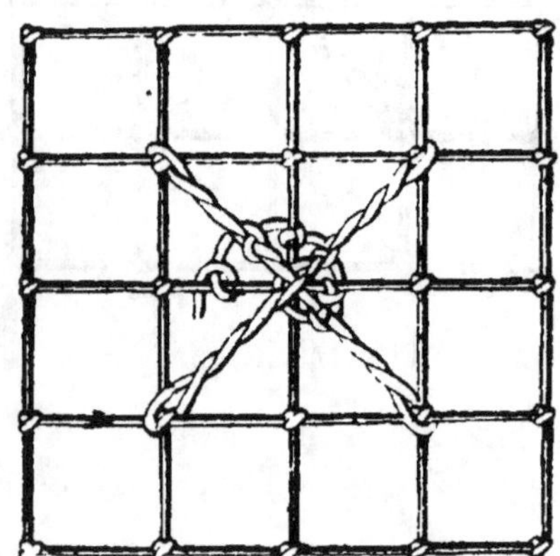

Fig. 151. Rosace,— 1ᵉʳ détail du travail.

ROSACE.—Commencez la rosace par la *croix* (fig. 148) ; avec les quatre fils de la croix et les quatre fils du filet, cela vous

fait 8 fils, sur lesquels vous faites le 1er cercle de la rosace.
— Pour commencer le point, amenez le fil sur l'un des fils
de la croix, au tiers de la longueur et tournez de droite à
gauche ; passez l'aiguille sous le fil du filet en dirigeant la
pointe vers le point d'où vous partez; passez par-dessus le fil
qui forme le 1er cercle, et passez le fil en dessous du fil du
filet, en dirigeant l'aiguille vers le point où vous allez ; continuez ce point sur tous les rayons de la rosace.

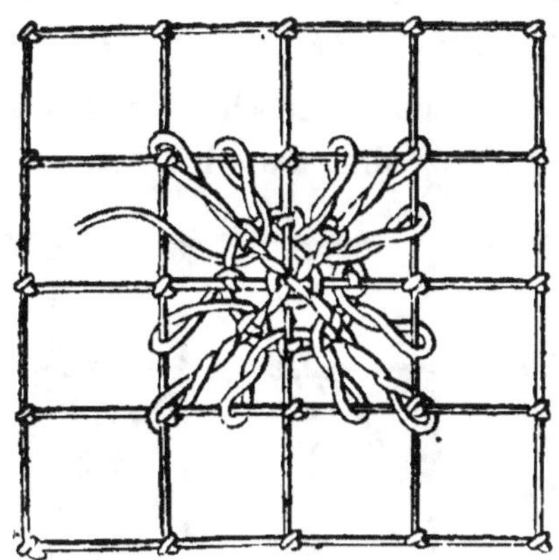

Fig. 152. Rosace, — 2e détail du travail.

ROSACE,—2e DÉTAIL DU TRAVAIL.—Vous doublez le nombre des
rayons de la rosace en ajoutant une boucle entre chacun des
bras de la croix et des fils du filet : passez l'aiguille sur le fil
du filet en dirigeant la pointe en dedans, de manière à faire
un point de feston en arrière ; passez l'aiguille en dessous du
bras de la croix et en dessous également du fil du 1er cercle
continuez de même pour les 8 boucles.

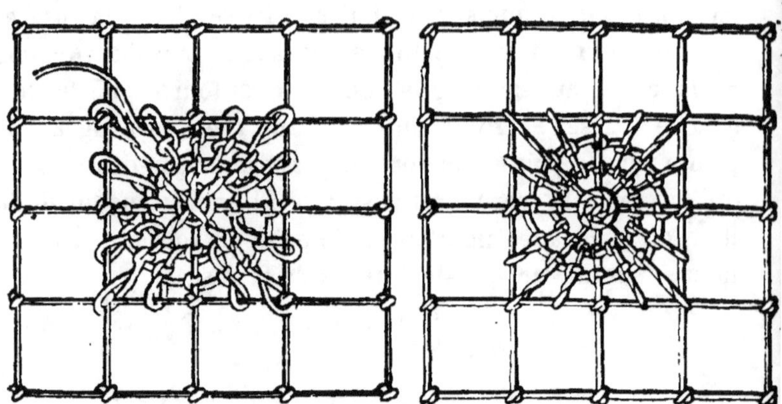

Fig. 153. Rosace, — 3e détail.   Fig. 154. Rosace.

Rosace — 3e détail. — Faites le second cercle de même que le 1er en faisant les points dans les seize rayons de la rosace.

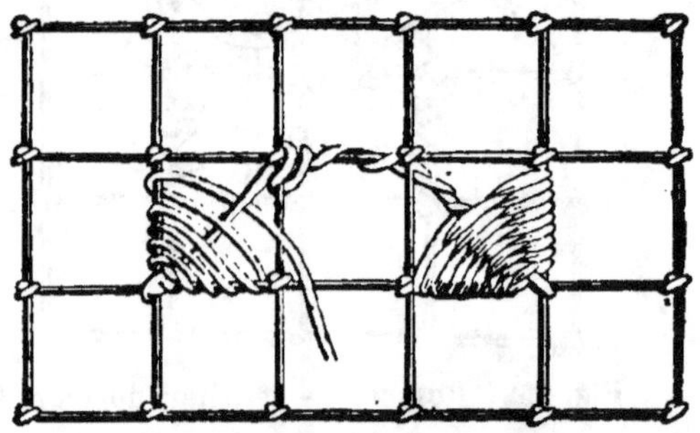

Fig. 155. Point de reprise en angle.

Point de reprise en angle. — Attachez le fil dans un angle d'un petit carré et traversez-le en biais dans l'angle en diagonale ; descendez en faisant le point de reprise sur les trois fils, qui sont les deux fils du filet et celui qui traverse : vous faites le point seulement à moitié du carré, vous terminez en tournant le fil 2 fois sur celui qui traverse le carré. — Le 2e point de reprise en angle donne le détail du point.

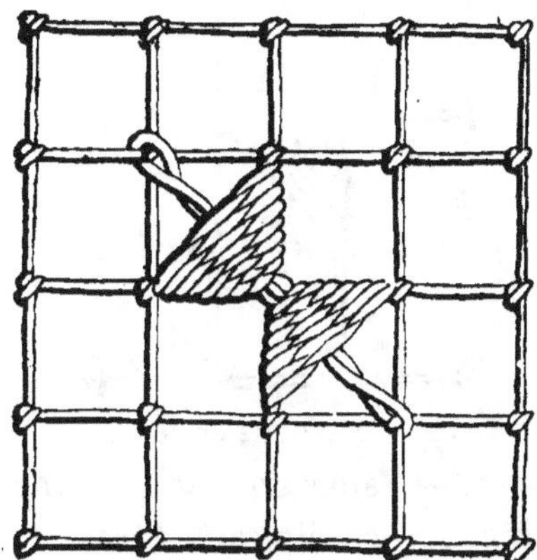

Fig. 156. Angle double en reprise.

ANGLE DOUBLE EN REPRISE. — Attachez le fil sur le nœud du centre ; passez-le dans le nœud en diagonale et descendez sur le fil en passant l'aiguille une fois en dessous du fil ; commencez la reprise au milieu du carré, en ayant soin de ne pas trop serrer le point pour remplir l'angle régulièrement ; vous redescendez jusqu'à la pointe, et vous faites l'autre angle de la même manière.

Dentelle filet-guipure en biais.

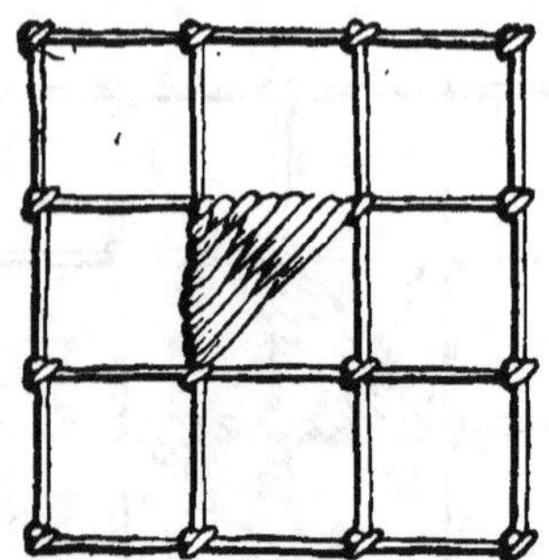

Fig. 157. Angle en reprise.

ANGLE EN REPRISE. — Faites ce point comme le point de reprise en angle (fig. 155), mais sans traverser le carré par le fil; vous commencez ce point par la pointe, et vous faites la reprise jusqu'au milieu du carré; cependant, comme vous n'avez pas de fil qui traverse, vous passez l'aiguille alternativement sur les 2 fils du filet, et toujours par-dessus, comme le point de reprise d'un seul carré (fig. 143).

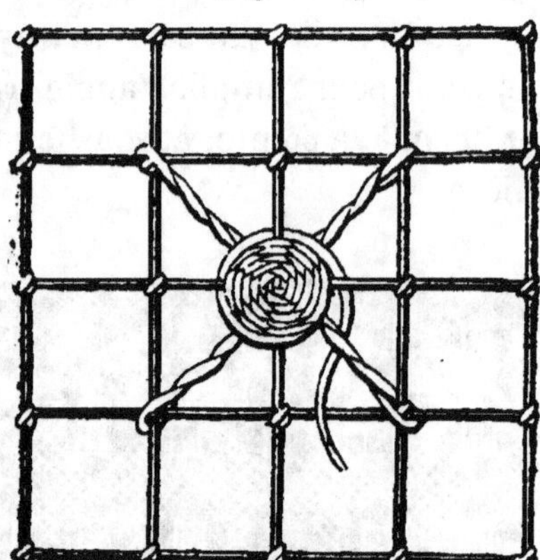

Fig. 158. Pois.

POIS. — Il se fait sur quatre carrés; commencez par faire une *croix* et ramenez le fil au centre, pour le tourner cinq, six ou sept fois en spirale, en passant alternativement en dessus et dessous de chaque fil; à la fin de chaque tour, il faudra passer en dessous de deux fils, comme la position du fil vous l'indique sur la fig. 158, afin de vous faire un nombre impair de fils à croiser, et de bien former la reprise.

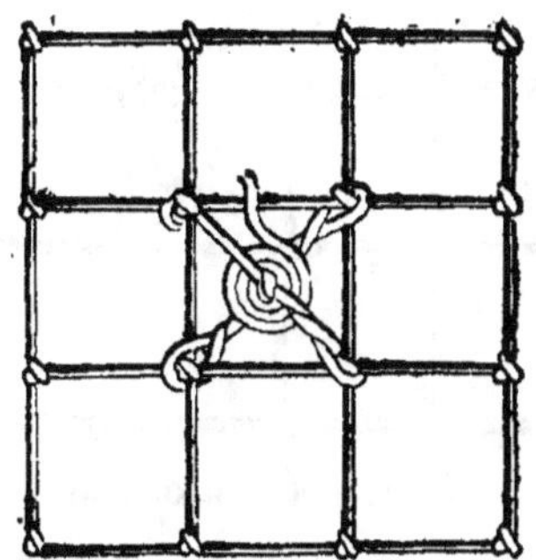

Fig. 159. Pois sur un seul carré.

Pois sur un seul carré. — Il se fait comme la petite roue (fig. 156), mais vous tournez le fil plusieurs fois autour du centre, afin de le faire plus mat.

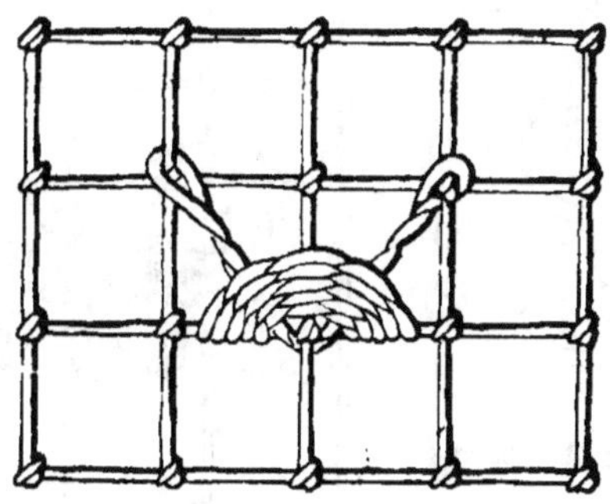

Fig. 160. Demi-pois.

Demi-pois. — Il occupe deux carrés; lancez le fil en biais dans l'un des carrés; ramenez le fil au nœud, en tournant l'aiguille deux fois autour du fil; lancez le fil en biais dans le carré à côté, descendez vers le nœud et faites le point de reprise sur les cinq fils qui composent les deux carrés.

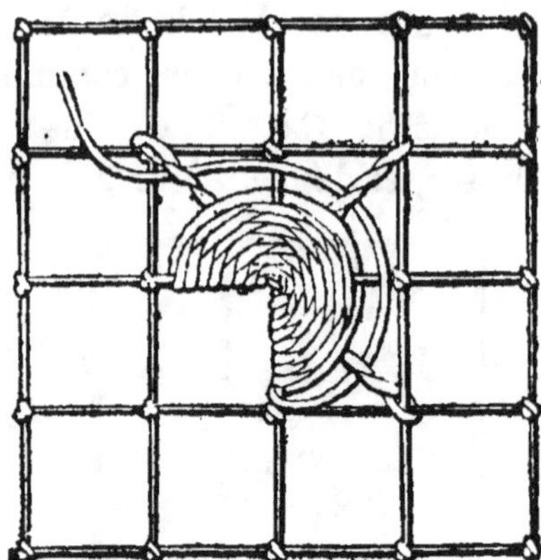

Fig. 161. Fer à cheval.

FER A CHEVAL. — Il se fait comme le demi-pois, mais sur trois carrés et en jetant un fil en biais dans le 3e carré, comme vous l'avez fait pour les deux autres.

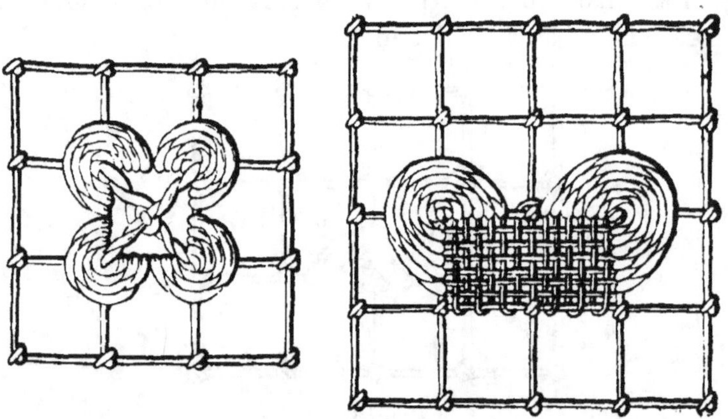

Fig. 162. Fer à cheval,
pour angle.

Fig. 163. Fer à cheval,
pour angle.

FER A CHEVAL POUR ANGLE.—Il se fait sur trois carrés comme le fer à cheval, mais sans lancer le fil en biais dans les carrés. — Dans les deux fig. 162 et 163, il sert à orner les angles des motifs, la croix double de Venise et le point de toile.

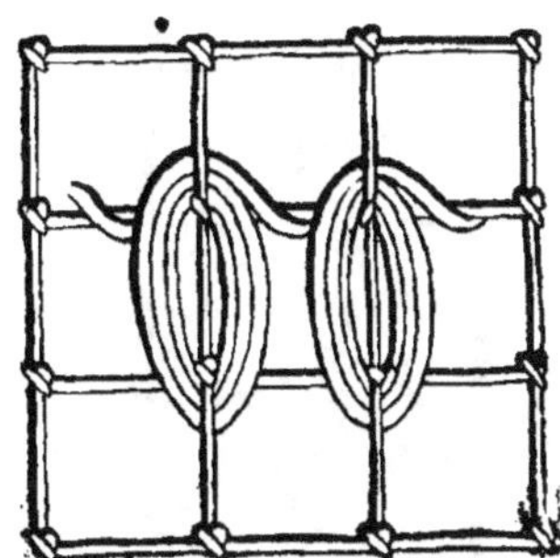

Fig. 164. Point d'anneau.

POINT D'ANNEAU. — Vous pouvez faire ce point sur un ou plusieurs carrés; tournez le fil en spirale autour du fil du filet, en passant l'aiguille dans le fil qui se trouve en dehors du nœud; redescendez, en passant l'aiguille de même, de l'autre côté en dehors du nœud. Vous ferez aussi ce point dans le milieu d'un carré, ou en biais, suivant le dessin que vous avez à exécuter.

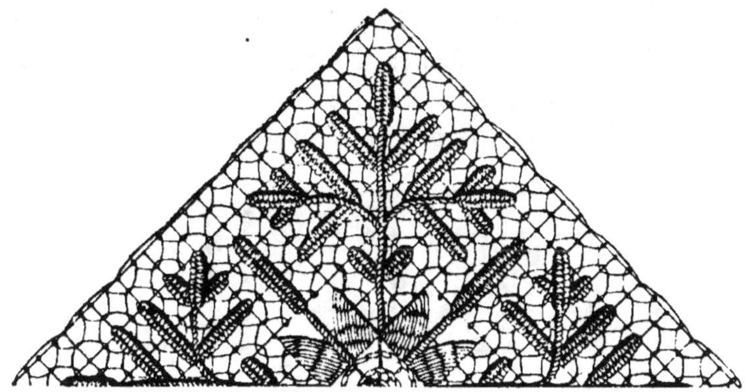

Angle en filet guipure.

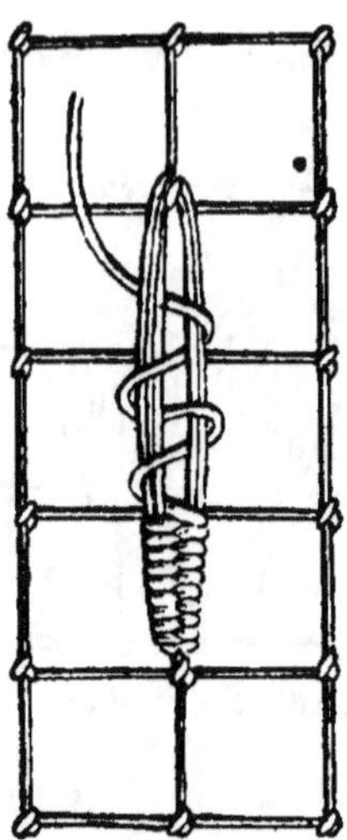

Fig. 165. Point tissé, 2 fils.

POINT TISSÉ, 2 FILS. — Lancez le fil d'une extrémité à l'autre de la feuille que vous voulez faire, en passant l'aiguille
dans le fil du filet, seulement aux deux bouts de la feuille et
sur les fils du filet, sans les prendre avec le point de
reprise que vous faites par-dessus, ces feuilles devant être soulevées; lorsque vous avez ramené le fil à l'endroit d'où vous
êtes parti, vous avez deux fils, placés l'un à côté de l'autre;
sur ces deux fils, vous formez une natte, en passant l'aiguille
alternativement en dessous de chaque fil, une fois à droite, une
fois à gauche, jusqu'à ce que vous ayez couvert ces deux fils.

Dentelle filet guipure.

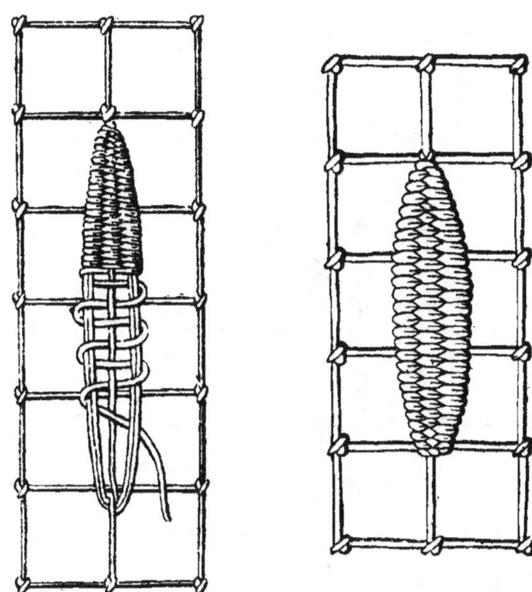

Fig. 166. Point tissé, 3 fils.   Fig. 167. Feuille en point tissé.

Point tissé, 3 fils. — Pour faire la feuille un peu plus large, vous faites le point sur trois fils, comme le point de reprise, sans prendre les fils du filet, et vous serrez le point aux extrémités, pour former les pointes de la feuille.

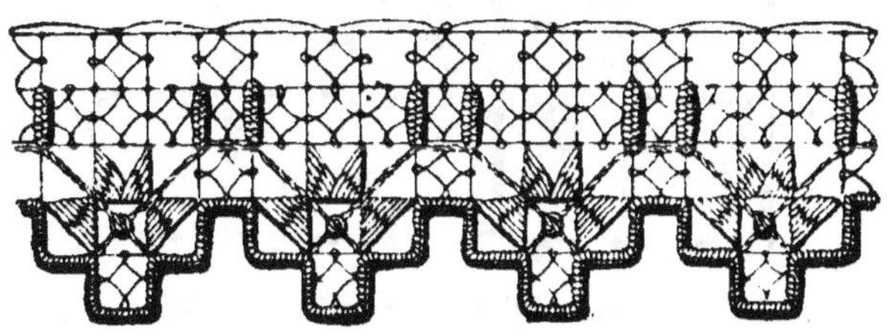

Dentelle filet guipure.

8

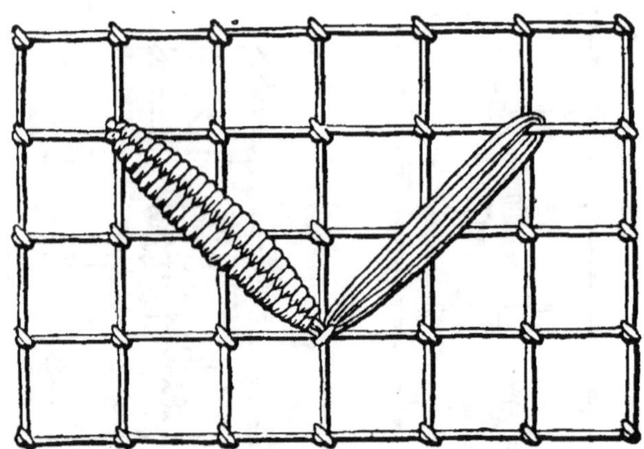

Fig. 168. Point tissé en biais.

POINT TISSÉ EN BIAIS. — La feuille est terminée d'un côté, et de l'autre elle est seulement préparée ; vous lancez le fil deux fois, en allant et revenant, si c'est pour une grande feuille, et une fois seulement si vous voulez faire une petite feuille. Faites le point comme à la fig. 165.

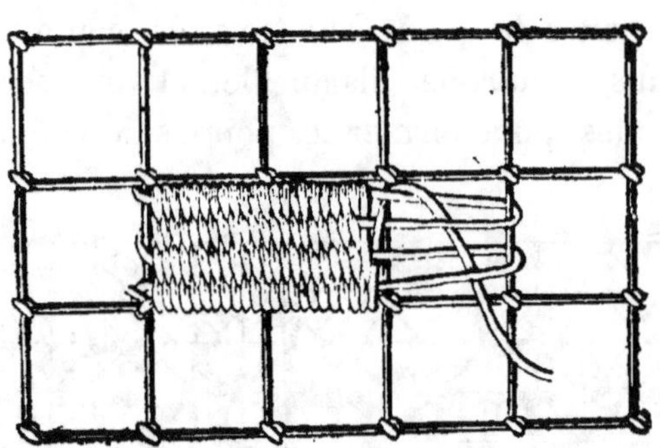

Fig. 169. Point de reprise soulevé.

POINT DE REPRISE SOULEVÉ. — Lancez les fils d'une extrémité à l'autre du dessin, pour faire la trame de votre reprise, en ayant soin de passer ces fils sur le fil du filet, et de les maintenir régulièrement, en faisant la reprise dans l'autre sens, sans prendre les fils du filet; les points doivent être très-rapprochés.

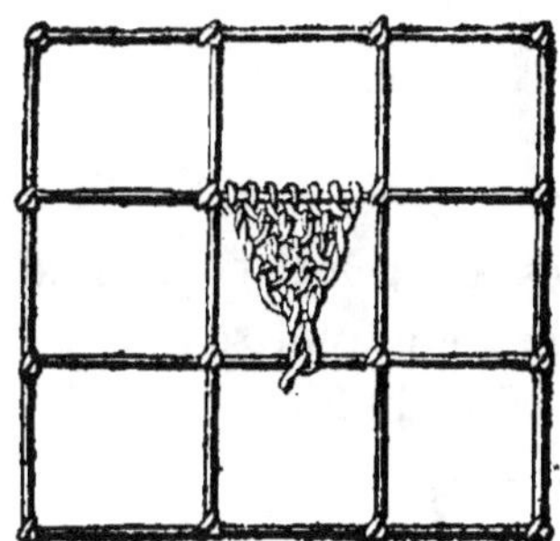 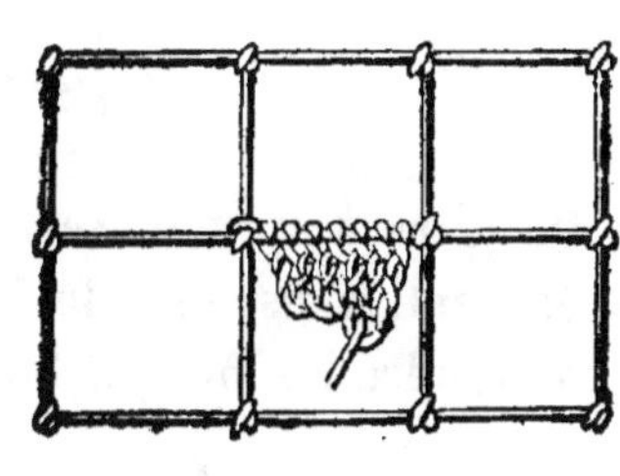

Fig. 170. Point de feston. — Fig. 171. Point de feston, détail du travail.

POINT DE FESTON. — Il forme une pointe qui, dans le haut, occupe toute la largeur du carré, et se termine par un seul fil, qui se rattache au milieu de l'autre fil du carré, placé vis-à-vis. — Attachez le fil dans le nœud, à gauche, et faites cinq, six ou sept points de feston sur le fil du filet; faites le second rang, de droite à gauche, et prenez chaque point dans chacun des points du dernier rang; en changeant de côté, vous laissez un point à l'extrémité de chaque rang; vous arrivez ainsi à n'avoir plus qu'un point, que vous arrêtez dans le fil du filet.

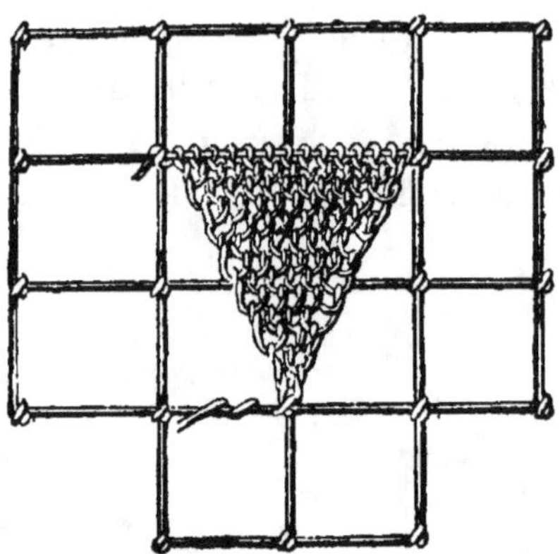

Fig. 172. Point de feston soulevé.

POINT DE FESTON SOULEVÉ. — Faites ce point comme le précédent, mais sur plusieurs carrés, en ayant soin de ne pas prendre les fils qui forment la maille du filet.

Fig. 173. Point de cône.

POINT DE CONE. — Ce point se fait dans l'angle d'un carré; il doit couvrir complétement l'un des fils du carré dans la hauteur, et à moitié seulement dans la largeur le fil qui fait l'angle; l'autre moitié de ce fil se trouve remplie par le même point, fait en sens contraire. Attachez le fil dans l'angle, et faites deux points de feston, sans les serrer, sur le fil placé en hauteur, puis un point de feston sur le

fil en angle avec le même nœud du filet ; recommencez ce
point cinq, six ou sept fois, suivant la grosseur du filet, en
ayant soin de faire les points très-rapprochés. — Pour faire
le deuxième cône du carré, vous passez l'aiguille dans le fil
du filet, puis dans le nœud, afin de le commencer dans
l'angle, comme le premier.

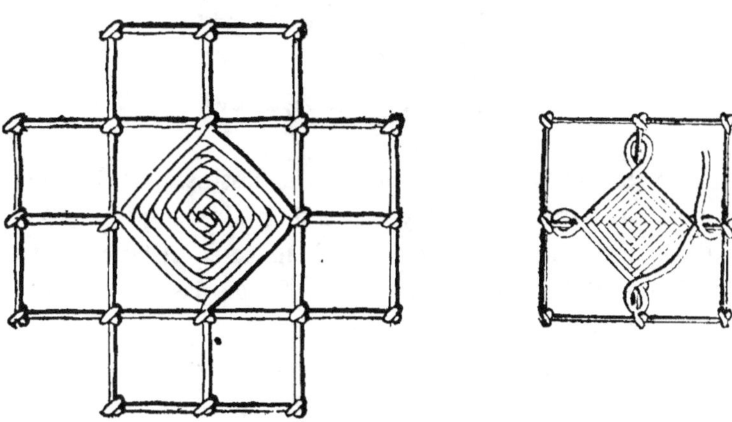

Fig. 174. Carré en point tourné. — Fig. 175.Carré en point tourné
détail du travail.

CARRÉ EN POINT TOURNÉ. — Fixez le fil sur le nœud du filet
qui fait le centre du carré ; passez l'aiguille par-dessus le fil
du filet, à droite du nœud, en dirigeant la pointe de l'aiguille
vers vous ; passez l'aiguille dans le fil qui se trouve placé
en haut, de la même manière, en dirigeant l'aiguille vers le
point que vous venez de faire. — Continuez à tourner autour
de la croix, toujours en dirigeant l'aiguille vers le point que
vous venez de quitter ; si votre ouvrage est monté sur un
petit cadre, tournez-le, à chaque point, de gauche à droite.

8.

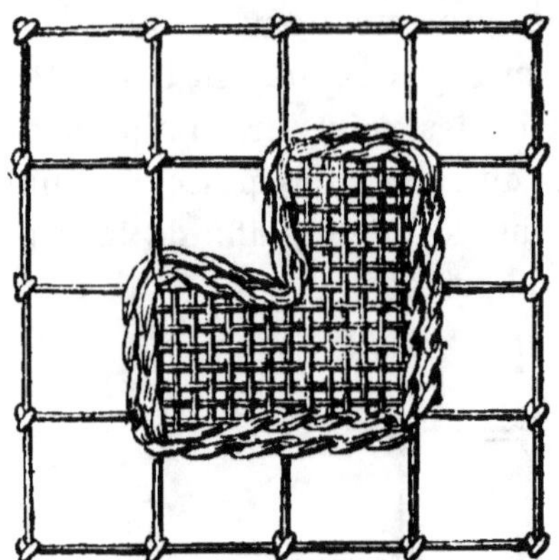

Fig. 176. Point torsade.

POINT TORSADE. — Il sert à orner des dessins, des feuilles, ou tout autre motif. — Jetez le fil autour du dessin que vous voulez encadrer, en l'arrêtant, de distance en distance, dans les fils du filet; puis revenez sur ce fil, en passant toujours l'aiguille en dessous, pour le torsader.

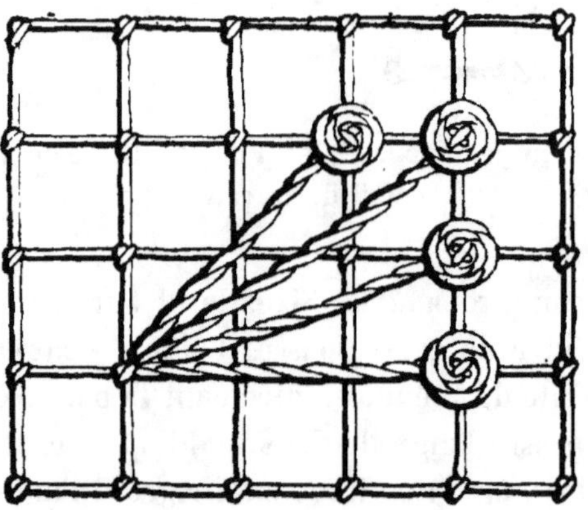

Fig. 177. Pois avec tiges torsadées.

POIS AVEC TIGES TORSADÉES. — Attachez le fil à la pointe de la tige, lancez le fil sur le nœud où vous voulez faire le pois, et redescendez sur le fil en le torsadant.

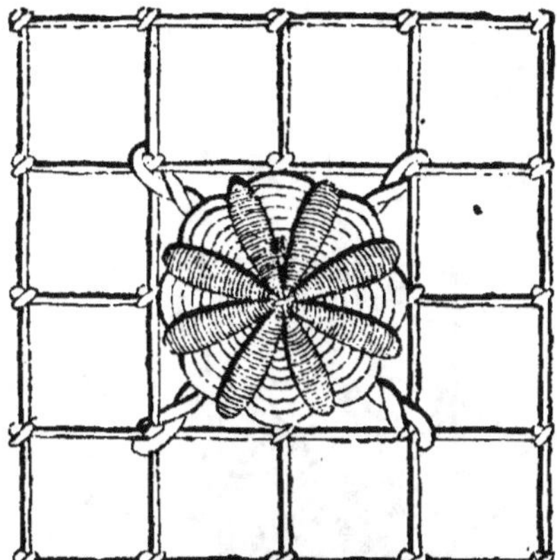

Fig. 178. Rosette en relief.

ROSETTE EN RELIEF. — Faites un pois (fig. 158), qui remplira les quatre carrés ; puis vous ferez, par dessus, huit petites feuilles en point de poste (fig. 247).

Carré filet guipure

Fig. 179. Rosace en point d'esprit.

ROSACE EN POINT D'ESPRIT. — Commencez par faire un pois
en tournant trois fois le fil autour du nœud du centre, sans
contrarier les points; puis changez les fils, et tournez encore
trois fois, en passant l'aiguille en dessus des fils qui se
trouvaient en dessous, et en dessous de ceux qui étaient en
dessus. — Faites huit points d'esprit, en passant l'aiguille
en dessous des fils du filet et des branches de la croix ; faites
un dernier cercle, en tournant trois fois, et passant l'aiguille en dessus des fils du filet et des branches de la croix,
et en dessous des bouclettes des points d'esprit.

Fig. 180. Croix capitonnée. — Fig. 181. Croix capitonnée,
détail du travail.

CROIX CAPITONNÉE. — Attachez le fil au centre de la croix.
— On fait cette croix en *point d'anneau* ; tournez le fil trois
fois en biais dans un sens, et trois fois de même dans
l'autre biais, puis sur les fils du filet, et recroisez encore
sur les fils du filet dans l'autre sens. — Tournez ensuite
trois fois sur ces points d'anneau, en passant l'aiguille en
dessus des anneaux qui sont dans le sens du filet, et en
dessous de ceux qui sont en biais ; ce fil, tourné au centre,
doit être serré, de manière à rapprocher les points pour
former une épaisseur au milieu.

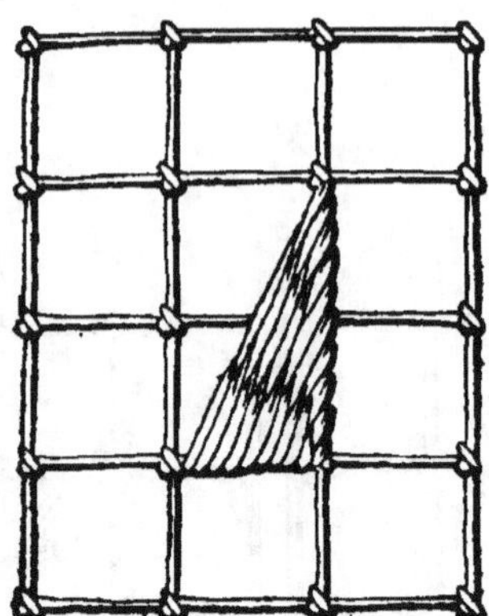

Fig. 182. Point de lance.

POINT DE LANCE. — Ce point se fait comme le *point de cône*, mais en plus grand; prenez deux carrés dans un sens et un dans l'autre.

Fig. 183 Point de pagode.

POINT DE PAGODE. — Ce point est représenté en entier, à la fig. 144, avec le point croisé; amenez le fil au milieu du carré, jetez le fil de l'autre côté du carré, redescendez sur le premier fil, remontez vers le haut du point, et redescendez, en faisant un *point tissé*, jusqu'à moitié du carré, en prenant un fil d'un côté et deux de l'autre; terminez par le *point de reprise*.

Fig. 184. Damier. Motif pour fond de broderie.

DAMIER. — MOTIF POUR FOND DE BRODIRIE. — Ce motif, qui est représenté sur filet de grosseur ordinaire, se fait en alternant une *petite roue* et un point de reprise d'un seul carré.

Sachet à mouchoirs en filet guipure.

IMPRESSION SUR ÉTOFFES

Pour imprimer un dessin sur une étoffe quelconque, vous posez le papier sur une pelote, et vous piquez tous les contours avec une aiguille à coudre, n° 5. Si vous voulez conserver la feuille sur laquelle est votre dessin, vous piquez ce dessin sur un autre papier, sur lequel vous l'aurez calqué. Votre dessin étant piqué, vous placez l'envers de l'étoffe, que vous tendrez bien en tous sens, sur une table ou une planche que vous aurez recouverte de plusieurs doubles de papier ou d'étoffe, pour faire un *matelas* ; puis vous fixerez dessus votre dessin piqué, en tendant également votre papier sur l'étoffe.

Faites, avec de la flanelle, un tampon de la grosseur d'une prune ; pour les étoffes blanches ou écrues, vous le trempez dans de la poudre de bleu de linge légèrement mouillée ; pour les étoffes de couleur, dans du blanc d'Espagne, mélangé de cendres de bois, également humide ; vous passez votre tampon sur toutes les parties du dessin, retrempant de temps en temps le tampon dans la poudre ; cette poudre, passant à travers les trous de la piqûre, se fixe sur l'étoffe. Pour les étoffes de laine ou de soie, la poudre humide ne pouvant être fixée suffisamment par cette préparation, retirez immédiatement et légèrement le papier, et avec une plume ou un pinceau très-fin, vous *repassez* de la couleur sur tous les contours, puis vous passez un fer très-doux, à l'envers de l'étoffe, lorsque la couleur est séchée.

Le papier-calque ne peut être employé que pour les étoffes blanches ou écrues, et principalement celles en coton ou en fil. Pour imprimer avec ce papier, vous posez l'envers du dessin sur l'envers de l'étoffe; vous placez l'envers de votre papier-calque sur plusieurs doubles de papier ; vous posez votre étoffe sur ce papier, et vous suivez avec un poinçon d'ivoire tous les contours du dessin, en appuyant un peu.

CHIFFRES

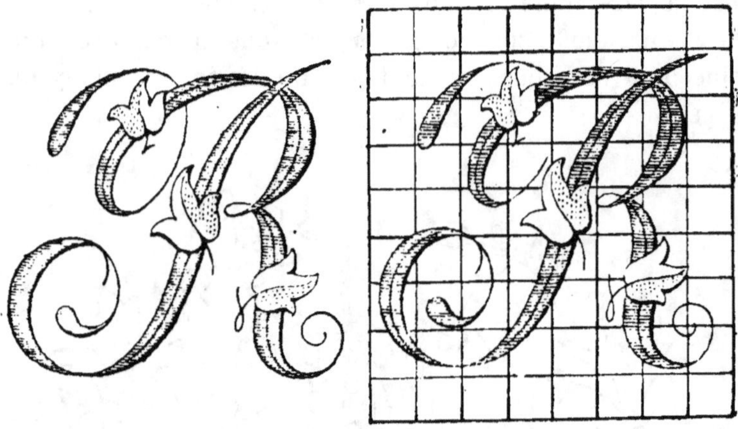

Fig. 185. Fig. 186. Moyen de grandir et de diminuer les chiffres.

Moyen de grandir et de diminuer les chiffres. — En plaçant le chiffre R sur le quadrillé qui est à la seconde fig. 186, il vous sera bien facile de l'obtenir de la grandeur que vous désirez. — Posez un papier-calque très-fin sur le quadrillé et tracez, avec une petite règle, le quadrillé représenté à cette figure ; placez ensuite votre quadrillé sur le chiffre de la fig. 185 que vous voulez reproduire, et vous aurez la figure 186.

Fig. 187. Quadrillé pour grandir le chiffre.

QUADRILLÉ POUR GRANDIR LE CHIFFRE. — Si vous voulez grandir le chiffre, tracez le quadrillé de la fig. 187 sur le papier-calque, et dessinez le chiffre en suivant, dans les carrés, la direction des traits du chiffre de la fig. 186. Pour reproduire des chiffres de plus grande dimension, vous faites un quadrillé plus grand, ou vous prolongez celui de la fig. 187.

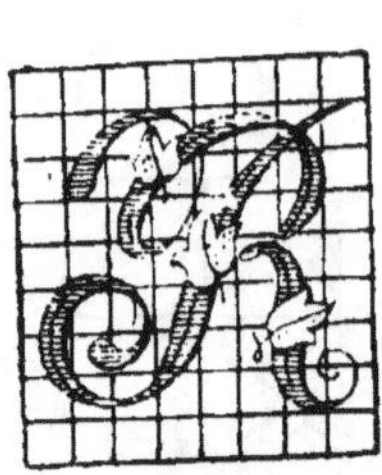

Fig. 188. Quadrillé
pour diminuer le chiffre.

Fig. 189. Chiffre uni.

QUADRILLÉ POUR DIMINUER LE CHIFFRE. — Vous procédez de
la même manière pour ce quadrillé; vous le tracez d'abord
au moyen du papier-calque, et vous retracez le chiffre en copiant exactement les traits du chiffre qui traversent les petits
carrés.

CHIFFRE UNI. — Vous simplifiez le travail en supprimant
toutes les petites feuilles de ce même chiffre.

Fig. 190.   Fig. 191.   Fig. 192.
Chiffre G. D. à enlacer, style Louis XV.

CHIFFRE G. D. A ENLACER, STYLE LOUIS XV. — Pour enlacer
deux lettres de genres différents, en prenant pour exemple
dans deux alphabets, G anglaise et D romaine, calquez la
lettre D, qui est la lettre du nom de famille, et appliquez
votre calque sur la lettre G, que vous calquez sans tracer les
parties de la lettre qui passent sous le D; pour donner plus
de grâce à votre chiffre, vous pouvez ajouter le petit ornement (fig. 192) qui se trouve dans le haut du G et que
vous calquez à l'envers.

Fig. 193. G. D. enlacés, style Louis XV.

Vous aurez alors la reproduction de la fig. 193.

Fig. 194.   Fig. 195.   Fig. 196.

Chiffre H. M. carrés enlacés.

CHIFFRE H. M. CARRÉS ENLACÉS. — Prenez deux lettres dans un même alphabet ; calquez d'abord la lettre M et posez-la sur la lettre H, en croisant les deux lettres, vous obtiendrez la fig. 196.

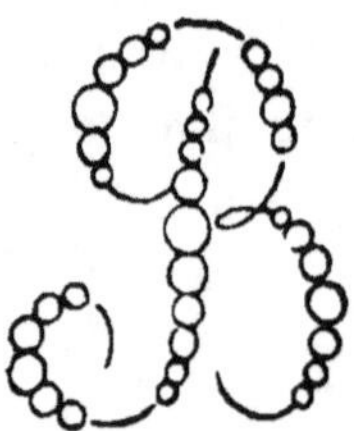

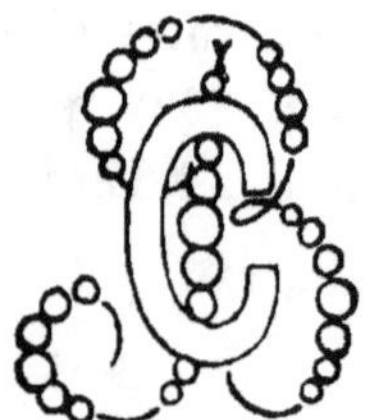

Fig. 197.   Fig. 198.   Fig. 199.

Chiffre B. C. enlacés.

CHIFFRE B. C. ENLACÉS. — Supposez deux autres alphabets, l'un en anglaise à pois, et l'autre minuscule ; calquez d'abord le C, qui est la lettre de famille, et posez-le sur la lettre B, qui est celle du prénom ; vous aurez la fig. 199.

Fig. 200, Fig. 201, Fig. 202. Chiffre **L. A.** à enlacer.

CHIFFRE L. A. A ENLACER. — Dans deux alphabets à peu près semblables, dans lesquels vous choisissez à enlacer la lettre **A**, lettre de famille, et L, lettre du prénom, calquez la lettre **L**; retournez votre calque et calquez cette lettre en la renversant; posez vos deux calques en croisant les deux

Fig. 203. L. A. enlacés.

lettres sur la lettre A, pour obtenir la fig. 203, ou pour reproduire vos lettres, faites un calque de plus; après avoir calqué la lettre L en la renversant, posez vos deux lettres L l'une sur l'autre, en les croisant, et calquez-les, puis vous poserez ce calque sur la lettre A, et vous obtiendrez la fig. 203.

Fig. 204, Fig. 205, Fig. 206. Chiffre E. F. enlacés.

CHIFFRE E. F. ENLACÉS. — Prenez dans un alphabet de lettres romaines la lettre F; posez le calque sur la lettre anglaise E, vous aurez la fig. 206.

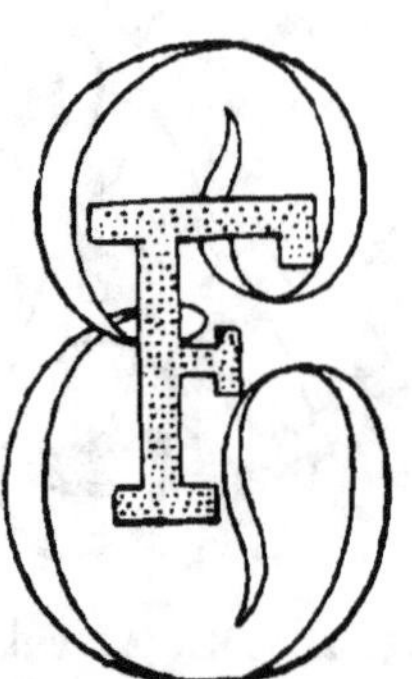

Fig. 207. E. F. enlacés simplifiés.

CHIFFRE E. F. ENLACÉS SIMPLIFIÉS. — Pour simplifier ce chiffre, vous le calquez en supprimant toutes les feuilles d'ornement et vous tracez la fig. 207.

Fig. 208.   Fig. 209.

Chiffre L. R. enlacés croisés.

CHIFFRE L. R. ENLACÉS CROISÉS. — Simplifiez ce chiffre en le calquant et reproduisant la figure 209.

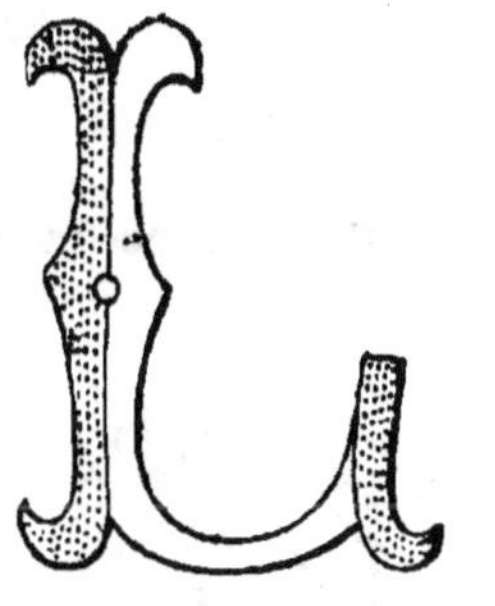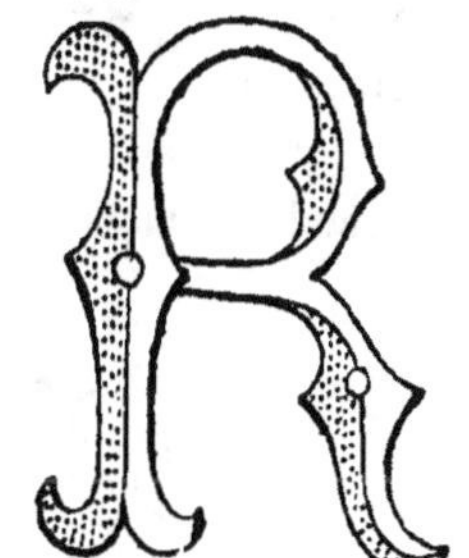

Fig. 210.   Fig. 211.

Chiffre L. R. séparés.

CHIFFRE L. R. SÉPARÉS. — Au moyen du papier-calque, vous tracez ces deux lettres séparées.

9.

DIFFÉRENTS GENRES DE CHIFFRES FLEURIS ET SIMPLIFIÉS

<table>
<tr><td align="center">Fig. 212.</td><td align="center">Fig. 213.</td></tr>
<tr><td align="center">J. R., gothique fleurie.</td><td align="center">J. R., gothique simplifiée.</td></tr>
</table>

<table>
<tr><td align="center">Fig. 214.</td><td align="center">Fig. 215.</td></tr>
<tr><td align="center">A. G , romaine fleurie.</td><td align="center">A. G., romaine simplifiée.</td></tr>
</table>

Fig. 216. S. D., anglaise fleurie.

Fig. 217. S. D., anglaise simplifiée.

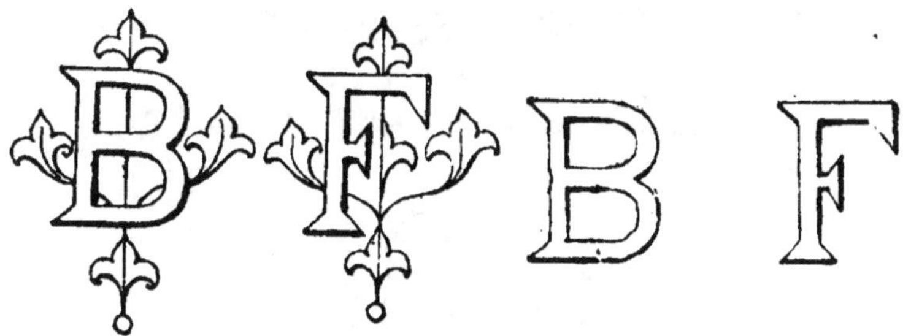

Fig. 218.   Fig. 219.

B. F., lettres carrées fleuries.   B. F., lettres carrées simplifiées.

CHIFFRES DE DIFFÉRENTS STYLES

Fig. 220. N. G., gothique allemande.

Fig. 221. J. G. enlacés, François Ier, 1er modèle.

Fig. 222. H. M., 13e siècle.

Fig. 223. M. R., gothique ornée.

Fig. 224. H. B. enlacés, style byzantin.

Fig. 225. J. B. enlacés, a ec couronne de comte, style florentin.

Fig. 226. L. H. romaine enlacés.

Fig. 227. L. L. enlacés, François Ier, 2e modèle.

Fig. 228. A.M. enlacés, François Ier, 3e modèle.

Fig. 229. Couronne de duc.

Fig. 230. Couronne de marquis.

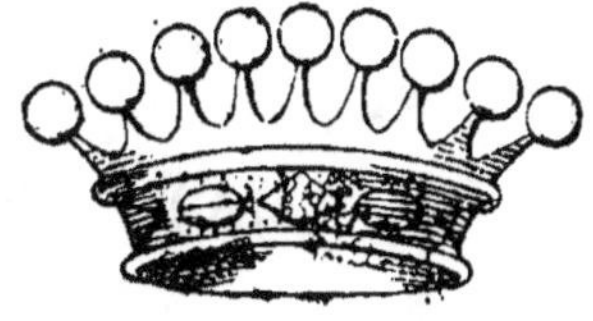

Fig. 231. Couronne de comte.

Fig. 232. Couronne de vicomte.

Fig. 233. Couronne de baron.

Écusson avec D. R., plumetis et cordonnet.

MARQUES DU LINGE

SERVIETTES. — Les serviettes se marquent généralement en angle au-dessus de l'encadrement, la lisière à gauche du chiffre, ou au milieu si le dessin est disposé pour cela.

NAPPES. — Les marques des nappes se placent de trois manières : soit en angle comme les serviettes, soit au milieu si le damassé est disposé pour cela ; soit de deux chiffres semblables placés au-dessus des couverts du maître et de la maîtresse de maison. — Les chiffres des nappes doivent être pareils, en plus grand, à ceux des serviettes.

TAIES D'OREILLER. — Le chiffre se place un peu au milieu, au-dessus de la tête.

DRAPS. — Le chiffre des draps est pareil à celui des taies d'oreiller, mais en plus grand ; on le place au-dessus de l'ourlet au milieu du drap, le pied du chiffre du côté de l'ourlet.

BRODERIE

Il est indispensable, lorsque vous voulez faire une broderie, de la monter ; si vous trouvez la toile cirée désagréable au toucher, vous pouvez éviter cet inconvénient, en bâtissant votre ouvrage sur un ou deux doubles de papier, et enfermant, entre l'étoffe et le papier, un petit ovale, en toile cirée, que vous faites mouvoir avec votre aiguille, pour le changer de place, afin qu'il soit toujours sous la partie à laquelle vous travaillez. Vous avez ainsi, sans la toucher, l'avantage de la toile cirée, sur laquelle l'aiguille glisse facilement; votre broderie montée sera beaucoup plus régulière que si vous la faites à la main.

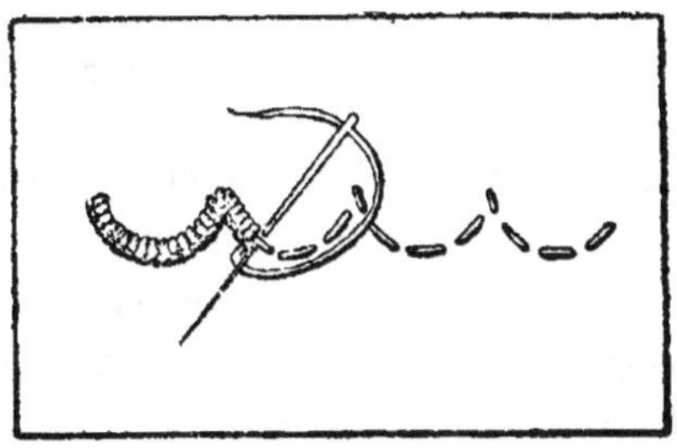

Fig. 234. Feston simple.

FESTON SIMPLE. — Tracez votre feston par des points *devant*, sur tout le tracé fixez votre coton à l'extrémité de gauche. — Faites retomber le coton devant vous, maintenez-le avec le pouce gauche, près du tracé. — Rejetez le coton à droite. — Piquez l'aiguille dans l'étoffe, sous le tracé. — Tirez l'aiguille. en la passant sur le coton, maintenu par le pouce, que vous retirez, lorsque le coton est presque complétement tiré. Pour passer d'une dent à une autre, vous piquez l'aiguille, à la pointe, dans l'étoffe, sous le tracé, sans maintenir le coton avec le pouce, vous la faites sortir dans la boucle du dernier point, vous serrez le point, et vous faites la dent suivante.

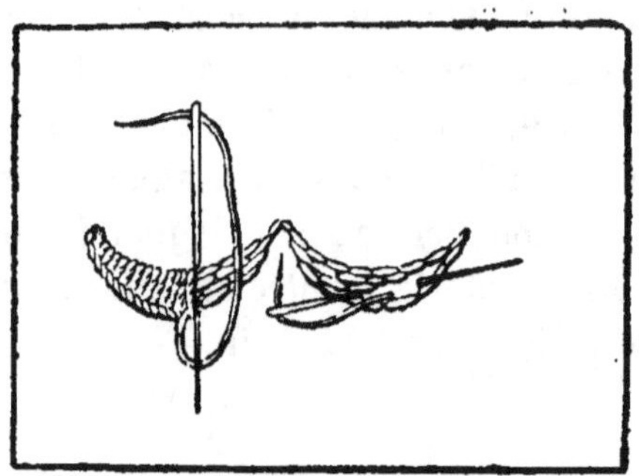

Fig. 235. Feston mat ou bourré.

FESTON MAT OU BOURRÉ. — Pour bourrer, soit un feston, soit une feuille, soit un pois, soit un pétale, etc., après avoir tracé, vous suivez intérieurement les contours du dessin, par des points *devant*, plus longs à l'endroit qu'à l'envers, et plus rapprochés au m lieu que sur les bords, pour donner plus de relief ; ou vous faites de longs points *arrière*, comme l'indique la position de l'aiguille à la seconde dent, toujours en rapprochant les points au milieu. Pour le feston mat, lorsque vous avez bourré, vous faites le travail comme pour le feston simple, en augmentant et diminuant graduellement, suivant le tracé.

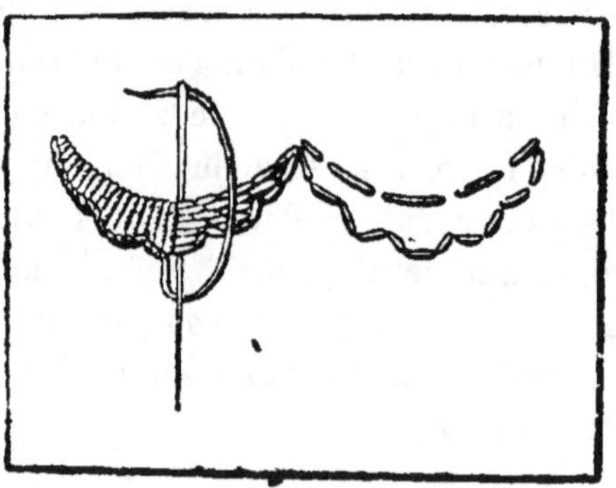

Fig. 236. Feston point de rose.

Feston point de rose. — La différence entre ce feston et le feston mat est seulement dans le tracé, mais le travail est le même ; ce sont de grandes dents composées de plusieurs petites ; ces petites dents ne sont pas séparées entre elles par une pointe aiguë, comme les grandes.

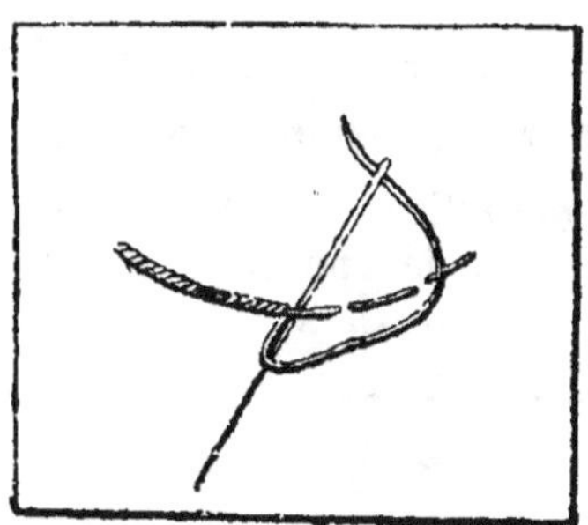

Fig. 237. Cordonnet.

Cordonnet. — Tracez le cordonnet à points devant, et faites-le de gauche à droite ; — rejetez le coton à gauche ; — piquez l'aiguille sous le tracé, puis tirez-la et serrez le point ; vous piquez l'aiguille tout à fait en croix avec le fil du tracé, les points devant être légèrement inclinés de gauche à droite ; ils doivent être très-rapprochés.

Entre-deux, plumetis, cordonnet et point de sable.

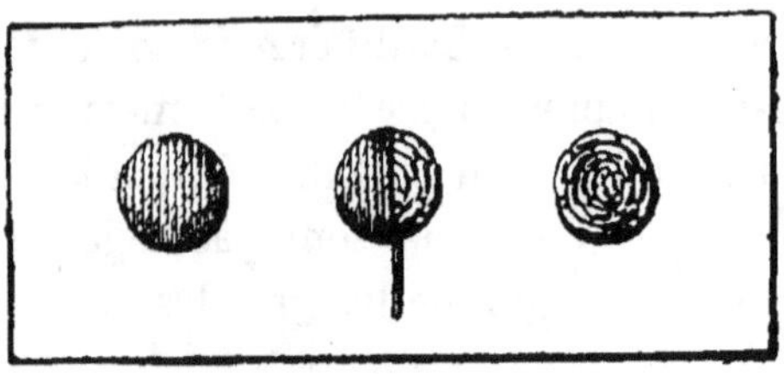

Fig. 238. Pois.

Pois. — Tracez le contour du pois, bourrez comme nous
l'avons indiqué pour le feston ; vous faites le travail en
travers du *bourrage* ; piquez l'aiguille en dehors du tracé,
augmentez et diminuez les points graduellement en suivant
le tracé ; faites-les très-droits et très-rapprochés.

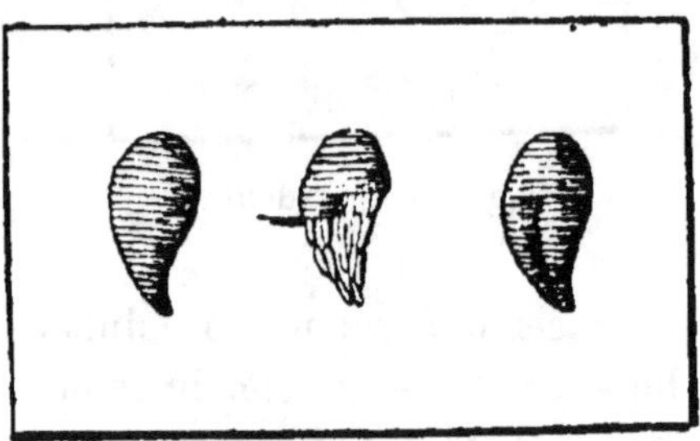

Fig. 239. Pétales, plumetis.

Plumetis, pétales. — Vous bourrez les pétales dans la longueur et vous brodez dans la largeur ; le travail est le même
que pour les pois. Vous commencez par le sommet du
pétale, en tournant votre ouvrage de manière à descendre au
bas du pétale, en travaillant de gauche à droite ; les points
doivent être très-rapprochés ; mais il faut éviter avec soin
qu'ils croisent les uns sur les autres ; si le pétale est fendu,
vous le bourrez ; après avoir marqué la fente par un double
tracé, vous commencez comme le pétale uni ; à la fente, vous
continuez le travail sur le côté gauche du pétale, en piquant

au milieu l'aiguille entre les deux fils du tracé marquant la fente ; lorsque le premier côté de la fente est terminé, vous faites le côté droit, en commençant par le haut, piquant l'aiguille en dehors du tracé, et la faisant ressortir au milieu de la fente.

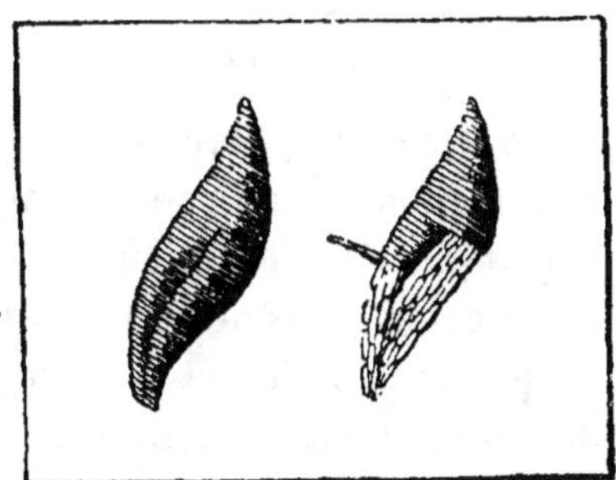

Fig. 240. Feuille plumetis.

FEUILLE PLUMETIS. — Le travail est absolument le même que celui des pétales ; vous commencez toujours par la pointe ; les feuilles, comme les pétales, sont pleines ou fendues ; vous vous dirigerez donc sur l'explication donnée pour les pétales.

Entre-deux, bluets, plumetis et cordonnet.

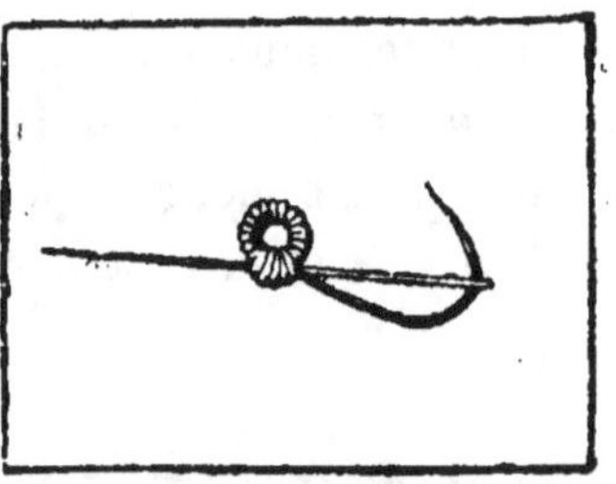

Fig. 241. Œillet.

ŒILLET. — Tracez votre œillet, percez-le avec un poinçon, puis faites autour un cordonnet, en passant l'aiguille dans le jour fait par le poinçon, et la sortant à l'extérieur du tracé ; pour arrêter le coton, vous ne serrez pas les cinq derniers points, vous y passez l'aiguille et le coton, puis, avec la pointe de l'aiguille, vous serrez successivement ces points, dans lesquels le bout du coton se trouve enfermé ; avant de le couper, vous tirez le coton pour serrer le dernier point.

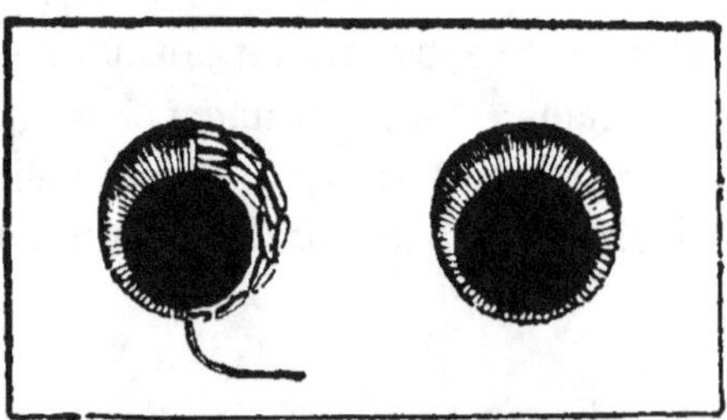

Fig. 242. Œillet ombré

ŒILLET OMBRÉ. — Vous tracez le cercle intérieur, puis le cercle extérieur de l'œillet ; vous bourrez graduellement ; si l'œillet est petit, vous le percez avec un poinçon ; s'il est grand, vous enlevez le milieu, en laissant seulement, en plus du cercle intérieur, un millimètre d'étoffe, que vous rentrez en dessous, avec la pointe de l'aiguille, à mesure que vous faites le travail pour terminer l'œillet.

Fig. 243. Paillette.

PAILLETTE. — La paillette est un œillet que vous tracez deux fois régulièrement tout autour; vous remplacez le cordonnet par un feston.

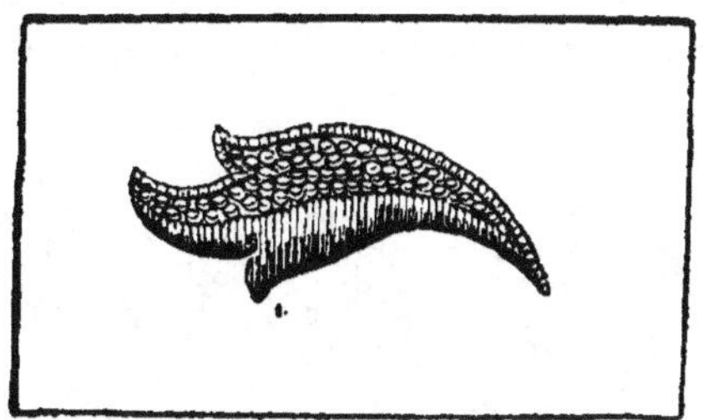

Fig. 244. Point de sable.

POINT DE SABLE. — Le point de sable se fait, soit à l'intérieur d'un pétale ou d'une feuille entourée d'un cordonnet, soit d'une moitié de feuille ou de pétale fendu, plein d'un côté et bordé d'un cordonnet sur le bord extérieur. Vous commencez par le cordonnet, la partie au plumetis, et les nervures en cordonnet, s'il y en a ; puis vous suivez, à l'intérieur, les contours de la feuille, par de petits points arrière, laissant, après chacun, un intervalle de la largeur d'un point ; vous remplissez entièrement l'intérieur de la feuille en tournant en spirale jusqu'au centre, et alternant les points et les intervalles avec ceux du rang précédent.

Fig. 245. Plumetis entouré de cordonnet.

PLUMETIS ENTOURÉ DE CORDONNET. — Vous commencez par le travail au plumetis, puis vous tracez le contour et vous faites un cordonnet fin.

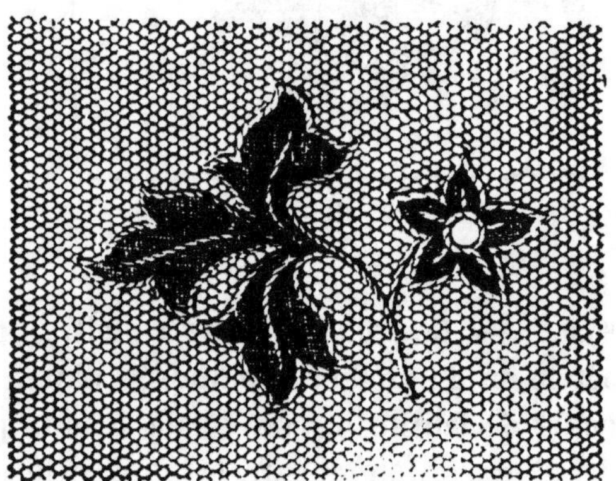

Fig. 246. Application.

APPLICATION. — L'application se fait en batiste ou nansouk, sur tulle Bruxelles ou sur gros tulle. Imprimez le dessin sur la batiste, bâtissez sur le tulle, montez comme une broderie ; faites un feston simple, très-mince, *feston léger*, ou un cordonnet fin sur tous les contours du dessin ; les nervures, dans l'intérieur des feuilles, sont en cordonnet fin. Votre travail terminé et démonté, vous le passez à l'eau, et vous le repassez humide ; puis, lorsqu'il est bien séché, vous découpez, sur les contours du dessin, avec des ciseaux fins, la batiste ou le nansouk, pour l'enlever dans tous les intervalles.

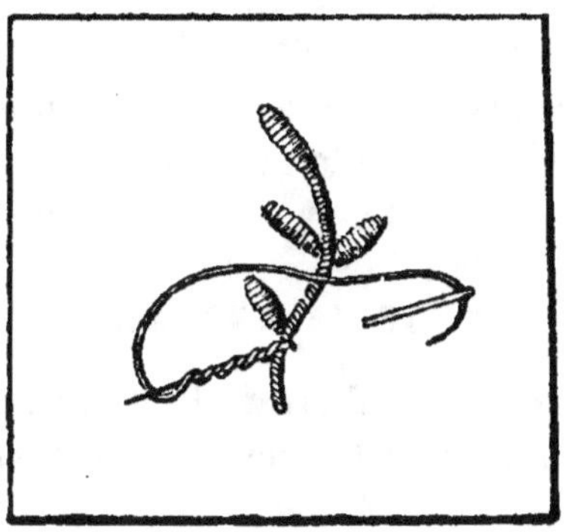

Fig. 247. Point de poste.

POINT DE POSTE. — Vous faites, par ce travail, un pétale d'une fleur ou une feuille en un seul point. Fixez le fil à l'envers ; — faites sortir l'aiguille à la base de la feuille ; — piquez-la au sommet, et faites-la ressortir à la base, dans le point d'où vous l'avez fait sortir pour commencer la feuille ;—tournez votre coton de gauche à droite sur l'aiguille, trois, cinq, sept fois, ou plus, selon la longueur de la feuille ; — maintenez ces fils avec le pouce gauche, pendant que vous tirez à travers l'aiguille et l'aiguillée de coton ; — retirez le pouce gauche ;—piquez l'aiguille au sommet de la feuille ;—faites-la ressortir à la base d'une autre feuille.

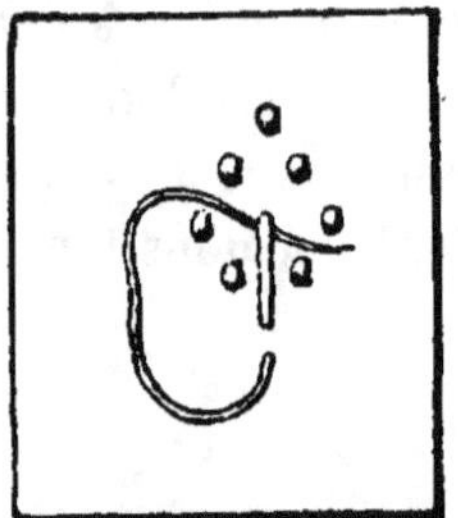

Fig. 248. Point à la minute.

POINT A LA MINUTE. — Le point à la minute est un point arrière avec de très-gros coton ; chaque point forme à lui seul un petit pois.

BRODERIE ANGLAISE

BRODERIE ANGLAISE. — Ce travail est entièrement à jours. Il se compose d'œillets, de fleurettes, de feuilles, etc., souvent reliés par des tiges en cordonnet.

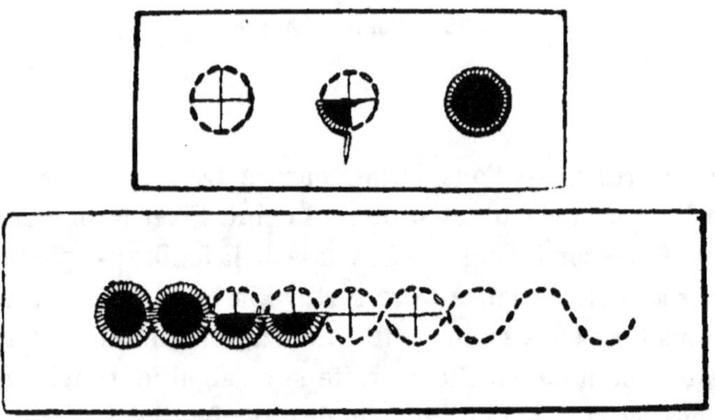

Fig. 249. Œillet.

ŒILLET.—Vous tracez l'œillet et vous coupez l'étoffe en croix au milieu ; à mesure que vous faites le cordonnet autour, vous rentrez en dessous l'étoffe du milieu de l'œillet, avec la pointe de l'aiguille ; lorsque vous avez une suite non interrompue d'œillets, vous les tracez tous en ondulations, d'abord le bas d'un œillet, puis le haut du suivant ; vous continuez en alternant jusqu'au bout, vous revenez au point de départ en alternant également, mais en sens inverse pour compléter le tracé des œillets. Vous faites à la suite le cordonne sur tout un côté de tous les œillets, puis vous revenez sur tous de l'autre côté ; vous évitez ainsi le double cordonnet que vous auriez à la jonction des œillets, si vous les faisiez isolément. Si les œillets forment le bord d'une garniture, vous faites le cordonnet à l'intérieur, et un feston à l'extérieur.

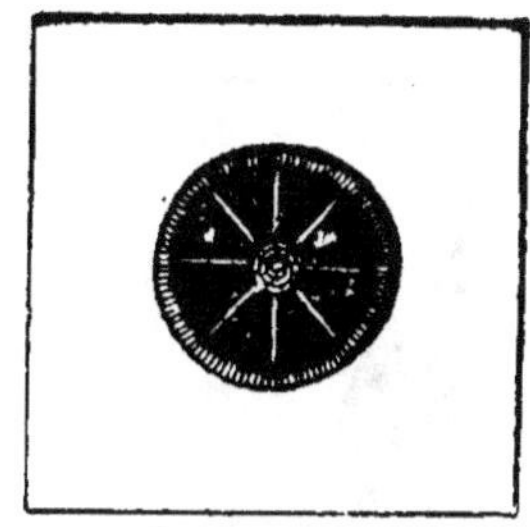

Fig. 250. Roue.

Roue. — Elle se fait avec un jour au milieu ; au lieu de couper l'étoffe en croix, après avoir tracé, vous enlevez le milieu comme pour le grand œillet ombré en plumetis, vous les bordez en feston ou cordonnet, puis vous faites le jour, comme celui de la *roue dentelle Renaissance*, fig. 278 et 279.

Fig. 251. Pétale.

PÉTALE. — Tracez le contour, fendez en long au milieu, puis en biais dans la partie la plus large du pétale, terminez comme l'œillet.

Fig. 252. Feuille.

FEUILLE. — Vous préparez les feuilles comme les pétales, mais suivant la longueur, vous les fendez 2 ou 3 fois en travers ; vous terminez de même.

GUIPURE DE VENISE

Fig. 253. (Guipure de Venise.)

GUIPURE DE VENISE. — Vous la faites en nansouk; toute la
partie mate du dessin est en feston tracé en double et légèrement bourré, l'étoffe est rentrée sous le feston comme à la
broderie anglaise. Les barrettes soulevées sont faites à mesure
en traçant le dessin mat; vous lancez 3 ou 5 fils selon la grosseur de la barrette, puis vous revenez sur ces fils au point
d'où vous êtes partie en faisant un *feston soulevé*, c'est-à-dire
en ayant soin de ne pas piquer l'étoffe. Ces barrettes sont
quelquefois ornées de picots, que vous faites par plusieurs
points de feston pris dans le même point tout en faisant la
barrette. Lorsque toute la broderie est terminée, vous passez
votre travail à l'eau et vous repassez humide; lorsqu'il est bien
séché, vous découpez l'étoffe que vous enlevez entièrement,
puis vous faites à l'intérieur du dessin des jours de dentelle.

10.

GUIPURE RICHELIEU

Fig. 254. Guipure Richelieu.

GUIPURE RICHELIEU. — Cette broderie se fait sur étoffe simple, nansouk, toile ou batiste ; comme pour la guipure de Venise, vous faites les barrettes soulevées à mesure, en traçant les contours du dessin ; vous festonnez ces contours, puis vous découpez pour enlever l'étoffe dans tous les intervalles.

JOURS

Jours. — Les jours se font en fil à dentelle; ils sont bordés des deux côtés d'un cordonnet dont le point est piqué dans le jour.

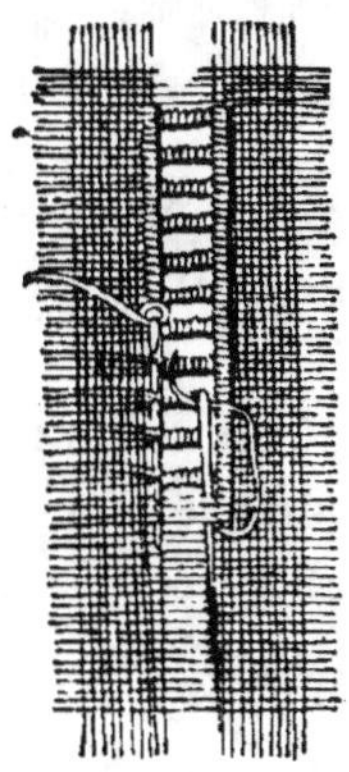

Fig. 255. Point d'échelle.

Point d'échelle. — Tirez les fils en long. — Passez l'aiguille sous 4 fils à droite. — * Faites de droite à gauche 3 points sur ces 4 fils. — 1 point en piquant l'aiguille dans le même jour et la faisant sortir 4 fils plus bas. — 3 points de gauche à droite dans ces 4 fils. — 1 point en piquant l'aiguille dans le même jour et la faisant sortir 4 fils plus bas. — Retournez au signe *.

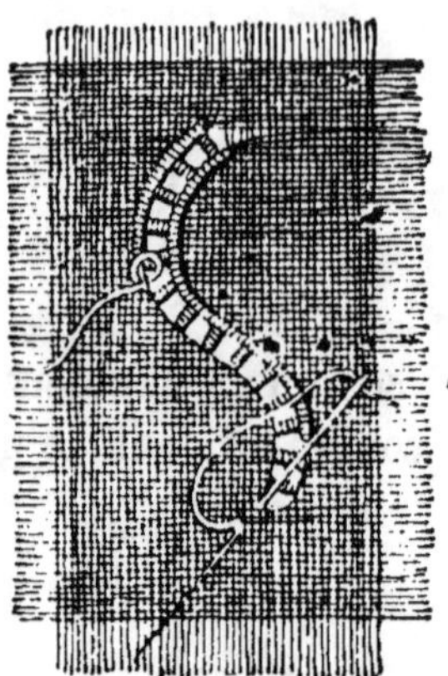

Fig. 256. Point d'échelle sans tirer les fils.

POINT D'ÉCHELLE. — Si votre point d'échelle doit suivre les
contours d'un dessin ou être fait sur le biais de l'étoffe, vous
ne pouvez tirer les fils, il faut alors prendre une très-grosse
aiguille et suivre l'explication du jour à fils tirés, en piquant
l'aiguille au milieu de l'espace réservé pour le jour, et faire
tous les points de chaque barre entre les mêmes fils pour les
serrer sur les bords de chaque côté.

Fig. 257. Point en biais.

Point en biais. — Tirez les fils en long. — Piquez l'aiguille sous 4 fils à droite. — * Faites sur ces 4 fils, 2 points de droite à gauche. — 1 point en piquant l'aiguille dans le même jour en la faisant ressortir 4 fils plus bas. — 1 point sur les 8 fils. — 2 points de gauche à droite sur les 4 fils plus bas.— 1 point en piquant l'aiguille dans le même jour et la faisant sortir 4 fils plus bas.— 1 point sur les 8 fils. — Retournez au signe *.

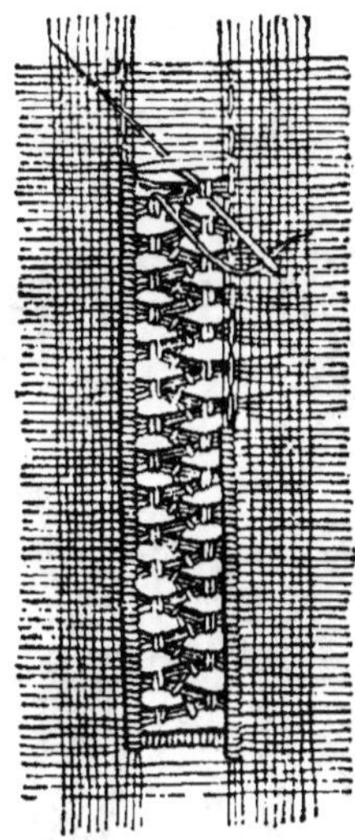

Fig. 258. Point turc.

Point turc. — Tirez les fils. — Piquez l'aiguille sous 4 fils à gauche.— 1 point sur ces 4 fils, vous aurez ainsi 2 jours l'un au-dessus de l'autre. — * 1 point en piquant l'aiguille dans le jour du haut et la faisant ressortir à droite sous les 2 premiers fils.— 1 point en piquant l'aiguille dans le jour du haut à gauche en la passant en biais sous 2 fils plus bas à droite ; vous la passez donc sous 6 fils pour ce point. — 1 point en piquant l'aiguille dans le jour de droite et la passant sous 4 fils. — 1 point piquant l'aiguille dans le jour de droite et la faisant ressortir dans le dernier jour de gauche. — 1 point en piquant l'aiguille dans le jour de droite et la passant en biais sous 2 fils plus bas à gauche ; vous la passez donc sous 6 fils. — 1 point en piquant l'aiguille dans le dernier jour à gauche et la passant sous 4 fils. — Retournez au signe *.

Cravate application.

DENTELLE RENAISSANCE

Les lacets employés pour ce travail sont bordés des deux côtés d'un jour de dentelle, qui sert de base pour fixer *les barrettes soulevées* et le travail des jours. Il y a des lacets de plusieurs largeurs et de genres différents ; tout le travail se fait avec du fil de lin.

Tracez sur un papier fin le trait marquant les contours que doit suivre le lacet, et les barrettes soulevées ; posez ce papier sur une toile cirée ; faites quelques points avec du fil fin pour arrêter les croisements ; bâtissez, à petits points, le lacet sur le dessin. Faites les barrettes soulevées, qui sont avec ou sans picots, ces barrettes maintiennent le lacet ; lorsqu'elles sont terminées, vous enlevez le papier en le déchirant ; puis, vous faites les jours, dont la base est le point de feston, en copiant les différents points indiqués sur le modèle. Afin de rendre les explications plus claires, les croquis des différents points sont donnés en travail grossi.

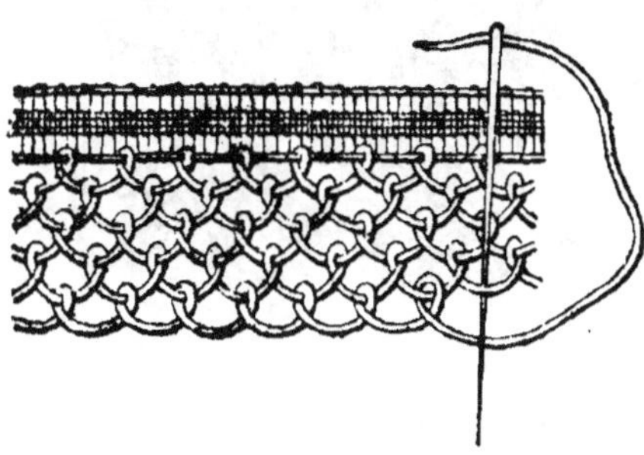

Fig. 259. Point de tulle simple.

POINT DE TULLE SIMPLE. — C'est un point de feston lâche, que vous faites en allant et en revenant, c'est-à-dire de gauche à droite, aux rangs impairs, et de droite à gauche aux rangs pairs.

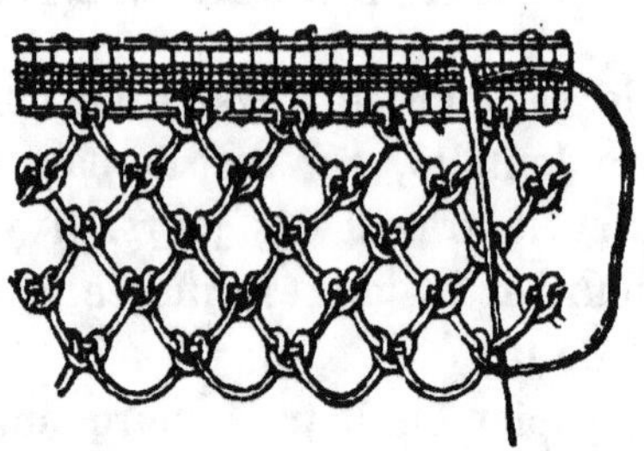

Fig. 260. Point de tulle double.

POINT DE TULLE DOUBLE. — Le travail est le même que celui du jour précédent, seulement vous faites deux points dans chaque réseau.

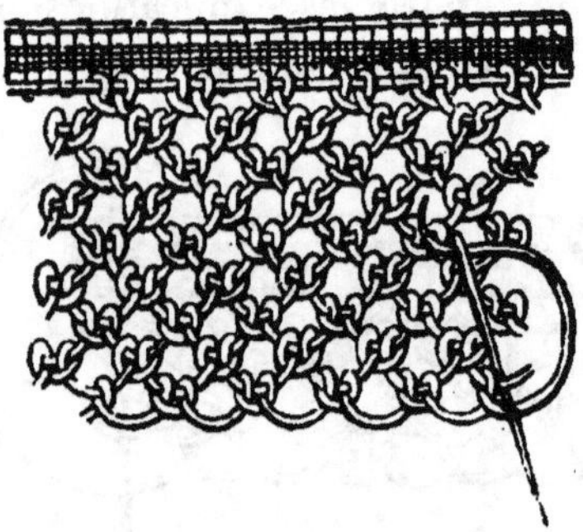

Fig 261. Point dentelle.

POINT DENTELLE. — Ce travail est le même que le précédent, mais beaucoup plus serré.

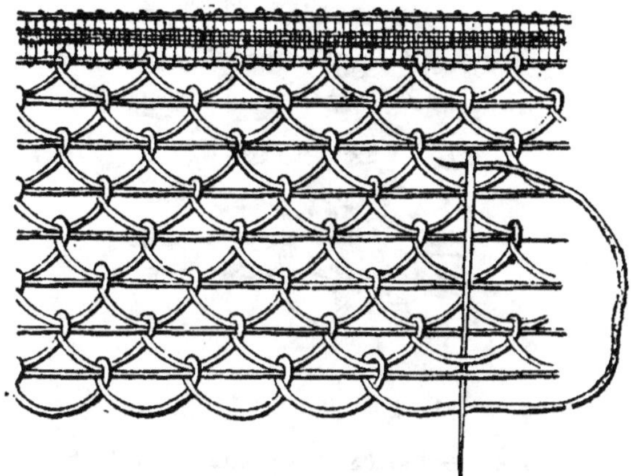

Fig. 262. Point barré.

POINT BARRÉ. — Vous faites le 1er rang comme *un point de tulle simple.* Pour ramener le fil de droite à gauche, vous lancez un fil droit que vous enfermez dans le point en revenant de gauche à droite.

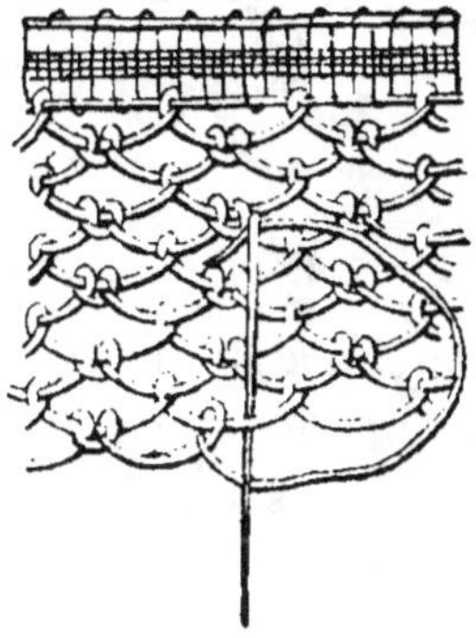

Fig. 263. Point belge.

POINT BELGE. — Les rangs impairs se font comme les rangs pairs du *point de tulle simple*, et les rangs pairs comme les rangs impairs du *point de tulle double*.

11

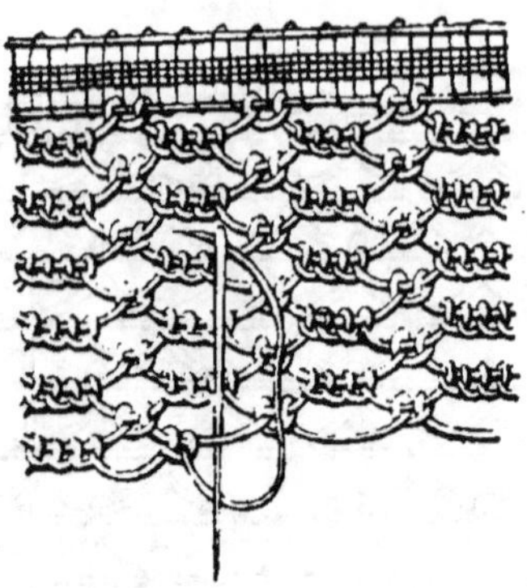

Fig. 264. Point de Venise.

POINT DE VENISE. — Faites les rangs impairs comme les rangs pairs du jour précédent, en laissant l'intervalle un peu plus grand ; pour les rangs pairs, vous faites des groupes de 4 points pris dans l'intervalle du rang inférieur.

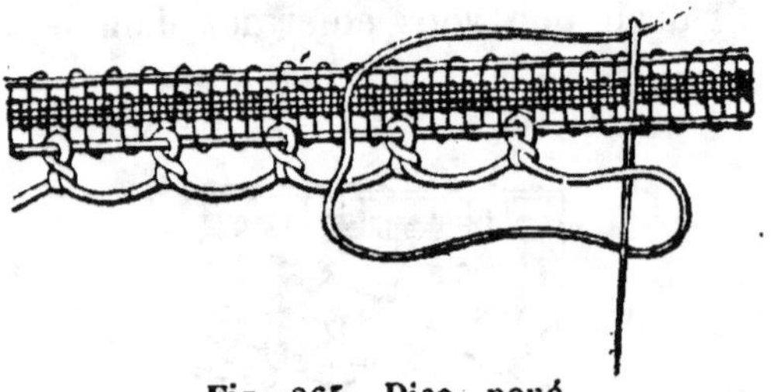

Fig. 265. Picot noué.

PICOT NOUÉ. — Piquez l'aiguille dans un jour du lacet — passez l'aiguille sous le fil — rejetez le fil à gauche en le passant sous l'aiguille — serrez le nœud en le maintenant entre le pouce et l'index de la main gauche, afin de le rapprocher du bord du lacet, en dirigeant le fil d'intervalle entre deux nœuds, pour donner au picot la longueur qu'il doit avoir. On peut rapprocher les nœuds et faire le picot plus allongé.

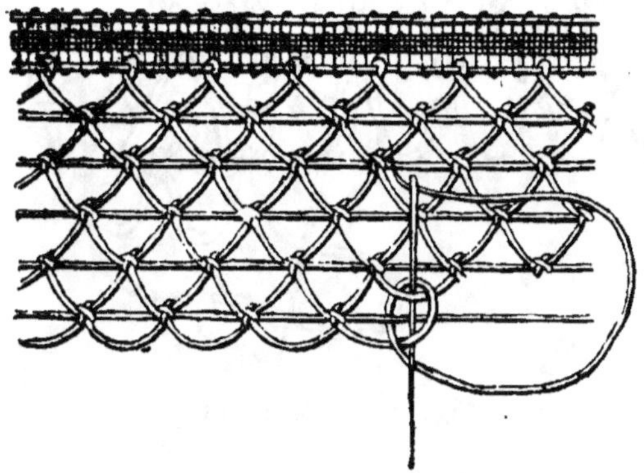

Fig. 266. Point noué.

POINT NOUÉ. — Au premier rang, vous faites le point de feston de gauche à droite en formant une large maille — vous ramenez le fil de droite à gauche en le lançant comme *au point barré*; pour tous les autres rangs de gauche à droite, vous faites à chaque point d'abord le point ordinaire, en prenant le fil tendu et laissant la maille un peu grande ; — passez l'aiguille dans le haut de la boucle non terminée — sous le fil du réseau du rang supérieur dans lequel votre point est commencé — sur le fil tendu — sous le fil qui forme le bas du point de feston non terminé — sur le fil tenant à l'aiguille — serrez le nœud.

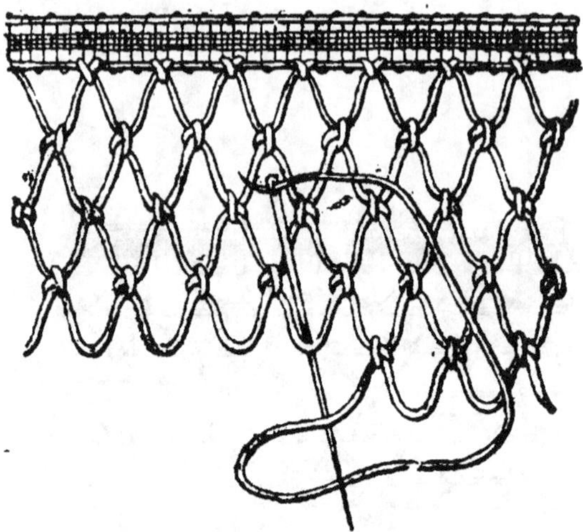

Fig. 267. Point filet.

POINT FILET. — Faites les rangs impairs comme le picot
noué en laissant le fil d'intervalle plus grand pour former le
réseau du filet. — Pour les rangs pairs de droite à gauche —
passez l'aiguille dans le réseau du rang supérieur, puis sous
le fil — rejetez le fil à droite en le passant sous l'aiguille ; —
serrez le nœud en le maintenant avec le pouce et l'index, et
laissant le fil d'intervalle de même longueur que celui du
rang supérieur.

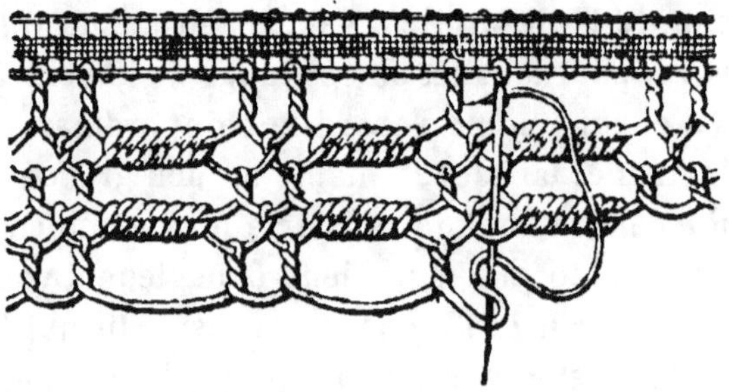

Fig. 268. Point de Bruxelles.

Point de Bruxelles.— Au premier rang de gauche à droite,
faites deux points allongés rapprochés ; laissez un intervalle
un peu grand avant de faire les deux points suivants ; pour
ces points allongés, vous piquez l'aiguille comme pour le
point de feston, puis vous l'inclinez à gauche pour la passer
sous le fil, vous la redressez en la passant sur le fil, pour
enrouler ce fil autour et vous la tirez ensuite pour terminer
le point ; — pour les autres rangs impairs, vous prenez les
deux points allongés dans les deux petits intervalles du
rang précédent.

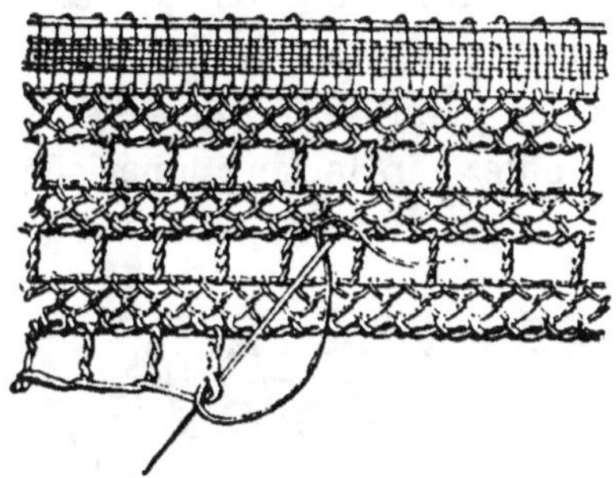

Fig. 269. Point de Paris.

Point de Paris.— Faites 3 rangs de point de tulle simple.
Surfilez le dernier rang. — Faites un rang de points allongés, en piquant l'aiguille comme pour le point de tulle ; avant
de serrer, vous passez, selon la longueur que vous voulez
donner au point, deux, trois ou quatre fois sous le fil, comme
l'indique la position de l'aiguille. — Surfilez ce rang, en faisant 2 points dans chaque jour. — Vous reprenez le premier
rang de *point de tulle simple*, en faisant 2 points dans chaque
jour.

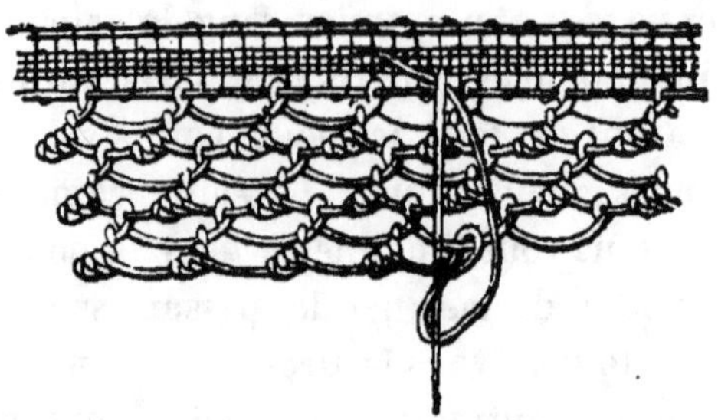

Fig. 270. Point diamant.

POINT DIAMANT. — En allant de droite à gauche, vous faites le *point de tulle simple*; — en revenant de gauche à droite, vous faites un point de feston — vous passez l'aiguille dans le bas du réseau que vous venez de former par ce point, et vous faites un nouveau point de feston serré sur le bord de ce réseau; vous remontez vers le rang supérieur en faisant encore 2 points dans le même réseau.

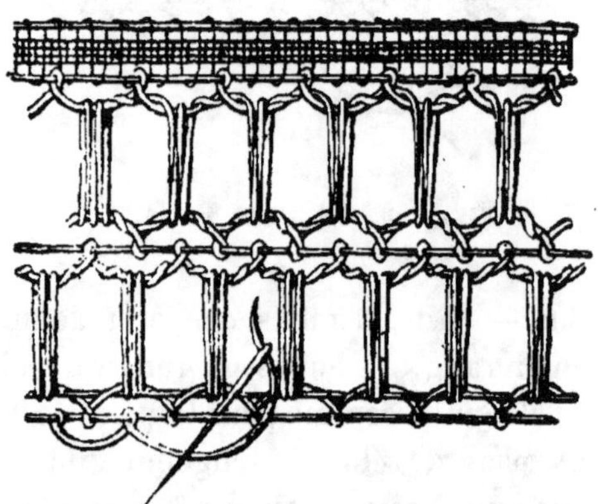

Fig. 271. Point danois simple.

POINT DANOIS SIMPLE. — Faites un rang de *point de tulle simple*; lancez un fil que vous arrêtez par quelques points sur la toile cirée, en espaçant ce fil selon la longueur que vous voulez donner à vos barrettes mates — faites de chaque côté de ce fil un *point de tulle simple* de même largeur que celui que vous venez de faire au bord du lacet — surfilez ces deux rangs; vous surfilez ensuite le rang que vous avez fait au bord du lacet, en faisant à mesure vos barrettes, par 4 points lancés d'un rang à l'autre, en ayant soin que les fils posent bien à plat sans se croiser. — Vous ajoutez autant de fils tendus que vous avez de rangs de barrettes.

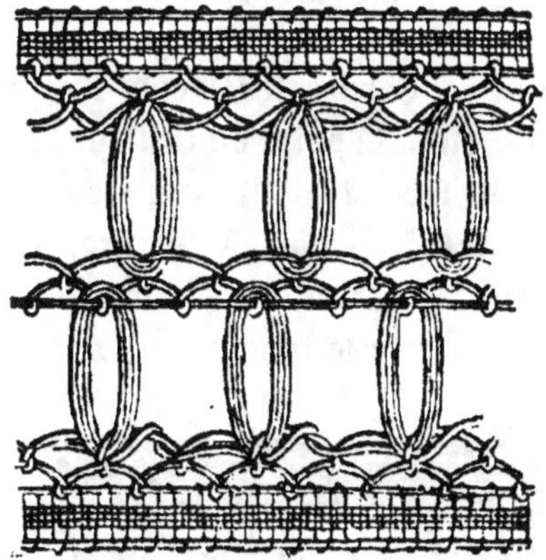

Fig. 272. Point danois en ovale.

POINT DANOIS EN OVALE. — Vous commencez par deux rangs de *point de tulle simple* — vous tendez un fil sur la toile cirée, comme pour le *point danois simple* — vous faites sur ce fil, deux rangs de *point de tulle simple* ; — surfilez le deuxième rang de point de tulle simple du bord du lacet en faisant, à mesure, vos anneaux allongés. Vous tournez trois fois le fil en passant l'aiguille en haut et en bas sous le nœud du point de feston ; il faut, comme pour le point simple, avoir soin que les fils ne se croisent pas. — Vous ajouterez autant de fils tendus que vous aurez de rangs d'anneaux à faire.

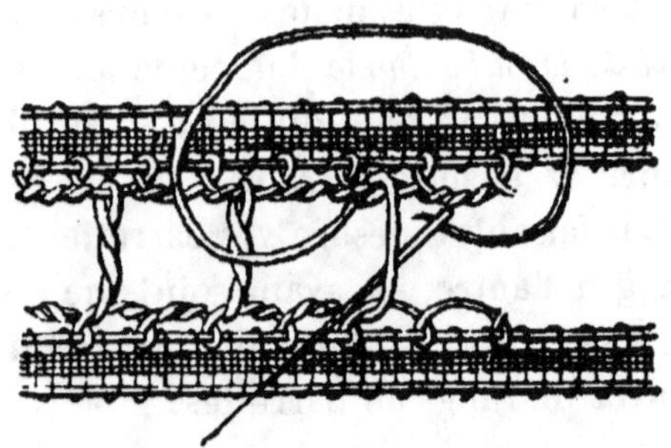

Fig. 273. Point napolitain.

Point napolitain. — Bordez les lacets d'un rang de point de tulle simple — surfilez le point de tulle de l'un des lacets — surfilez le second en faisant à mesure, de distance en distance, un point lancé d'un côté à l'autre, et revenant au point de départ en enroulant le fil autour du point 2, 3, 4, 5 fois, ou plus, suivant la longueur du point.

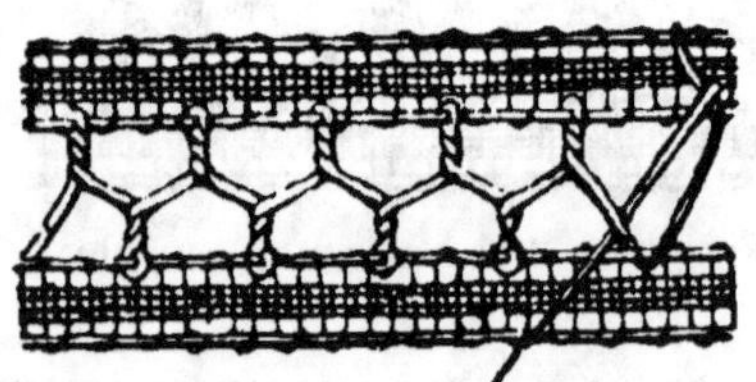

Fig. 274 Point turc.

Point turc. — Lancez le fil en biais d'un lacet à l'autre — remontez sur le fil en passant deux fois l'aiguille sous le fil pour l'enrouler — lancez le fil en biais — arrêtez-le sur le lacet supérieur, redescendez en enroulant deux fois le fil ; vous alternez ainsi un point en haut, un point en bas, en plaçant toujours le point correspondant au milieu de l'intervalle de l'autre lacet.

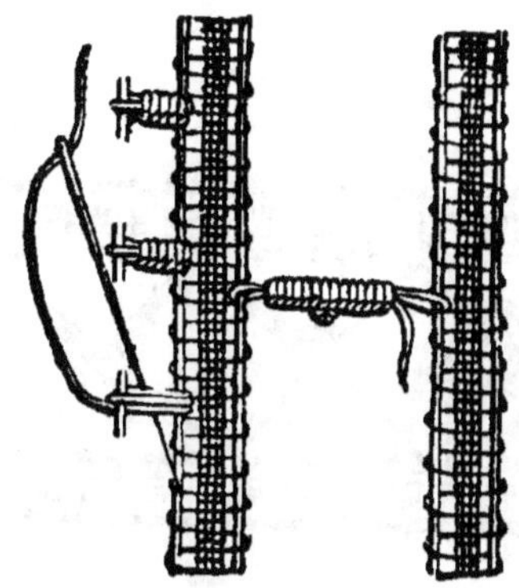

Fig. 275. Barrette soulevée et picot allongé.

BARRETTE SOULEVÉE. — Lancez 3 ou 5 fils d'un lacet à l'autre.
— Faites un feston sur ces fils ; lorsque vous avez des picots
sur ces barrettes, vous les formez en faisant 3 ou 4 points de
feston sur le haut du dernier point, puis vous continuez
votre barrette.

PICOT ALLONGÉ. — Sur la toile cirée, à 4 ou 5 millimètres
en dehors du lacet, et parallèlement, vous faites des points
devant espacés à la distance que vous voulez avoir entre deux
picots. — Lancez un fil du bord du lacet *au point devant* une
ou deux fois, pour avoir 3 ou 5 fils — Repassez l'aiguille sous
ces fils, et remontez vers le lacet en festonnant comme les
barrettes soulevées. — Passez d'un picot au suivant en surfilant le bord du lacet. — Quand tous les picots sont terminés,
vous retirez le fil que vous avez passé à *point devant* sur la
toile cirée.

11.

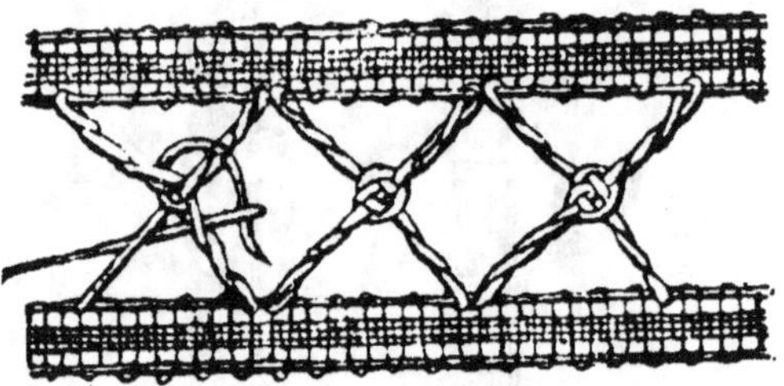

Fig. 276. Pois guipure.

Pois guipure. — Lancez un fil en biais, du lacet du bas au lacet du haut. — Descendez jusqu'au milieu en passant 2 fois l'aiguille sous le fil pour *l'enrouler*. — Lancez le fil en biais pour le passer dans le bord du lacet du bas. — Ramenez au milieu en enroulant le fil. — Lancez le fil en biais pour le passer dans le lacet du haut. — Redescendez au milieu en enroulant le fil. — Pour former le pois, vous tournez en spirale 3 fois le fil autour des 3 branches terminées, passant alternativement en dessus d'un fil, puis en dessous du suivant. — Dans ce mouvement, le fil isolé formant la 4e branche est annulé, l'aiguille passe dessus et dessous, alternativement en même temps que dessus et dessous, la branche précédente. — Vous terminez en passant l'aiguille dans le bord du pois pour l'arrêter, et tournant le fil en l'enroulant sur celui resté seul en revenant au lacet du bas.

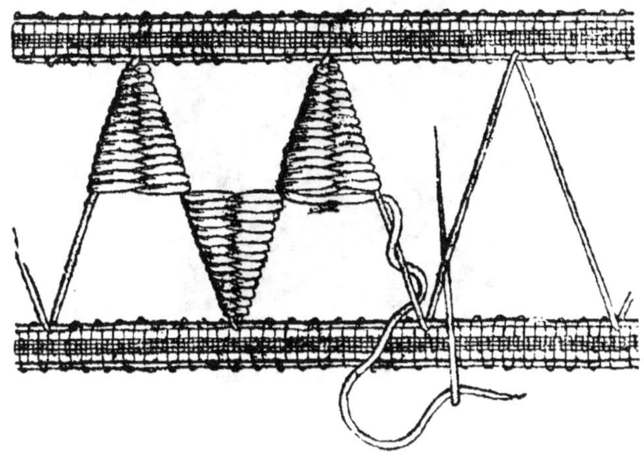

Fig. 277. Point de cônes alternés.

Point de cones alternés. — Tendez un fil en zigzag d'un lacet à l'autre.—Faites *le point tissé* fig. 167 du filet guipure en commençant par la pointe ; lorsque votre cône est terminé pour faire le suivant, qui est en sens inverse, vous ramenez le fil à la pointe en tournant 2 ou 3 fois autour du fil tendu. — Retournez votre ouvrage et faites le cône.

Fig. 278. Roue, 1er détail.

Roue. — Cette roue peut être à 4, 6, 8, 10 branches ou plus. — Lancez le fil d'un côté à l'autre du lacet. — Revenez au point de départ en enroulant le fil comme pour le *point napolitain*. — Vous passez d'une branche à l'autre en surfilant le bord du lacet. — Lorsque vous avez lancé le fil de la dernière branche, vous le ramenez au milieu seulement; puis vous tournez le fil en spirale autour du centre, en passant alternativement le fil sur une branche, puis sous la suivante; le fil simple de la dernière branche reste nul; vous passez dessus lorsque vous passez dessus à la branche précédente, et dessous lorsque vous passez dessous à la branche précédente.

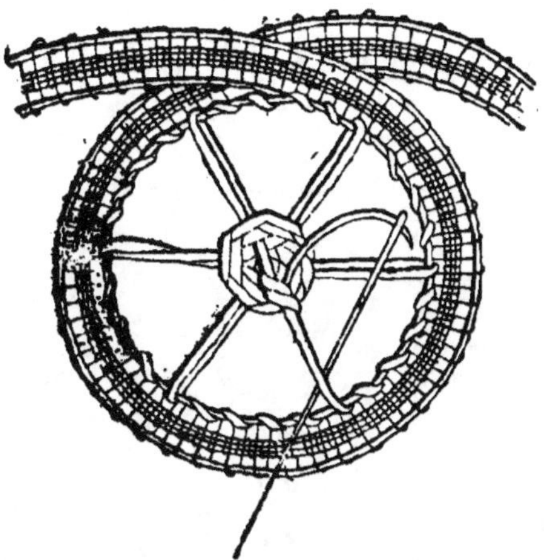

Fig. 279. Roue, 2e détail.

Vous tournez autour du centre 4, 5, 6 fois, etc., selon la dimension de la roue. — Le pois terminé vous passez l aiguille au centre et vous terminez la dernière branche, en ramenant le fil, en l'enroulant au bord du lacet. Vous pouvez, avant de faire la roue, border l'intérieur du lacet, d'un ou deux rangs de *point de tulle simple*; vous surfilez le dernier rang.

On peut varier à l'infini les jours de ce charmant travail. en entremêlant les différents points, augmentant ou diminuant le nombre de rangs ou de nœuds, les espaçant plus ou moins, ou en utilisant la plupart des jours du filet-guipure.

BRODERIE ORIENTALE OU CACHEMIRE

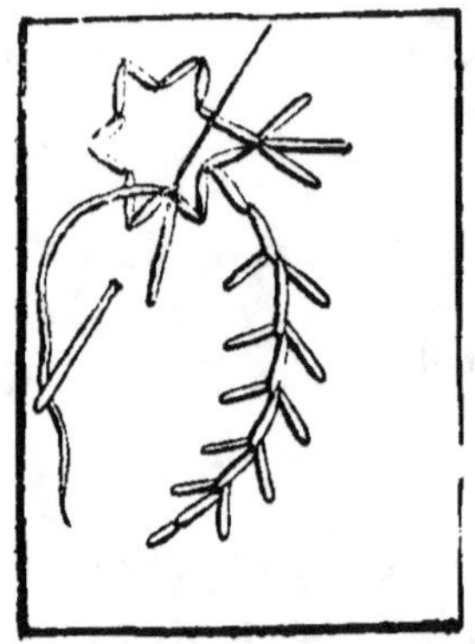

Fig. 280. Point russe ou point lancé.

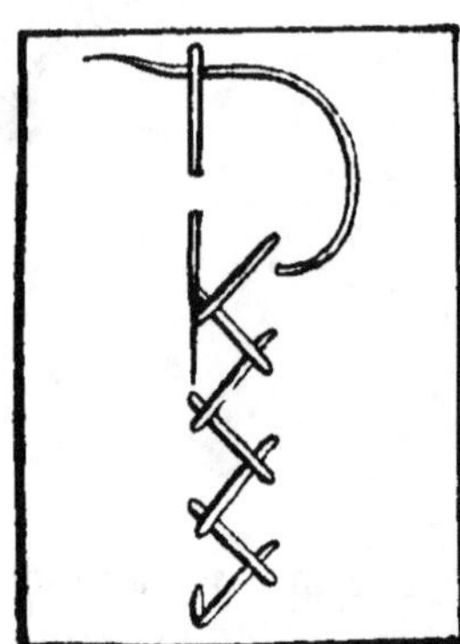

Fig. 281. Point de chausson.

Point russe ou point lancé. — Vous faites chaque point par un seul point arrière sur tout le tracé du point ; ainsi vous faites sortir l'aiguille à une extrémité du trait représentant un point quelquefois très-allongé, et vous la piquez à l'autre extrémité, pour joindre à l'envers le point suivant.

Point de chausson. — Vous faites ce travail en tenant votre

ouvrage droit devant vous et commençant par le bas. Après
avoir fixé le fil à l'endroit, vous faites le travail en suivant,
pour la largeur et la hauteur, les proportions suivantes : arrêtez le fil à l'envers, faites sortir l'aiguille ; — piquez-la 4 fils
au-dessus ; — faites-la sortir dans le premier point ; — piquez l'aiguille à une distance de 15 fils à droite et plus élevée
de 10 fils que le haut du point précédent ; — faites-la sortir
4 fils plus bas ; — * piquez l'aiguille 20 fils au-dessus du dernier point de gauche ; — faites-la sortir 4 fils plus bas : —
piquez l'aiguille 20 fils au-dessus du dernier point à droite :
— faites-la sortir 4 fils plus bas ; — retournez au signe * ; — si
vous voulez faire le point plus petit ou plus grand, vous
augmentez proportionnellement l'espace des fils en hauteur
et en largeur.

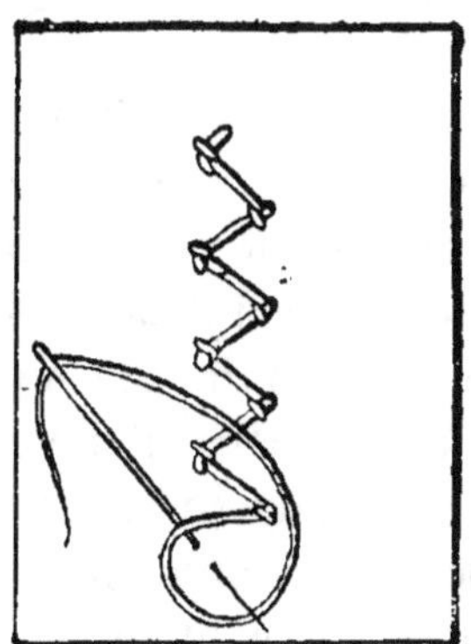

Fig. 282. Point picot.

POINT PICOT. — Le point picot se fait en zigzag. — Pour
nouer le fil à chaque pointe, vous maintenez le fil avec le
pouce gauche, — piquez l'aiguille à gauche de ce fil, à l'endroit où vous voulez faire votre pointe, — faites-la sortir quelques
fils plus loin, à droite du fil maintenu par le pouce ; — serrez
votre point en passant l'aiguille au-dessus de la boucle que
forme votre aiguillée de fil comme pour le feston.

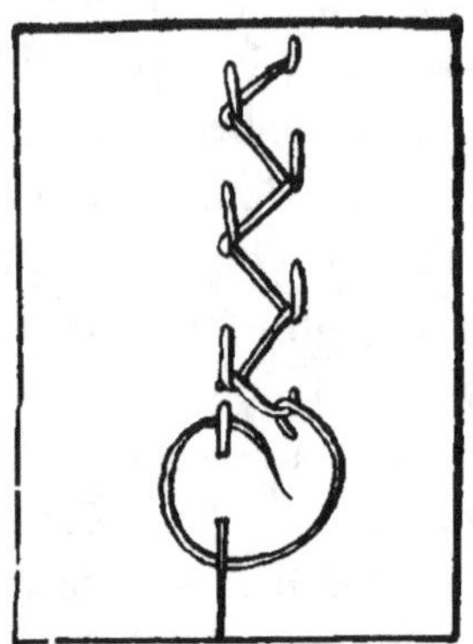

Fig. 283. Point d'épine.

Point d'épine. — Ce point est également fait en zigzag, un point de feston allongé forme une épine à chaque pointe ; vous faites ce travail en descendant. — Arrêtez le fil à l'envers, faites-le sortir à l'endroit. — Maintenez le fil avec le pouce gauche. — Piquez l'aiguille 2 millimètres au-dessus de l'endroit où le fil est fixé — faites sortir l'aiguille dans le point où le fil est fixé. — Tirez ce point comme un point de feston. — Rejetez le fil à gauche. — Maintenez-le avec le pouce gauche. — Piquez l'aiguille à la hauteur où vous l'avez fait sortir au point précédent, 3 millimètres plus à gauche. — Faites sortir l'aiguille 4 millimètres plus bas. — Tirez ce point comme le premier. — Maintenez le fil avec le pouce gauche. — Piquez l'aiguille à la hauteur où vous l'avez fait sortir au point précédent — faites-la sortir 4 millimètres plus bas — tirez le point au-dessous du dernier point à droite. — Retournez au signe *.

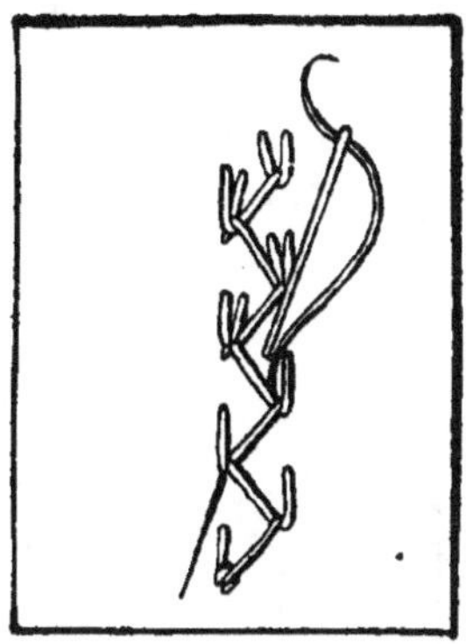

Fig. 284. Point d'épine double.

POINT D'ÉPINE DOUBLE. — Pour l'épine double, lorsque votre travail du *point d'épine* expliqué ci-dessus est terminé, vous ajoutez à chaque épine, un point lancé de même longueur, vous faites sortir l'aiguille à la pointe du zig-zag, et vous la repassez à l'envers à 1 millimètre de distance à l'intérieur de l'extrémité de l'épine.

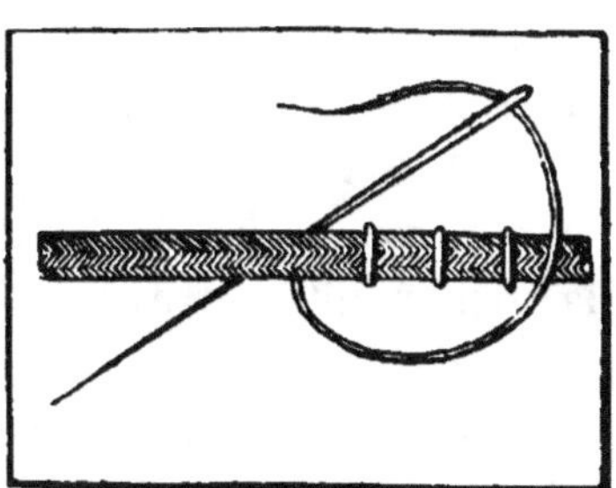

Fig. 285. Point d'arrêt ou de Boulogne.

POINT D'ARRÊT. — C'est un point que l'on fait *à cheval,* soit sur une soutache, soit sur un lacet, soit sur un gros cordonnet, soit sur une laine ; il se fait généralement avec une nuance tranchant sur celle du lacet que l'on veut fixer.

Fig. 286. Point natte.

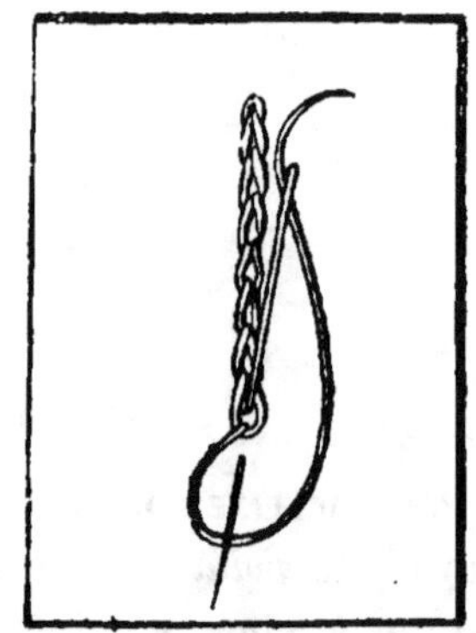

Fig. 287. Point de chaînette.

POINT NATTE. — Il se fait tout en points arrière. — Faites sortir votre fil à l'endroit. — Piquez l'aiguille à 3 millimètres au-dessus, et 2 millimètres à droite de l'endroit où votre fil est fixé. — Faites-la sortir 2 millimètres à droite, à la hauteur du point où votre fil est fixé. — * Piquez l'aiguille dans le même fil que le point précédent — Faites-la sortir à 1 milli-mètre au-dessous de la base du dernier point de gauche. — Piquez l'aiguille à 1 millimètre au-dessus de la jonction des deux points précédents. — Faites-la sortir à 1 millimètre au-dessus du dernier point de droite. — Retournez au signe *.

POINT DE CHAINETTE. — La chaînette se compose de boucles, formées par un point de feston, et enlacées les unes à la suite

des autres.— Faites sortir votre fil à l'endroit.— Maintenez-le
avec le pouce gauche. — Piquez l'aiguille à l'endroit où le
fil est fixé. — Faites-la sortir quelques fils plus bas. — Tirez
le point de feston. — * Maintenez le fil avec le pouce gauche.
— Piquez l'aiguille dans la boucle à l'endroit où vous l'avez
fait sortir au point précédent. — Faites-la sortir quelques fils
plus bas — Tirez le point comme un point de feston. — Retournez au signe *.

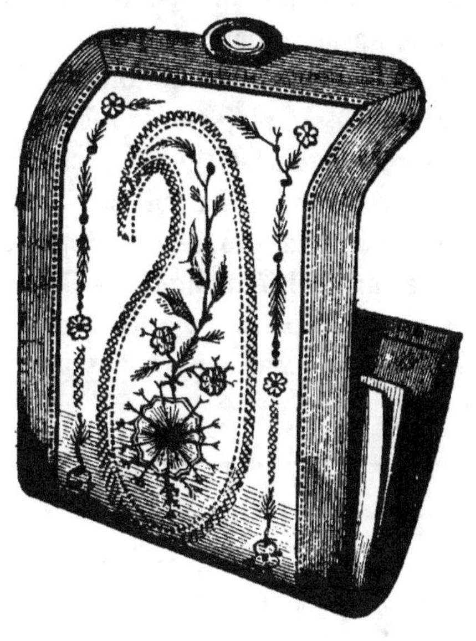

Ménagère.

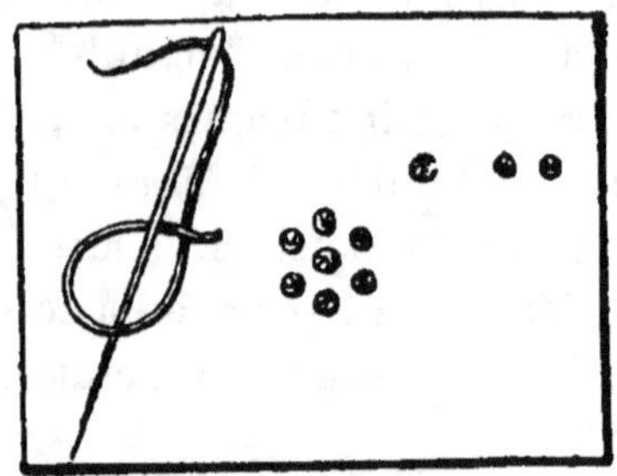

Fig. 288. Point noué.

Point noué. — Faites sortir le fil à l'endroit, faites un nœud
en le serrant tout à fait contre l'étoffe. — Faites repasser votre
aiguille à l'envers, en la piquant au point où le fil est fixé.
Si vous voulez faire le point noué double ou triple, vous faites d'abord votre nœud simple, puis vous repassez l'aiguille
à l'endroit, aussi près que possible du premier nœud; faites
un second nœud, en repassant l'aiguille à l'envers dans le
même point que le nœud simple. — Repassez l'aiguille à
l'endroit. — Faites un troisième nœud. — Repassez l'aiguille
à l'envers dans le même point que les deux précédents, les
trois nœuds doivent être assez rapprochés pour sembler n'en
former qu'un seul.

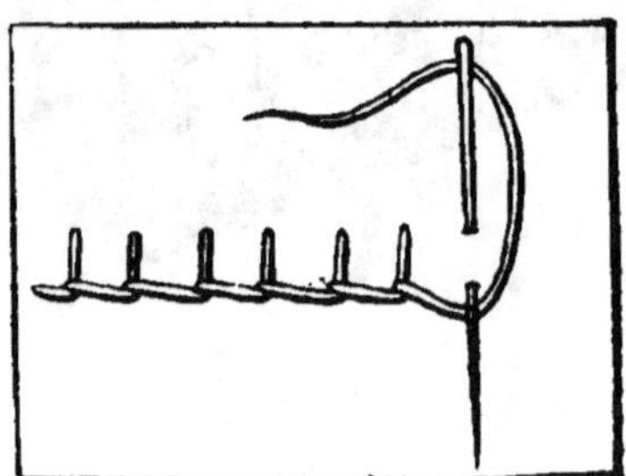

Fig. 289. Point mexicain.

Point mexicain. — Ce point est un point de feston espacé.

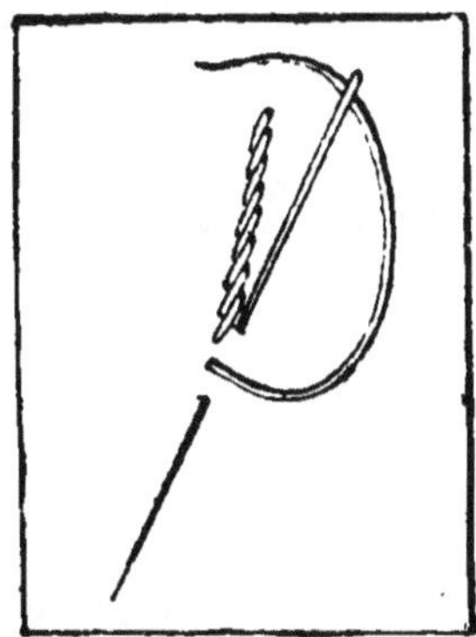

Fig. 290. Point tige.

POINT TIGE. — Vous le faites par un point arrière en biais, pris à la moitié de la hauteur du point précédent ; on peut faire ce point beaucoup plus allongé, mais toujours pris de même.

Pelote chinoise, broderie orientale sur cachemire.

BRODERIE AU PASSÉ

BRODERIE AU PASSÉ. — Cette broderie que l'on exécute sur cuir, velours, drap, satin, canevas de Chine, etc., pour être régulière doit être faite au métier, et par conséquent en piquant alternativement l'aiguille en dessus et en dessous. On peut à volonté supprimer le tracé.

Fig. 291. Pétales.

PÉTALES. — Le travail des pétales diffère peu du plumetis, on bourre moins ou pas du tout.

Fig. 292. Feuille.

FEUILLE. — Pour les feuilles, les bâtons droits et le cordonnet, le point doit être fait en biais, inclinant généralement de droite à gauche. Il est quelquefois nécessaire, pour donner plus de grâce à une branche ou à une fleur, de diriger les points en sens inverse. On peut faire les tiges en cordonnet ou en *point-tige*. (Voir à la *Broderie orientale*, fig. 290.)

Fig. 293. Feuille double

FEUILLE DOUBLE. — Pour les feuilles doubles, les points doivent être plus bas au milieu à l'endroit où ils se touchent; vous les faites donc de gauche à droite pour la partie de droite, et de droite à gauche pour la partie de gauche.

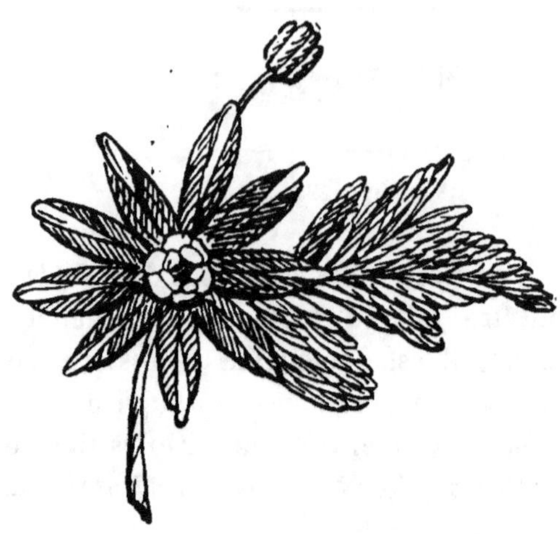

Fig. 294. Broderie au **passé point lancé**.

On peut aussi la faire en points lancés partant du bas du pétale et rayonnant jusqu'au contour; pour donner plus de mouvement au pétale on ajoute, suivant la disposition, quelques points en teinte plus foncée ou plus claire.

APPLIQUES

Fig. 295. Applique découpée.

APPLIQUES. — On les découpe dans du velours, du satin, de la faille du cachemire, de la cretonne, etc., après les avoir collées avec de l'eau de gomme, de la colle blanche liquide ou de la colle de pâte ; cette préparation est inutile pour les appliques en drap. Lorsque l'étoffe est complétement sèche, vous tracez le contour des dessins que vous voulez imprimer, ou vous taillez les patrons en papier fort. — Si le dessin est compliqué, il est utile de l'imprimer sur l'étoffe qui doit recevoir les appliques, et de la monter sur un métier. Vous découpez vos appliques et vous les collez sur l'étoffe.

12

Fig. 296. Applique terminée.

Lorsque vos appliques sont séchées, vous faites le point qui
doit les fixer sur l'étoffe; les broderies sur les appliques
peuvent indifféremment être faites avant ou après avoir posé
l'applique. Vous terminez votre travail par la broderie orientale dont les appliques sont toujours accompagnées; souvent
aussi on entremêle de broderie au passé.

Pantoufle.

PASSEMENTERIE

La passementerie étant un accessoire toujours coûteux et
difficile à se procurer pour les personnes habitant loin d'une
grande ville, souvent on se voit forcé de renoncer à entreprendre un petit ouvrage que l'on désirerait faire, faute de
pouvoir y ajouter ce complément indispensable pour lui donner toute l'élégance du modèle; nous allons donc donner les
indications nécessaires pour composer des ornements complets, qui, bien que n'étant qu'une passementerie élémentaire,
fourniront le moyen de remplacer à peu de frais toutes les
dispositions de glands; ils seront certainement plus simples
que la passementerie faite en fabrique, mais les deux modèles suivants avec la corde suffiront pour compléter tout
travail exigeant une passementerie.

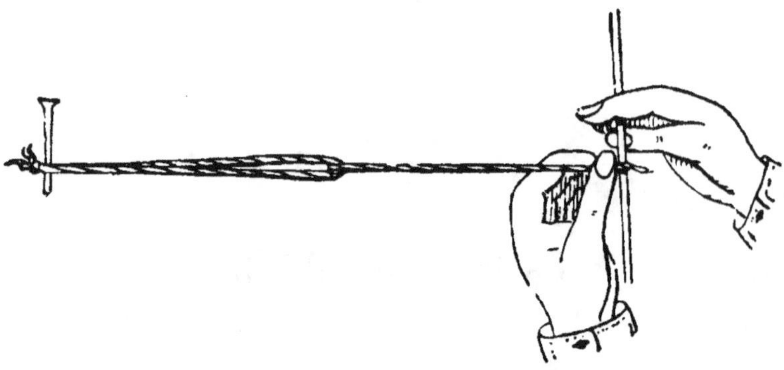

Fig. 297. Corde, 1re préparation.

CORDE. — Vous faites cette corde d'une ou 2 nuances ; pour la corde de 2 nuances, coupez 2,3, 4 fils, ou plus, de cordonnet de soie ou de laine, selon la grosseur dont vous voulez votre corde et l'objet auquel vous la destinez ; la longueur de ces fils doit avoir 3 fois la longueur de la corde terminée ; prenez autant de fils de la même longueur de la seconde nuance. Réunissez tous les fils de même nuance en une seule mèche. — Pliez chaque mèche en double et croisez-les comme l'indique la figure. Faites un nœud à l'extrémité de chaque mèche. Passez en dedans, dans le nœud de l'une des nuances, une grosse épingle que vous piquez sur un plomb ; puis en dedans de celui de l'autre nuance, vous passez une aiguille à tricoter, vous tendez fortement ; vous maintenez les fils avec la main gauche contre l'aiguille, comme l'indique la position des mains ; avec la main droite, vous faites tourner rapidement l'aiguille en dehors, jusqu'à ce que les fils soient très-tordus.

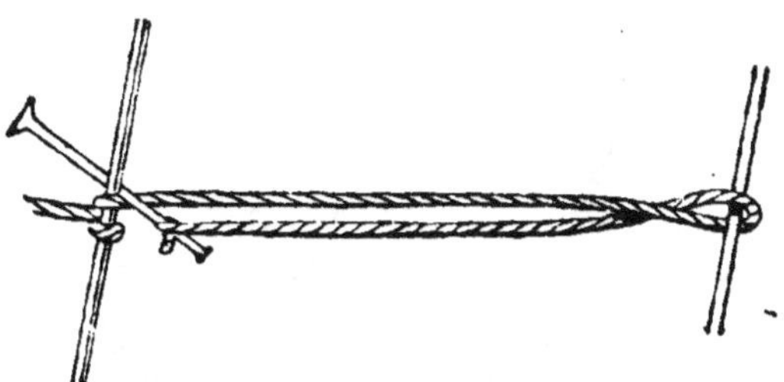

Fig. 298. Corde, **2me** préparation.

Prenez ensuite avec la main gauche une seconde aiguille, placez-la en dedans de votre corde à la jonction des deux nuances, toujours en maintenant la corde très-fortement tendue. — Passez l'aiguille de la main droite derrière l'épingle fixée sur le plomb, puis ramenez-la devant l'épingle. — Reprenez la seconde aiguille avec la main droite. — Maintenez la corde contre l'aiguille comme vous avez maintenu les fils en commençant avec la main gauche, faites tourner l'aiguille en dedans, c'est-à-dire en sens inverse de la 1re fois. — Tournez jusqu'à ce que la corde soit *trop serrée*. — Retirez la seconde aiguille, faites un nœud contre l'épingle et l'aiguille qui est passée dessous, — retirez l'aiguille et l'épingle, — puis laissez la corde se détendre naturellement, pour qu'elle ne soit plus *trop serrée*. — Si vous faites la corde d'une seule nuance, vous la préparez avec une seule mèche dont les fils auront 6 fois la longueur que doit avoir la corde; la corde pouvant être faite de toutes les grosseurs et de la longueur que l'on veut lui donner. servira soit comme ganse pour fermeture de sac ou de blague, soit pour suspendre des glands, soit pour border un coussin, une pochette, un petit panier, etc., soit pour remplacer la chenille pour couvrir les coutures d'un montage quelconque.

12.

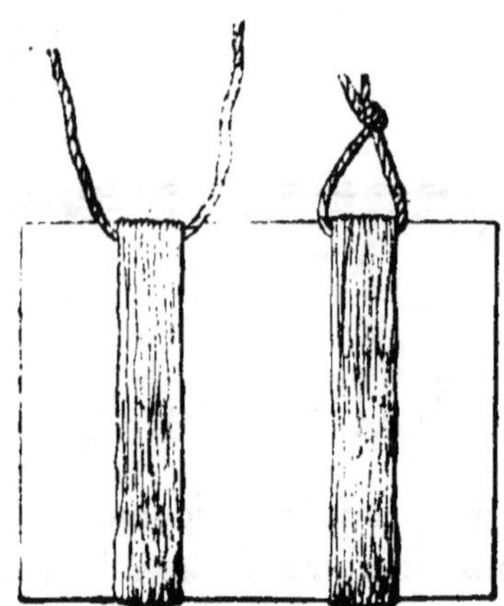

Fig. 299. Gland uni, préparation.

GLAND UNI. — Faites une petite corde mince de 5 à 6 centimètres ou plus selon la grosseur du gland. — Taillez dans un calendrier ou tout autre carton de cette force, une bande de carton plus ou moins longue selon le nombre de glands que vous aurez à faire, et de la hauteur que vous voulez donner à vos glands. — Posez, pour chaque gland, votre corde sur le haut du carton, enroulez autour de ce carton du cordonnet ou de la soie floche; vous prenez une ou plusieurs couleurs, vous tournez plus ou moins de fois selon la grosseur de la soie, et l'épaisseur que vous voulez donner à votre gland. — Vous faites ensuite, comme l'indique le petit croquis, un nœud pour fermer la ganse. — Lorsque tous vos glands sont enroulés, vous enfermez la bande de carton dans un pli de linge, vous posez dessus un linge à peine humide, puis un autre linge sec, vous passez un fer très-doux sur les deux côtés de la bande ainsi recouverte, vous la retirez du linge, et vous laissez sécher.

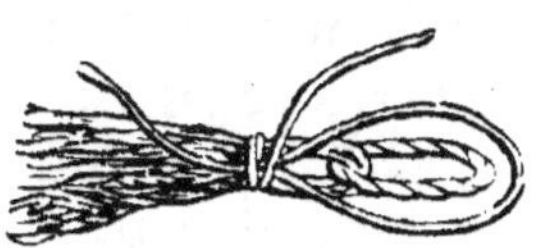

Fig. 300. Gland uni, 1ᵉʳ détail du nœud.

Vous maintenez fortement le gland avec la main gauche
pour éviter que les soies se séparent sur le haut ; — coupez les soies dans le bas sur la tranche du carton ; — retournez la corde pour placer le nœud dans la tête du gland ; —
prenez du cordonnet fort ; — faites une boucle en laissant un
bout retombant sur le gland ; — tournez autour du gland ; —
maintenez le cordonnet avec la main gauche dans la position
indiquée.

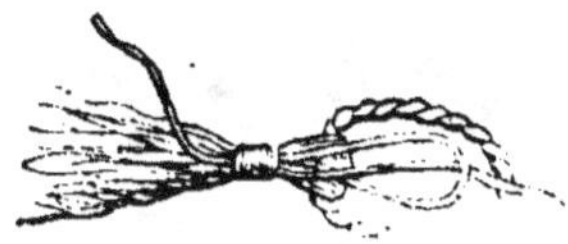

Fig. 301. Gland uni, 2e détail du nœud.

Enroulez, en le serrant, le cordonnet avec la main droite
autour du gland comme l'indique cette figure ; — coupez la
soie et passez le bout dans la boucle, voir la même figure.

Fig. 302. Gland uni, nœud terminé.

Tirez avec la main gauche le bout de la soie qui retombe
sur le gland et en même temps avec la main droite l'autre
bout qui passe dans la boucle, afin de faire disparaître la
boucle dans la soie enroulée autour du gland ; serrez en

tirant ces deux bouts chacun d'un côté; coupez les deux bouts contre la partie enroulée; — égalisez avec les ciseaux le bas du gland.

Ces glands peuvent être disposés isolément ou groupés, soit de grandeurs différentes ou de même grandeur réunis sur une ganse commune, soit suspendus autour d'une petite étoile, ou d'un motif au crochet ou en frivolité, soit mélangés dans un effilé. Pour de petits glands, vous pouvez remplacer la corde par une seule grosse soie, et avant de poser le gland, passer un fil dans cette soie, le plier et enfiler, dans le fil en double, une perle que vous ferez descendre sur la ganse du gland pour former une double tête.

Fig. 303 Gland grappé, ganse.

Gland grappé. — Selon la grosseur du gland, vous faites la petite corde plus ou moins longue et plus ou moins grosse; vous faites un gros nœud dans le bas et au-dessus un plus petit; les croquis fig. 304, fig. 305 et fig. 306 vous donnent seulement la tête du gland, le gland dans toute la longueur proportionnée à cette tête tiendrait une place inutile, vou enroulez comme pour le gland uni la soie autour du carton, mais sans la ganse; — vous repassez de même avec le linge, préparé comme pour le gland uni; — vous maintenez le gland sur le carton avec la main gauche, pour éviter que les soies se séparent; vous les coupez sur l'une des tranches du carton.

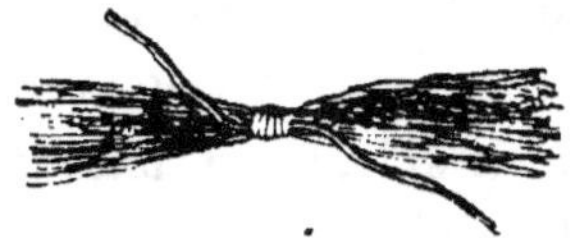

Fig. 304. Gland grappé, pose de la ganse.

Étendez votre mèche de soie en maintenant une des extrémités toujours avec la main gauche; — placez la ganse au milieu des soies de manière à l'envelopper; — le petit nœud du haut doit être placé presque au milieu du gland; le gros nœud étant dirigé du côté de la main gauche; le petit nœud. qui doit être enfermé dans la tête du gland, est un peu au-dessous du pli du milieu du côté de la main gauche; — vous enroulez comme vous avez fait le nœud du gland uni, fig. 300, fig. 301 et fig. 302, mais en tournant seulement trois ou quatre fois entre le nœud et le pli du milieu du gland, vous prenez de la soie pareille au gland; vous ne coupez pas les bouts, vous les rabattez avec la moitié du gland que vous repliez en double avant de le terminer.

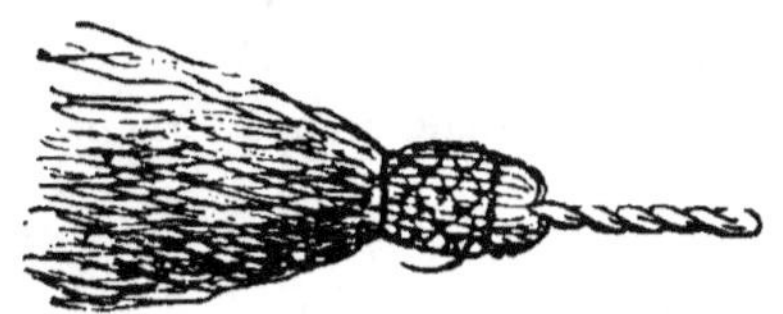

Fig. 305. Gland grappé, tête, détail du travail.

Ce travail se fait au-dessus du gros nœud de la ganse, qui est destinée à grossir le haut du gland en dessous de la soie enroulée qui forme le commencement de la tête. — Prenez une aiguillée de cordonnet; — laissez pendre un bout sur le gland; — tournez deux fois autour du gland au-dessus du gros nœud de la ganse; — serrez, — croisez les soies en

passant l'aiguille sous les deux fils enroulés; — retournez le
gland de haut en bas; maintenez-le avec la main gauche, et
tournez tout autour en spirale en faisant du *point de tulle
simple* (voir *dentelle Renaissance*, fig. 259); — le premier rang
est pris dans les deux fils enroulés;— vous arrêtez à la hauteur
indiquée fig. 305.

Fig. 306. Gland grappé terminé.

Vous surfilez le dernier rang, puis avec un poinçon vous
entrez en forçant le haut du gland dans la tête grappée. Vous
serrez le surfil contre la ganse, puis vous arrêtez par
quelques points pris dans le surfil et dans la ganse; — piquez l'aiguille dans le gland contre la ganse, et faites-la ressortir dans l'intérieur du gland contre le gros nœud; — coupez cette soie, reprenez le bout de soie que vous avez laissé

en commençant le travail grappé; repassez-le également dans l'intérieur du gland avant de le couper; égalisez le bas du gland avec des ciseaux.

On variera, comme pour le gland uni, la disposition de ces glands, par la manière dont on les groupera.

Ces explications pourront également servir pour des travaux en laine ou en coton.

Blague.

FLEURS EN LAINE

Vous faites ces fleurs avec de la laine de Saxe ; lorsque vos feuilles et pétales sont préparés, vous les repassez avec un fer doux, entre deux linges humides. — Vous montez ensuite vos fleurs avec du laiton mince, comme des fleurs en papier ou en mousseline, et vous dirigeant sur des branches de fleurs naturelles ou artificielles pour la disposition ; pour tous les pétales, feuilles, etc., selon les proportions que vous voulez leur donner, vous mettez la laine simple, double, triple, etc.

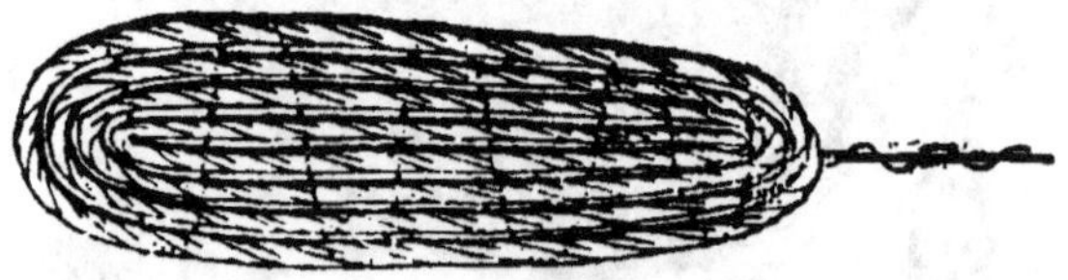

Fig. 307. Pétale uni, préparation.

PÉTALE UNI. — Tournez votre laine en spirale, maintenez-la avec la main gauche ; puis vous prenez un seul fil de votre laine dédoublée, que vous passez en zigzag dans l'épaisseur de la laine, dans toute la hauteur du pétale ; vous commen-cez par le haut.

Fig. 308. Pétale uni.

Vous terminez le pétale en recommençant le même travail, un peu plus rapproché, mais serrant à mesure et graduellement, de manière à donner au pétale la forme qu'il doit avoir.

Fig. 309. Laiton préparé pour les tiges.

Tiges. — Pour les pétales et les feuilles, vous faites les tiges, en préparant un laiton fin, tourné d'un bout, comme cette figure, et, de l'autre, coupé à la longueur qui vous sera nécessaire, suivant le montage que vous aurez à faire; vous recouvrez le laiton en enroulant autour un brin de soie d'Alger verte dédoublée, puis vous la fixez par un point de cordonnet à l'envers de la feuille ou du pétale, dans toute la longueur, avec la laine verte. Les tiges principales des branches sont *cotonnées* et recouvertes de soie verte.

13

Fig. 310. Pétale dentelé.

PÉTALE DENTELÉ. — Vous disposez la première pointe en pliant la laine sur la longueur, vous passez la laine dédoublée, deux points dans le haut seulement, vous pliez la seconde pointe, vous passez également deux points dans le haut, puis vous pliez la troisième, et, après avoir fait les deux points sur le haut, vous faites le travail en zigzag sur tout le pétale, que vous terminez comme le pétale uni.

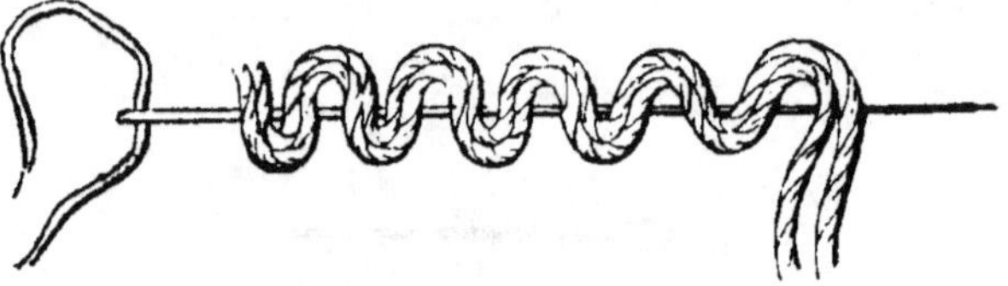

Fig. 311. Fleurette, préparation.

FLEURETTE. — Pliez votre laine en double, enfilez la laine dédoublée, passez l'aiguille dans la laine disposée comme l'indique la figure, serrez le brin de laine pour fermer la fleurette.

Fig. 312. Fleurette.

Passez l'aiguille dans l'épaisseur des deux laines, en par-

tant du centre de la fleurette pour bien serrer la base des
pétales; vous tournez deux ou trois fois en spirale pour terminer la fleurette.

Fig. 313. Feuille unie ou herbe

FEUILLE UNIE OU HERBE. — Selon la longueur et la largeur
de la feuille, vous employez la laine en 2, 4, 6, etc., et vous
faites le travail comme le pétale uni.

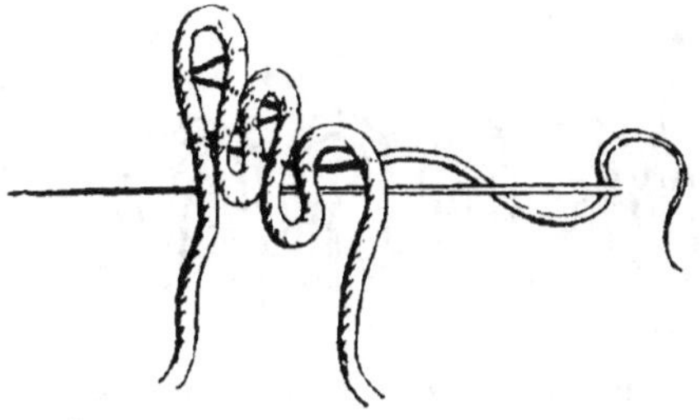

Fig. 314. Feuille, détail du travail.

FEUILLE. — Vous la faites en deux parties, le pli de la
laine forme le haut de la feuille; laissez un bout qui descend
dans toute la longueur de la feuille, que vous faites en pliant
la laine comme l'indique le dessin, et passant la laine dédoublée en allant et revenant.

Fig. 315. Moitié de la feuille.

MOITIÉ DE LA FEUILLE. — Vous terminez la première moitié
de la feuille, en rapprochant les deux bouts de la laine l'un
contre l'autre; vous faites deux parties semblables.

Fig. 316. Feuille.

FEUILLE. — Vous réunissez les deux parties de la feuille toujours avec la laine dédoublée en allant et revenant, pu's vous posez la tige à l'envers, en prenant le point dans les deux laines, du milieu de la feuille.

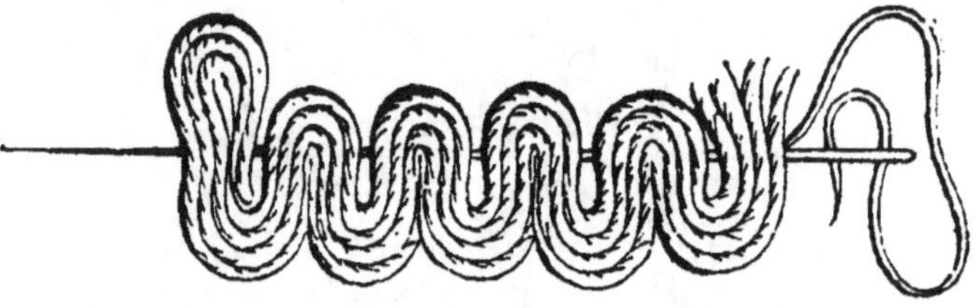

Fig. 317. Feuille découpée à larges dents, préparation.

Fig. 318. Feuille découpée à larges dents.

FEUILLE DÉCOUPÉE A LARGES DENTS. — La laine est en quadruple, formant un nombre impair de dents. Lorsque vous avez passé plusieurs fois la laine dédoublée, en allant et revenant dans toute la largeur, comme la première fois, ind:-

quée par la position de l'aiguille, fig. 317, vous ramenez les
extrémités vers le milieu, et vous passez encore quelques
points pour bien former la feuille ; vous faites les nervures
par quelques points lancés en laine dédoublée, d'un vert
plus foncé que la feuille.

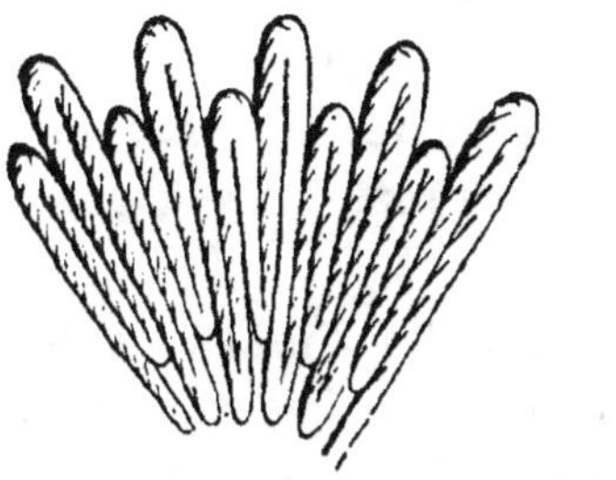 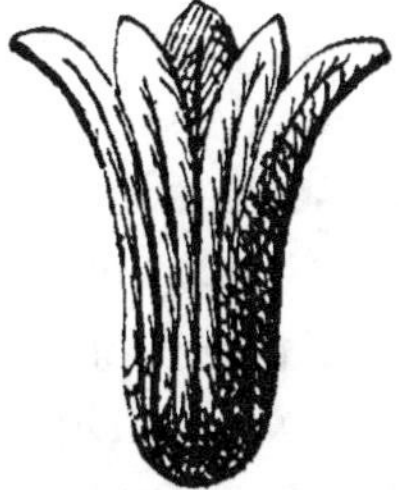

Fig. 319. Calice, préparation   —   Fig. 320. Calice.

Calice. — Pour le calice, qui doit avoir par lui-même de
la fermeté, le laiton ne pouvant être fixé dans le haut des
pointes, vous mettez la laine en triple et vous faites le travail avec la laine dédoublée ; le nombre des pointes dépend
de la fleur que vous voulez imiter ; la préparation terminée,
vous passez le fer avant de fermer le calice ; vous le fermez
par un surjet dans toute la hauteur, vous fixez la tige,
en passant, dans le bas du calice, le laiton auquel vous avez
fait un nœud ; vous serrez le bas de ce calice autour du laiton, en dessous du nœud qui doit rester à l'intérieur.

Fig. 321. Étamines.

Étamines. — Prenez du fil de lin que vous cirez fortement,
pour le rendre raide ; vous avez fait d'abord un nœud à l'une

des extrémités, vous trempez ce nœud dans de la cire à cacheter jaune ou orange, vous réunissez votre bouquet d'étamines lorsque vous les avez préparées, vous pouvez enrouler une soie vert jaune un peu clair autour du fil ; ces étamines réunies sont fixées sur un laiton un peu fort pour la tige de la fleur ; vous les fixez, en enroulant autour de la jonction d'abord du fil de lin que vous recouvrez de ouate, pour grossir le cœur de la fleur, et vous recouvrez le tout, comme la tige, de soie dédoublée ; vous pouvez remplacer la ouate par de la fine chenille.

Avec le **détail** précédent, il est facile d'imiter toutes les fleurs, en vous dirigeant sur le modèle que vous voulez copier, pour la modification de la forme et de la dimension des feuilles, pétales, etc., et les disposant après avoir soigneusement terminé la préparation.

Panier niçois.

MANIÈRE DE RELEVER LES PATRONS

Pour relever les patrons imprimés sur les planches, vous prenez un papier suffisamment grand pour tracer le patron; vous fixez ce papier sous la planche avec des épingles, vous la placez sur une table, sur laquelle vous avez posé une couverture pliée en quatre, pour servir de coussin; puis avec une aiguille ou une épingle d'acier, vous suivez le tracé du patron en piquant des points à 1 ou 2 centimètres de distance; vous pourrez alors découper facilement le patron en suivant le tracé marqué par les piqûres d'aiguilles.

Si vous avez des *parties repliées*, vous les taillez séparément et vous les réunissez au patron en les collant; il faut avoir soin d'ajouter, à chacune des parties, 5 millimètres en plus au trait ponctué qui marque le pli, pour croiser d'un centimètre les deux bords que vous collez.

SIGNES POUR LES PLANCHES DE PATRONS

Dans nos planches de patrons, les *lettres de raccord* servent à indiquer l'endroit où les différentes parties des patrons doivent se réunir. La *ligne ponctuée*, sur le bord d'un patron, indique que le tracé ne représente que la moitié du patron, et qu'avant de le tailler, il faut plier l'étoffe en double, et poser le pli sur le trait ponctué. Les *plis* sont indiqués par deux traits : un *trait plein* qui marque le bord du pli, un *trait brisé*, qui marque le creux du pli. La *flèche* marque le sens de la lisière. Donnant toujours les patrons de la moitié d'un corsage, d'un pardessus, d'une jupe, etc., nos explications et mesures sont toujours faites pour la moitié du vêtement. Les *parties repliées* sont marquées par un trait ponctué, auquel on met la désignation : *partie repliée*, afin de ne pas confondre avec les lignes ponctuées marquant les demi-patrons.

COUPE DES ROBES ET CONFECTIONS

Nos patrons, généralement donnés pour tailles moyennes, peuvent être utilisés pour toutes les tailles, moyennant quelques modifications dans les proportions. Nous allons indiquer les points les plus importants à observer pour ces modifications; mais nous ne pouvons donner que des notions générales, les proportions variant à l'infini. Nous conseillons aux personnes qui veulent entreprendre de confectionner elles-mêmes leurs vêtements, de tailler en percale un corsage plat, qu'elles essayeront autant de fois qu'il sera nécessaire pour l'ajuster d'une manière irréprochable, le corsage plat étant la base des dimensions pour toutes les formes de robes et confections. Lorsque votre corsage est bien ajusté, vous le défaites, et vous taillez toutes les parties avec du papier, en supprimant les remplis, c'est-à-dire en taillant juste sur le point des coutures. Vous conserverez ce patron en papier, qui vous remplacera les mesures pour ajuster tous vos patrons. Si vous voulez sur les planches de patrons tailler une polonaise, ajouter une basque, etc., la taille étant modifiée sur votre patron, la largeur du tour de taille, posée à la partie correspondante du patron, vous servira de point de départ pour élargir ou rétrécir la jupe ou la basque ; vous allongerez ou raccourcirez également, en proportion de la longueur de . vos jupes, les tabliers ou doubles jupes. C'est généralement

13

dans le bas que vous ajoutez ou diminuez la longueur. Pour allonger : vous continuez le biais des coutures dans la même pente, afin de donner plus d'ampleur en même temps ; si la personne a de l'embonpoint sans être grande, il faudra allonger dans le bas comme nous venons de l'indiquer, et raccourcir dans le haut, pour placer le bord, qui doit être monté à la ceinture, dans une partie plus large.

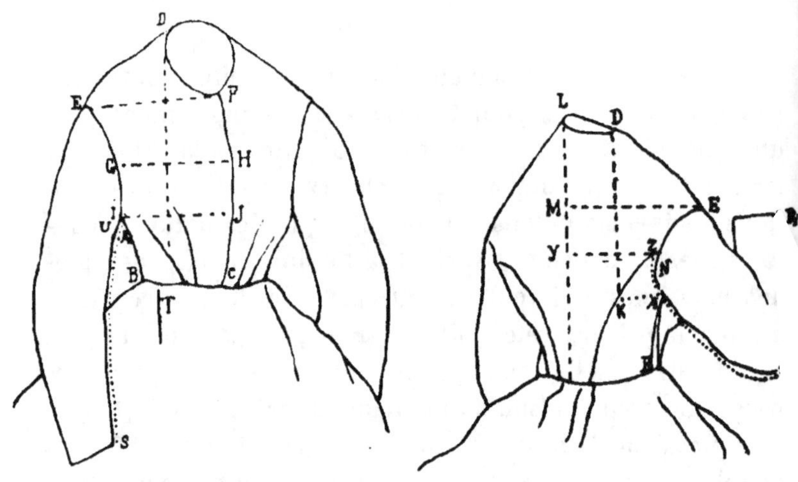

Fig. 322.   Corsage,   Fig. 323.

mesures à prendre devant.   mesures à prendre dans le dos

Les deux figures ci-dessus indiquent les principales mesures à prendre pour tailler un corsage.

Devant. — Le tour de taille. — La longueur du buste de *d* à *t*. — La largeur d'épaules au bas de l'encolure de *e* à *f*. — La largeur de poitrine de *g* à *h*. — La largeur à la hauteur des pinces de *i* à *j*.

Dos. — La longueur de taille de *l* au bas de la taille. — La largeur d'épaules de *e* à *m*.

Petit coté de dos. — Longueur de taille de *a* à *b*.

Manche. — Pour prendre la mesure de la longueur de la couture extérieure *n r*, il faut plier le coude comme l'indique la fig. 323.

Pour mesurer la longueur de la couture intérieure *u s*, il faut étendre le bras comme l'indique la fig. 322.

MODIFICATION DES DIMENSIONS DES PATRONS

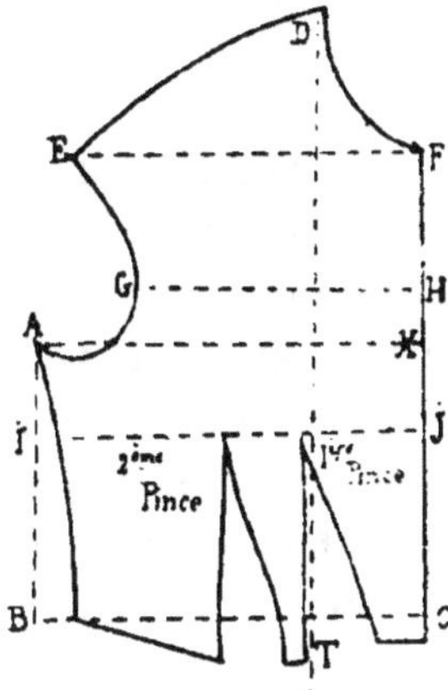

Fig. 324. Devant.

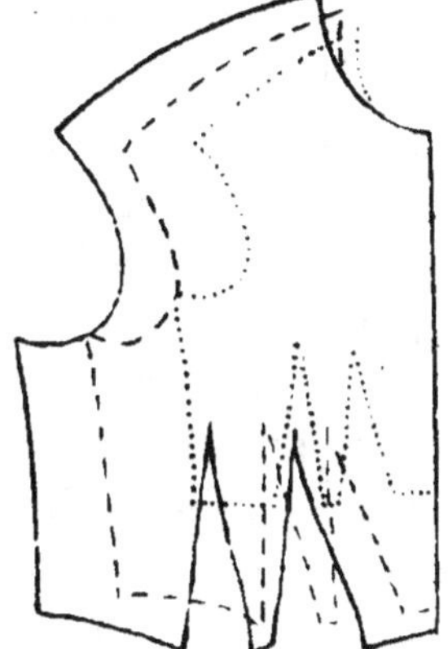

Fig. 325. Devant, trois grandeurs.

Devant. — Un point essentiel lorsque vous avez à changer la grandeur des patrons est la position de l'encolure, de dépend souvent la non-réussite d'un corsage; la fig. 325 vous montre que l'extrémité de la couture d'épaule doit t ujours tendre à avancer sur le cou ; il ne faut pas craindre d'exagérer cette précaution qui est toujours remédiable s'il y a excès; tandis que si vous avez trop échancré, l'ajustage du devant devient quelquefois impossible (la couture se trouvant trop baissée sur l'épaule), même par l'emmanchure, les pinces, la couture du dessous de bras, etc., on ne peut arriver à modifier ce défaut. Pour le tour de taille les proportions sont réparties à peu près ainsi, pour le bas de chaque patron en partageant par trentièmes : *Devant* : 16/30, les pinces étant faites. *Petit côté du dos* : 11/30. *Dos* : 3/30; supposez un tour de taille de 60 cent. réduit en millimètres, vous aurez 600 millim. Puisque nous opérons sur la moitié du corsage, nous aurons donc 30 cent. ou 300 mill., dont le trentième est 10 mill., vous aurez pour le devant, 16 fois 10 mill., soit 160 mill., pour l'étoffe *étendue comme le patron, sans que les pinces soient fermées*, il faut ajouter à la largeur du bas, moitié en plus, soit 80 mill., ce qui vous donne 240 mill., — pour le petit côté du dos, 11 fois 10 mill., soit 110 mill., — pour le dos, 3 fois 10 mill., soit 30 mill. Tracez, sur le patron que vous voulez diminuer, la ligne horizontale *e f*, vous conserverez comme point commun l'angle *f*, en plaçant l'extrémité *e* à la largeur prise comme il est indiqué fig. 324; puis la ligne verticale *d t*, pour la longueur du buste, en observant la remarque que nous avons faite pour l'encolure, et vous dirigeant sur la disposition des pa trons diminués fig. 325, pour placer le point *d*.— Tirez au milieu de cette ligne horizontale la ligne *a x*, qui vous donnera la hauteur du dessous du bras au point *a*; vous marquez ce point *a* sur cette ligne, à la même distance du point de jonction des deux lignes, que la lettre *d* sur la ligne verticale ; tracez la ligne *a b* sur la longueur prise pour la longueur

de taille, fig. 323. Tracez en angle droit la ligne *b c*, jusqu'au bord du patron; divisez la ligne *a b* en trois parties;
vous en prenez une de *a* à *i* pour marquer la hauteur de la
la ligne *i j* qui vous donne le haut de la 2e pince ; la 1re pince
est un peu plus bas, mais à peine ; tracez la ligne *g h* en
traversant la ligne *d t* à égale distance de la ligne *e f* et
de la ligne *i j*, marquez la lettre *g* à la largeur de poitrine
donnée en mesurant comme il est indiqué fig. 323; toutes
vos lignes tracées et vos lettres marquées, il vous est facile
d'indiquer avec un crayon les contours du patron, en observant bien sur votre dessin, fig. 324, les parties rentrant ou
ressortant des lignes.

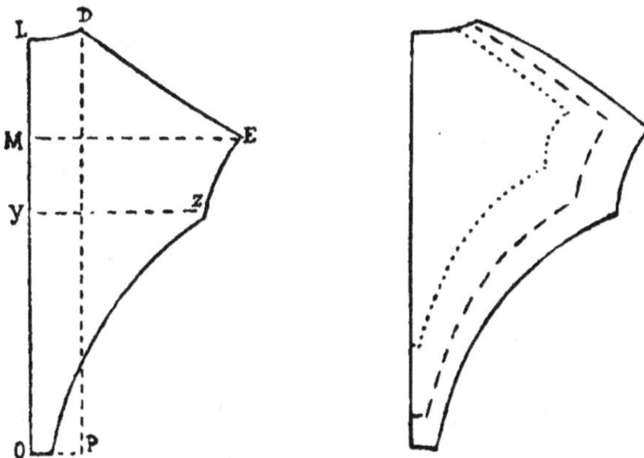

Fig. 326. Dos.   Fig. 327. Dos, trois grandeurs.

Vous conservez comme points communs la ligne *l o* du
milieu du dos, et la lettre *l*; la largeur de l'encolure *l d* est
un peu plus du tiers de l'encolure *d f* du devant, fig. 324, vous
mesurez donc cette partie *d f* et vous marquez sur l'encolure
la lettre *d*, à un peu plus du tiers de cette mesure ; vous ti-

rez une ligne *d p* parallèle à la ligne *l o*. Vous marquez la lettre *o* à la distance de la lettre *l* donnée par la mesure prise, comme l'indique la fig. 323; marquez la lettre *m* au quart de la hauteur de la ligne *l o* ; tracez la ligne *m e* coupant en angle droit la ligne *d p*; tracez parallèlement la ligne *y z*, à la même distance, en dessous de la ligne *m e*, que la ligne *i j* de la ligne *a x* du devant de la fig. 324 ; marquez la lettre *z* à la mesure indiquée, prise sur la fig. 323; tirez une ligne de *o* à *p*, la moitié de la largeur vous marquera le bas du dos ; tracez le contour du modèle en suivant, sur les petits croquis, les points marqués fig. 326 et le tracé fig. 327.

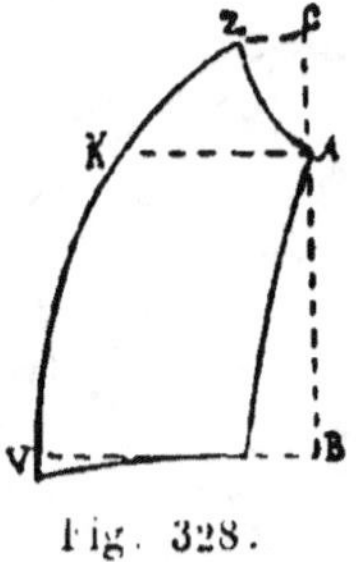

Fig. 328.

Petit côté du dos.

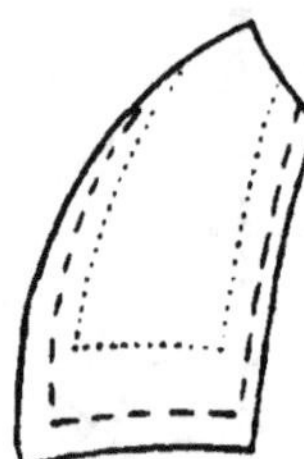

Fig. 329.

Petit côté du dos, trois grandeurs.

Tracez la ligne verticale *c b*, puis la ligne horizontale *a k* ; le point *a* placé au quart de la ligne *c b*; vous tracez au sommet la ligne *c z* et à la base la ligne *v b*, vous marquez la lettre *z* sur la ligne, en prenant pour distance de la lettre *c* le sixième de la ligne *c b*; vous marquez l'angle du bas du patron à la même distance de la lettre *b*, sur la ligne *v b*; la lettre *v* est alors marquée à la distance de ce premier angle du patron, indiquée par la proportion du tour de taille donnée au commencement de cette explication.

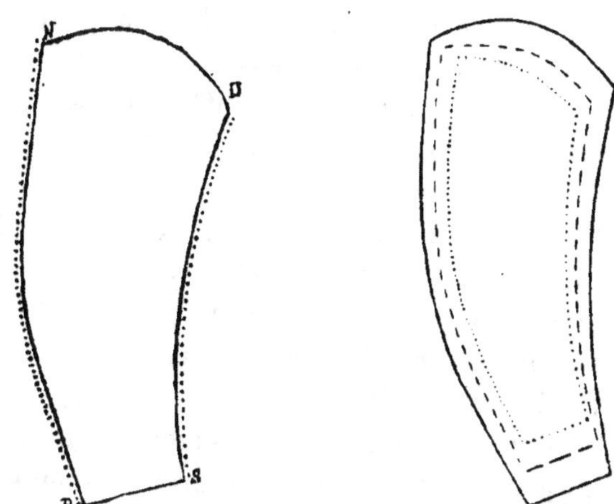

Fig. 330. Manche dessus. — Fig. 331. Manche dessus, trois grandeurs.

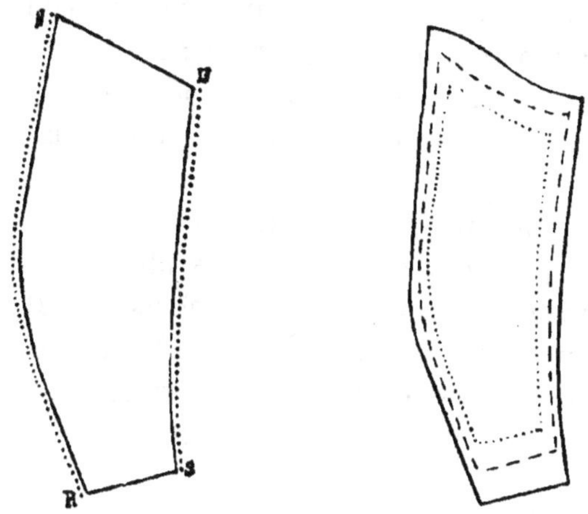

**Fig. 332. Manche dessous. — Fig. 333. Manche dessous,
trois grandeurs.**

La manche est un peu plus large que l'emmanchure, devant être menée sur le corsage.

Prenez la mesure sur la longueur $n\ r$, comme l'indique

la fig. 322, et pour la longueur *u s*, la fig. 323; pour diminuer le patron en hauteur, vous laissez, comme l'indiquent les fig. 331 et 333, un peu plus de la différence en bas qu'en haut; pour la différence de largeur, vous la partagez également entre les deux côtés.

Il sera facile de se rendre compte, d'après ces données générales, des modifications particulières à apporter si l'on veut augmenter un patron, et selon le plus ou moins d'embonpoint proportionner différemment; s'il faut élargir seulement de la taille, vous développerez le devant, en rapprochant de la lettre l'angle du bas du dessous du bras, et vous reculerez un peu les pinces, vous étendrez de même l'angle correspondant du petit côté du dos. Le bas du dos sera également élargi. Pour une personne mince du tour de taille, on fera la modification en sens inverse. Le point de départ pour chaque patron à augmenter ou à diminuer est, comme nous l'avons dit, l'angle et les traits *communs* à conserver, de là partent les mesures à prendre et à reproduire sur les patrons.

Pour les confections, la base est toujours celle du corsage plat, bien ajusté à votre taille, mais plus grand, puisqu'il doit être mis par dessus d'autres vêtements; il faut ajouter un peu plus en largeur qu'en hauteur, les emmanchures doivent être plus larges; ce travail vous sera facile, lorsque vous serez familiarisée avec l'étude précédente.

ROBES

Lorsque vous avez ajusté votre patron, si vous n'êtes pas très-expérimentée dans l'art de la coupe, vous pourrez, même en ayant tenu compte de toutes nos recommandations dans les pages précédentes, avant de commencer à tailler votre étoffe, préparer votre doublure et l'essayer une première fois ; vous la débâtirez et vous laisserez un centimètre de rempli à toutes les coutures ; vous taillerez à ras au bord, devant, et elle vous servira définitivement de patron ; avant de coudre votre robe, il ne faut pas vous rebuter s'il y a quelques plis et *essayer* autant de fois qu'il sera nécessaire, pour arriver à bien ajuster.

Lorsque le dessus et le dessous sont taillés, avant d'assembler les différentes parties, vous fixez chacune sur sa doublure par un bâtissage à grands points, à 3 centimètres du bord ; au devant, vous entourez les pinces par ce bâtissage.

Le fer est un auxiliaire indispensable de la couturière ; il faut l'employer pour abattre toutes les coutures en les mouillant légèrement, et repasser ces coutures surfilées avant de les enfermer soit dans un montage, soit dans un passe-poil, soit dans un ourlet. Si vous avez un devant tout droit, vous avez soin de le tailler de manière à avoir une lisière au bord du rempli, car il faut éviter de faire un ourlet dont les points paraîtraient à l'endroit ; vous bâtissez ce rempli et vous ne retirez le fil que lorsque vous avez fait les boutonnières et posé les boutons. Si le devant est cintré, vous faites le rempli en faux-ourlet, terminé au bord par une lisière, toujours pour éviter le point d'ourlet. L'étoffe qui se trouve en plus d'un rempli ordinaire dans les pinces doit être coupée.

Le ruban de taille à l'envers doit être arrêté aux extrémités par un surjet au bord, du côté des boutons, et sur la lisière du rempli de l'étoffe du côté des boutonnières, puis par des points croisés sur toutes les coutures, dans toute la hauteur du ruban de taille. Pour enfermer vos coutures, soit à l'encolure, à l'emmanchure ou dans le ruban de taille, il faut diriger le rempli en avant. Si vous avez une couture au milieu du dos, vous la faites à points très-serrés, en cordonnet bien assorti de nuance à votre étoffe, et vous ouvrez les remplis avec le fer; vous pouvez ouvrir de même les pinces. Pour monter les manches, vous rabattez sur le dessus les remplis des deux coutures. Avant de faire vos boutonnières, lorsque vous avez calculé vos distances, vous posez une épingle sur chacune, et, pour les placer bien régulièrement, vous lancez, à 5 ou 6 millimètres du bord, un fil en faisant un grand point à l'envers dans chaque intervalle, et faisant ressortir un petit point à l'endroit, pour remplacer chaque épingle; vous marquez ensuite la largeur de vos boutonnières par un fil lancé parallèlement au premier, le petit point marquant l'autre extrémité de la boutonnière. Si votre étoffe se défile facilement, vous ferez à vos boutonnières un double tracé très-rapproché.

Avant de poser les baleines sur les coutures, vous les enfermez dans un étui en ruban de fil que vous fermez aux deux extrémités par une double piqûre; puis vous arrêtez solidement la baleine en haut et en bas, à l'envers sur les coutures. Pour donner du soutien aux cols, parements, basques, etc., vous enfermez entre le dessus et la doublure, du crin, de la moire anglaise ou tout autre étoffe raide.

Avant de réunir les lés d'une jupe ou d'un tablier, il faut surfiler le bord supérieur, puis, comme nous l'avons dit, lorsque les coutures sont faites, avant de border ou monter, il faut les repasser. Lorsqu'un patron de tablier ou un lé de devant de jupe, taillé en pointe, est plus large que l'étoffe que vous employez, il faut poser d'abord le milieu de votre étoffe sur le milieu de ce lé ou tablier, et ajouter de chaque côté les pointes nécessaires pour compléter le patron.

Les faux ourlets ont de 15 à 25 centimètres de hauteur; il faut les mettre en étoffe qui soit un peu ferme. Vous taillez ce faux ourlet en long, dans le sens de la lisière, pour qu'il soit sans couture, sauf celle qui réunit les deux extrémités, vous la placez au milieu du lé de devant, afin de dissimuler dans un pliage biaisé la différence entre la largeur du bord de la jupe et celle à la hauteur du haut du faux ourlet. — Vous réunissez le dessus et le faux ourlet par un surfil tout autour sur le bord; vous étendez votre jupe sur une table et vous bâtissez le haut du faux ourlet avec des épingles; vous en placez une d'abord sur l'une des coutures du lé de de-vant, en tendant bien également le droit fil de l'ourlet et la couture; vous fixez ainsi une épingle sur chaque couture, en tournant tout autour de votre jupe et terminant par la seconde couture du lé de devant; vous recommencez en replaçant de même une épingle au milieu de chaque lé, et d'autres intermédiaires si l'étoffe est large; vous ne fermez la couture du faux ourlet devant, que lorsque vous le ter-minez, afin de donner plus ou moins de biais aux remplis, selon ce qui vous restera d'étoffe pour que l'ourlet soit bien tendu. Le surfil, pour réunir le bord de l'étoffe et celui du faux ourlet, doit être fait à l'envers de la jupe, en tenant le faux ourlet en dessus, sans le *mener*; il aura un peu plus de largeur sur le tour, largeur qui se retrouvera dans le haut où, en

cousant l'ourlet, soit à la main, soit à la machine, il a toujours
de la tendance à être très-légèrement mené. Si la ganse que
vous employez pour border est une tresse d'alpaga, il faudra
la plonger dans l'eau et la laisser sécher avant de l'employer,
cette tresse se resserrant à l'humidité ; vous la verriez se
froncer avec le bord, si vous négligiez cette précaution qui
la rétrécit avant d'être posée.

Pour monter une jupe, vous cousez en surjet sur le ruban
de taille, vous menez un peu le haut du lé de devant sur ce ruban ; si la jupe doit être portée avec un tablier, et que pour
vous ménager des ressources pour l'avenir, vous ne voulez
pas tailler en pointe le lé de devant, vous mesurez la largeur
du bas du patron de ce lé ; vous poserez une épingle de chaque côté pour marquer cette largeur en haut, puis vous faites
un pli de chaque côté, pour ramener le haut du lé à la largeur
du haut de la pointe du patron. Pour le reste de la jupe, pour
bien placer les fronces ou les plis, sauf modification à cause
d'exigences passagères de la mode, divisez en 6 parties, chaque
moitié du ruban de taille restant et en 3 parties, chaque moitié de la jupe ; vous montez le tiers derrière sur une des
6 parties, le second tiers à plis moins creux sur 2 des 6 parties, et le dernier tiers, arrivant au lé de devant à plis encore
moins creux sur les 3 dernières des 6 parties ; vous montez de
même l'autre côté de la jupe. Quant au montage des tabliers,
pouffs, tuniques, etc., le relevage modifiant la disposition des
fronces sur la ceinture, nos patrons sont toujours accompa-
gnés du patron de la ceinture avec lettres de raccord correspondant aux patrons. Les relève-jupes sont en étoffe raide, on
pose aux points indiqués où le pouff doit être relevé une
agrafe anglaise, l'anneau est posé à l'envers du pouff en
faisant un petit pli de la largeur du point pour que l'étoffe
cousue en double avec l'anneau ait plus de solidité.

Généralement le haut de la jupe doit avoir de 4 à 5 cent.
de longueur en plus derrière que devant; on augmente donc
graduellement, de manière à avoir la longueur complète à la
fin du tiers du lé tenant au lé de devant. Si la jupe est
à traîne, c'est dans le bas que l'on donne le développement
de la longueur des lés de derrière; si la jupe est en outre
relevée en pouff, on froncera les lés de derrière sur ceux des
côtés.

Pour liserer un costume en tout ou partie, vous taillez des
biais de 5 centimètres; vous les réunissez et vous ouvrez les
coutures avec le fer; vous pliez votre biais en double, et vous
cousez à point devant le bord double du biais sur l'endroit
de votre étoffe; puis vous rabattez à l'envers le bord du biais
à points d'ourlet. Ce travail est très-facile même pour des
dents découpées. Si vous voulez orner d'un biais double, triple, etc., vous taillez des biais de 3 centimètres; vous les posez à plat à points devant sur l'étoffe, le premier formant le
haut du triple ou double biais; vous posez le suivant, si vous
voulez un pli en plus à votre biais, de manière à couvrir
le point du biais précédent. Vous taillez ensuite un biais de
6 centimètres; vous le posez sur le point du dernier, ou seul
petit biais posant bord sur bord, c'est-à-dire en faisant le
point sur l'envers du grand biais, que vous rabattez ensuite
à l'envers du vêtement.

Les volants froncés en dentelle ou en étoffe doivent avoir
une fois et demie la largeur de la partie que vous voulez garnir;
les volants ou garnitures froncées en capote ou coulisse ont deux
fois la largeur, et les garnitures plissées, trois fois la largeur
de l'objet à garnir. Pour les garnitures froncées, vous partagez votre garniture en parties égales de la longueur d'une
aiguillée un peu longue; vous partagez en autant de parties
égales l'objet que vous voulez garnir, et lorsque vous avez

passé votre fil à points devant, en prenant une aiguillée pour chaque subdivision, avant de le serrer pour froncer, vous arrêtez l'extrémité de chacune de ces subdivisions par une épingle.

Pour les plissés, vous arrêtez les plis du haut, vous les bâtissez dans le bas à grands points, et vous les repassez sous un linge humide pour les bien marquer. Ne retirez le bâtissage du bas que lorsque le plissé est monté, ou mieux encore lorsque le vêtement est complétement terminé.

La manière de préparer les confections vous deviendra une opération facile lorsque vous vous serez exercée dans l'art de la couturière, en commençant par vos robes.

INCRUSTATION ANGLO-JAPONAISE

Faites en septembre et octobre une récolte de branches de petites bruyères, de plantes légères, de graminées, rosiers, herbes, mousses, etc., tout ce que vous trouverez de feuillages à teintes jaunes, un peu cuivrées, mais non séchés, et aussi variés que possible. Vous les aplatissez dans plusieurs doubles de papier buvard gris, que vous mettez sous presse, sous des livres ou tout autre objet un peu lourd. Lorsque ces branches sont suffisamment aplaties et

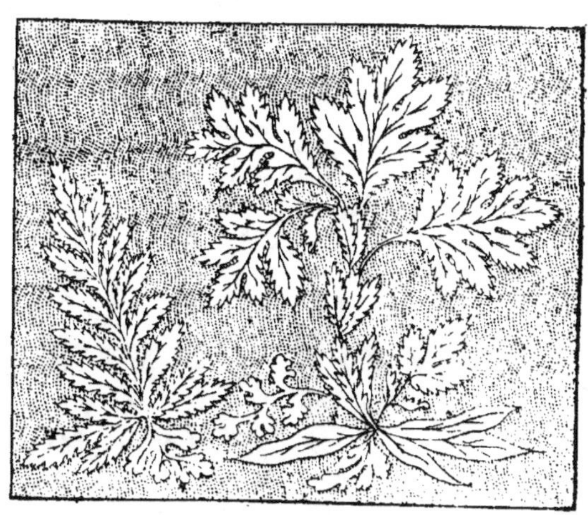

Fig. 334. Croquis réduit d'un panneau de jardinière, fait avec
une boîte à cigares.

séchées, sans être cassantes, c'est-à-dire après un mois ou six
semaines de séjour sous la presse, vous les employez pour
décorer les objets en bois blanc, que vous commencez par
teindre en noir, pour imiter la laque. Vous passez sur le bois
une couche de *pyrolignite*; lorsqu'il est sec, vous le trempez
dans une décoction de bois d'Inde; vous laissez sécher de
nouveau, puis vous disposez légèrement, avec des pinces,
vos branches que vous collez, avec de la colléine blanche,
sur l'objet que vous voulez décorer. Le lendemain, vous passez sur le tout une couche de vernis *de copal*.

FIN

1er APPENDICE

TAPISSERIE

MOYEN DE RELEVER POUR TAPISSERIE LES DESSINS SUR PAPIER,
CRETONNE, TAPIS, ETC.

Il vous arrive très-souvent de trouver, dans des dessins de papiers d'appartement, de cretonne ou lampas d'ameublement ou de reps pour rideaux ou même de tapis, des motifs pour tapisserie ; il vous sera très-facile de les relever en posant sur le dessin une gaze très-claire qui vous servira de *filigrane* ; fixez la gaze solidement afin qu'elle ne se déplace pas, soit en la bâtissant sur le dessin ou en la retenant avec des épingles ; puis vous reproduisez sur un papier quadrillé les points de différentes nuances que vous verrez à travers cette gaze ; vous varierez l'indication des nuances d'après les signes de vos tapisseries par signes ; on suit les carrés, rangée par rangée dans les jours de la gaze ; plus les fils de la gaze seront éloignés, plus le travail sera facile.

TRICOT

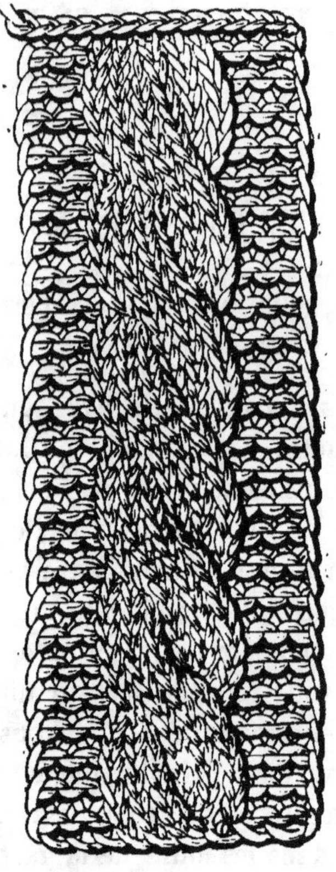

Fig 335. Tricot torsade.

Tʀɪcoᴛ ᴛoʀsᴀᴅᴇ. — Prenez trois aiguilles en acier si vous faites ce tricot en coton ; si vous le faites en laine, prenez deux aiguilles en bois, et remplacez la troisième par un moule de même grosseur, terminé par une pointe de chaque côté, afin de pouvoir tricoter avec les deux pointes.

Montez 14 mailles sur une aiguille.

Premier rang. — 1 maille à l'envers sans tricoter. — 12 mailles simples. — 1 maille simple prise derrière l'aiguille.

Deuxième rang. — 1 maille à l'envers sans tricoter. — mailles simples. — Prenez la troisième aiguille et faites : 4 mailles à l'envers. — Continuez le rang en passant la deuxième aiguille en dessous de la troisième et faites : 4 mailles à l'envers. — 2 mailles simples. — 1 maille simple prise derrière l'aiguille.

Troisième rang. — 1 maille à l'envers sans tricoter. — 2 mailles simples. — 4 mailles simples prises sur la troisième aiguille en passant en dessous de la deuxième. — Continuez en reprenant sur la deuxième aiguille, 6 mailles simples. — 1 maille prise derrière l'aiguille.

Quatrième rang. — 1 maille à l'envers sans tricoter. — 2 mailles simples. — 8 mailles à l'envers. — 1 maille simple prise derrière l'aiguille.

Cinquième rang. — Comme le premier.

Sixième rang. — Comme le quatrième.

Septième rang. — Comme le premier.

Huitième rang. — Comme le quatrième.

Retournez au premier rang.

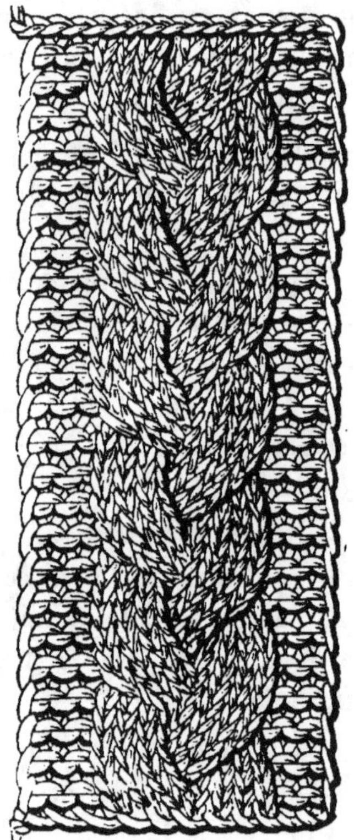

Fig. 336. Tricot natte.

TRICOT NATTE. — Prenez trois aiguilles en acier si vous faites
ce tricot en coton ; si vous le faites en laine, prenez deux
aiguilles en buis et remplacez la troisième par un moule
de même grosseur, terminé par une pointe à chaque extré·
mité, afin de pouvoir tricoter indifféremment avec un bout
ou avec l'autre.

Montez 18 mailles sur une aiguille.

Premier rang. — 1 maille à l'envers sans tricoter. — 16

mailles simples. — 1 maille simple prise derrière l'aiguille.

Deuxième rang. — 1 maille à l'envers sans tricoter. — 2 mailles simples. — Prenez la troisième aiguille et faites : 4 mailles à l'envers. — Continuez le rang en passant la deuxième aiguille en dessous de la troisième et faites : 8 mailles à l'en-vers. — 2 mailles simples. — 1 maille simple prise derrière l'aiguille.

Troisième rang. — 1 maille à l'envers sans tricoter. — 6 mailles simples. — 4 mailles simples prises sur la troisième aiguille en croisant en dessous de la deuxième. Continuez en reprenant sur la deuxième aiguille 6 mailles simples. — 1 maille simple prise derrière l'aiguille.

Quatrième rang. — 1 maille à l'envers sans tricoter. — 2 mailles simples. — 12 mailles à l'envers. — 2 mailles simples. — 1 maille simple prise derrière l'aiguille.

Cinquième rang. — 1 maille à l'envers sans tricoter. — 16 mailles simples. — 1 maille simple prise derrière l'aiguille.

Sixième rang. — 1 maille à l'envers sans tricoter. — 2 mailles simples. — 8 mailles à l'envers. — Prenez la troisième aiguille et faites : 4 mailles à l'envers. — Continuez le rang en passant la deuxième aiguille en dessous de la troisième et faites : 2 mailles simples. — 1 maille simple prise derrière l'aiguille.

Septième rang. — 1 maille à l'envers sans tricoter. — 2 mailles simples. — 4 mailles simples prises sur la deuxième aiguille en croisant par-dessus la troisième. — 4 mailles sim-ples prises sur la troisième aiguille. Continuez en reprenant sur la deuxième aiguille : 6 mailles simples. — 1 maille simple prise derrière l'aiguille.

Huitième rang. — Comme le quatrième.
Retournez au premier rang.

14.

Fig. 337. Fond tricot Vosgien.

FOND TRICOT VOSGIEN. — Tricot à 2 aiguilles. — Montez
un nombre de mailles divisible par 2 ; ajoutez 4 mailles pour
les deux lisières.

Premier rang. — 1 maille simple sans tricoter. Terminez le
rang par des mailles simples.

Deuxième rang. — 1 maille simple sans tricoter. — 1 maille
simple *. — 1 maille sans tricoter ; prenez cette maille comme
une maille à l'envers, mais en laissant le fil derrière l'aiguille. — 1 maille simple. — Retournez au signe *. — Terminez par deux mailles simples.

Troisième rang. — Comme le premier.

Quatrième rang. — 1 maille simple sans tricoter. — 1 maille
simple * — 1 maille simple. — 1 maille sans tricoter. — Retournez au signe *. — Terminez par 2 mailles simples.

Retournez au premier rang.

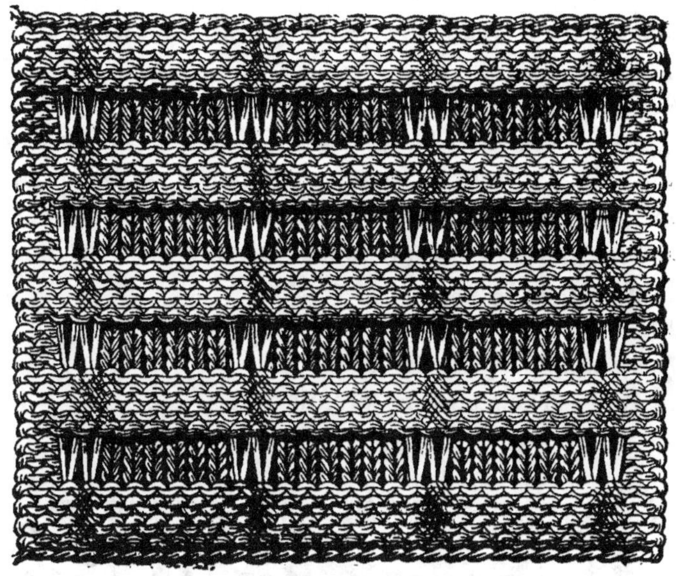

Fig. 338. Tricot gaufré.

TRICOT GAUFRÉ. — Tricot à 2 aiguilles.

Montez un nombre de mailles divisible par 8 ; ajoutez ·6 mailles pour les lisières.

Premier rang. — 1 maille simple sans tricoter. — Toutes les mailles à l'envers. — Terminez par 1 maille simple.

Deuxième rang. — 1 maille simple sans tricoter. — Toutes les mailles simples.

Troisième rang. — Comme le premier.

Quatrième rang. — Comme le deuxième.

Cinquième rang. — 1 maille simple sans tricoter. — 1 maille à l'envers.—2 mailles sans tricoter, prenez ces mailles comm des mailles à l'envers, mais en laissant le fil derrière l'aiguille *. — 6 mailles simples. — 2 mailles sans tricoter. —

— Retournez au signe *. — Terminez par 1 maille à l'envers.
— 1 maille simple.

Sixième rang. — 1 maille simple sans tricoter. — 1 maille simple. — 2 mailles à l'envers sans tricoter *. — 6 mailles à l'envers. — 2 mailles à l'envers sans tricoter. — Retournez au signe *. — Terminez par 2 mailles simples.

Septième rang. — Comme le cinquième.

Huitième rang. — Comme le sixième.

Neuvième rang. — Comme le cinquième.

Dixième rang. — Comme le sixième.

Reprenez l'explication au premier rang.

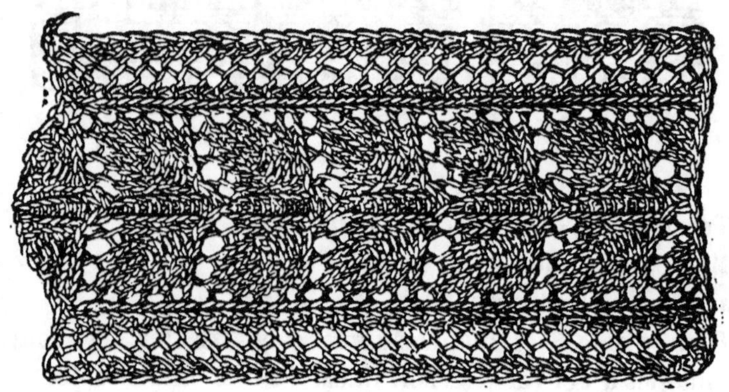

Fig. 339. Tricot guirlande feuillage.

TRICOT GUIRLANDE FEUILLAGE. — Tricot à deux aiguilles
Montez 27 mailles.

Premier rang. — 1 maille à l'envers sans tricoter. — 2 mailles simples. — 1 passe. — 2 mailles ensemble. — 1 maille simple. — 1 passe. — 1 maille simple. — 1 surjet simple. — 1 maille à l'envers. — 2 mailles ensemble. — 1 maille simple. — 1 maille à l'envers. — 1 maille simple. — 1 surjet simple. — 1 maille à l'envers. — 2 mailles ensemble. — 1 maille simple. — 1 passe. — 3 mailles simples. — 1 passe. — 2 mailles ensemble. — 1 maille simple prise derrière l'aiguille.— (Vous avez 25 mailles sur l'aiguille.)

Deuxième rang. — 1 maille à l'envers sans tricoter. — 2 mailles simples. — 1 passe. — 2 mailles ensemble. — 4 mailles à l'envers. — 1 maille simple. — 2 mailles à l'envers. — 1 maille simple. — 2 mailles à l'envers. — 1 maille simple. — 4 mailles à l'envers. — 2 mailles simples. — 1 passe. 2 mailles ensemble.—1 maille simple prise derrière l'aiguille. — (Vous avez 25 mailles sur l'aiguille).

Troisième rang. — 1 maille à l'envers sans tricoter. — 2 mailles simples. — 1 passe. — 2 mailles ensemble. — 1 maille simple. — 1 passe. — 1 maille simple. — 1 surjet simple. — 1 maille à l'envers. — 2 mailles ensemble. — 1 maille à l'envers. — 1 surjet simple. — 1 maille à l'envers. — 2 mailles ensemble. — 1 maille simple. — 1 passe. — 3 mailles simples. — 1 passe. — 2 mailles ensemble. — 1 maille simple prise derrière l'aiguille. — (Vous avez 23 mailles sur l'aiguille.)

Quatrième rang. — 1 maille à l'envers sans tricoter. — 2 mailles simples. — 1 passe. — 2 mailles ensemble. — 4 mailles à l'envers. — 1 maille simple. — Faites 2 fois : (1 maille à l'envers. — 1 maille simple). — 4 mailles à l'envers. — 2 mailles simples. — 1 passe. — 2 mailles ensemble. — 1 maille simple prise derrière l'aiguille. — (Vous avez 23 mailles sur l'aiguille.)

Cinquième rang. — 1 maille à l'envers sans tricoter. — 2 mailles simples. — 1 passe. — 2 mailles ensemble. — Faites

2 fois : (1 maille simple. — 1 passe). — 1 surjet simple. —
Faites 2 fois : (1 maille à l'envers. — 1 maille simple). — 1
maille à l'envers. — 2 mailles ensemble. — 1 passe. — 1
maille simple. — 1 passe. — 3 mailles simples. — 1 passe.
— 2 mailles ensemble. — 1 maille simple prise derrière
l'aiguille. — (Vous avez 25 mailles sur l'aiguille.)

Sixième rang — 1 maille à l'envers sans tricoter. — 2
mailles simples. — 1 passe. — 2 mailles ensemble. — 5
mailles à l'envers. — 1 maille simple. — Faites 2 fois : (1
maille à l'envers. — 1 maille simple). — 5 mailles à l'envers.
— 2 mailles simples. — 1 passe. — 2 mailles ensemble. —
1 maille simple prise derrière l'aiguille. — (Vous avez 25
mailles sur l'aiguille.)

Septième rang. — 1 maille à l'envers sans tricoter. — 2
mailles simples. — 1 passe. — 2 mailles ensemble. — 1 maille
simple. — 1 passe. — 3 mailles simples. — 1 passe. — 1 surjet
double. — 1 maille à l'envers. — 1 surjet double. — Faites
2 fois : (1 passe. — 3 mailles simples). — 1 passe. — 2 mailles
ensemble. — 1 maille simple prise derrière l'aiguille. —(Vous
avez 25 mailles sur l'aiguille.)

Huitième rang. — 1 maille à l'envers sans tricoter. — 2
mailles simples. — 1 passe. — 2 mailles ensemble. — 7 mailles
à l'envers. — 1 maille simple. — 7 mailles à l'envers. — 2
mailles simples. — 1 passe. — 2 mailles ensemble. — 1 maille
simple prise derrière l'aiguille. — (Vous avez 25 mailles sur
l'aiguille.)

Neuvième rang. — 1 maille à l'envers sans tricoter. — 2
mailles simples. — 1 passe. — 2 mailles ensemble. — 1 maille
simple. — 1 passe. — 5 mailles simples. — 1 passe. — 1
surjet double. — 1 passe. — 5 mailles simples. — 1 passe. —
3 mailles simples. — 1 passe. — 2 mailles ensemble. — 1

maille simple, prise derrière l'aiguille. — (Vous avez 27 mailles sur l'aiguille.)

Dixième rang. — 1 maille à l'envers sans tricoter. — 2 mailles simples. — 1 passe. — 2 mailles ensemble. — 8 mailles à l'envers. — 1 maille simple. — 8 mailles à l'envers. — 2 mailles simples. — 1 passe. — 2 mailles ensemble. — 1 maille simple prise derrière l'aiguille. — (Vous avez 2 mailles sur l'aiguille.)

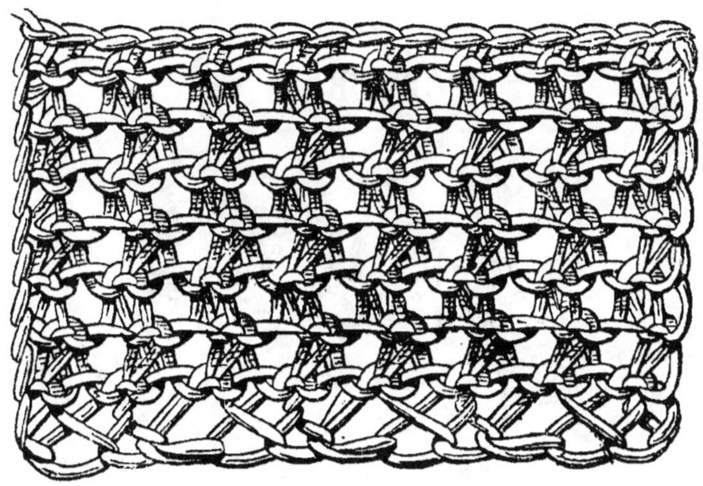

Fig 340. Tricot diamant très-léger.

TRICOT DIAMANT TRÈS-LÉGER. — Voir le tricot diamant, fig. page 51.

Aiguille en buis et laine très-fine. — Montez un nombre pair de mailles.

Premier rang. — 1 maille sans tricoter. — 1 maille simple *. — 2 mailles ensemble. — Retournez au signe *. — Terminez par 2 mailles simples.

Deuxième rang — 1 maille simple sans tricoter. — 1 maille simple *. — Relevez une maille en passant l'aiguille dans la laine qui se trouve tendue entre les deux aiguilles. — 1 maille simple. — Retournez au signe *. — Terminez par 2 mailles simples.

CROCHET

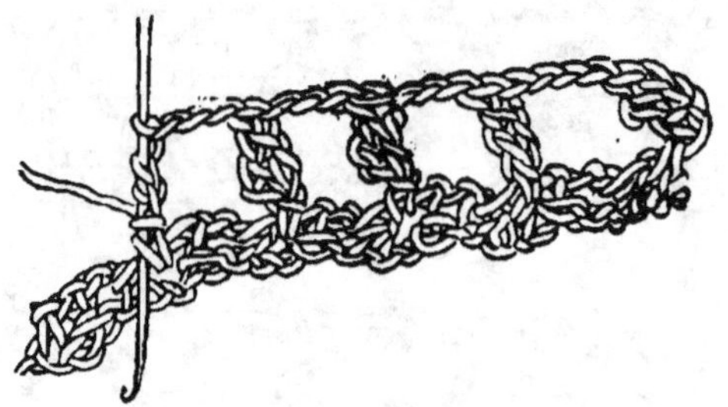

Fig. 341. Point guipure.

POINT GUIPURE. — Faites 1 bride double, sans la terminer, c'est-à-dire en gardant 2 fils sur le crochet — tournez de nouveau le fil une fois autour du crochet — piquez le crochet dans les 2 fils du bas de la bride double — tirez le fil — terminez les 2 mailles ensemble en passant successivement le fil dans 2 fils; vous formez ainsi le *point guipure simple*. — Pour le *point guipure double*, vous commencez par 1 bride triple, que vous ne terminez pas, vous gardez 2 fils sur le crochet — vous tournez deux fois le fil autour du crochet — piquez le crochet comme au *point de guipure simple* dans les 2 fils du bas de la bride triple — tirez le fil — tirez le fil successivement dans 2 fils, jusqu'à ce qu'il ne vous reste que 3 fils sur le crochet — tournez le fil sur le crochet — piquez le crochet dans les 2 fils du bas de la seconde partie du point — tirez le fil — tirez deux fois le fil dans 2 fils — terminez toutes les mailles ensemble en tirant le fil dans 2 fils. On fait ce point guipure plus ou moins allongé en commençant par 1 bride triple ou quadruple.

Fig. 342. Crochet point de tapisserie.

POINT DE TAPISSERIE. — Il se fait en crochet *Marie-Louise*, *demi-brides* (page 63), toujours à l'endroit, et en tirant le fil en dessous du crochet pour la première partie de la maille; pour terminer la maille, vous jetez le fil sur le crochet.

FILET

Fig. 343. Filet égyptien.

FILET ÉGYPTIEN. — Pour faire ce filet il vous faut deux moules de grosseurs différentes: si vous n'en prenez qu'un, vous tournerez le fil trois fois autour du moule, à chaque maille avant de faire le nœud, aux rangs indiqués avec le gros moule.

Premier rang. — Avec le petit moule.

Deuxième rang. — Avec le gros moule.

Troisième rang. — Mailles égyptiennes avec le petit moule. Supposez que vous avez sur votre moule le commencement du rang, et, pour vous rendre compte du croisement des mailles, suivez le dessin de la figure ; vous verrez 3 groupes de 2 mailles croisées, le troisième groupe représente le premier croisement ; après avoir tourné le fil sur vos doigts pour préparer le nœud — vous passez le bout de la navette dans la première maille et vous tirez la seconde maille dans la première — puis, avant de faire le nœud, vous faites rentrer la première maille dans la deuxième, en prenant avec le bout de la navette le fil qui traverse la deuxième maille comme au deuxième groupe de 2 mailles -- vos 2 mailles étant croisées deux fois — vous retrouvez la première maille pour faire le premier nœud et la boucle de la deuxième maille reste au-dessus du nœud — vous reprenez cette maille en faisant le deuxième nœud et vous obtenez le croisement du premier groupe. Vous alternez vos rangs, un avec le gros moule, un avec le petit moule en croisant les mailles. A chaque rang de mailles égyptiennes, c'est-à-dire avec le petit moule, il faut contrarier le dessin.

PASSEMENTERIE

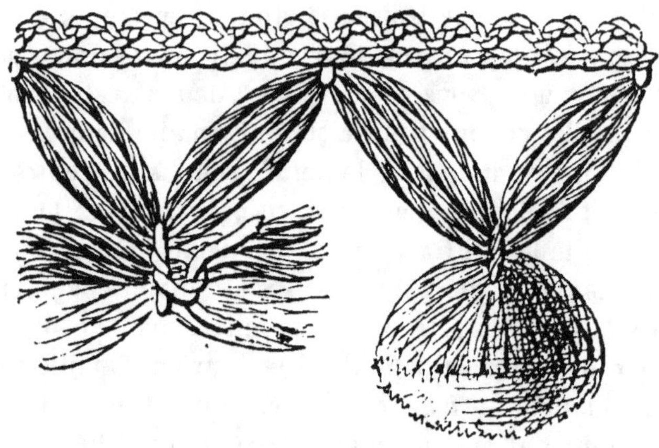

Fig. 344. Frange-boules.

FRANGE-BOULES. — Prenez 4 laines ensemble, pour faire la chaîne sur laquelle vous fixez les boules de 5 en 5 centimètres ; vous réunissez une quarantaine de bouts de laine ou deux petits écheveaux, et avec un autre bout de laine vous tournez deux fois autour de toutes ces laines et vous nouez très-serré ; vous coupez les laines de 3 centimètres environ en laissant les 4 bouts qui forment la chaîne, et vous renfermez le nœud dans la boucle en repliant toutes les laines en descendant ; ensuite vous peignez légèrement la laine et vous roulez un peu la boule dans le creux de la main pour la former et faire gonfler la laine en la *défilant* ; le peigne en cuivre est préférable à tout autre pour le peignage de la laine.

La tête de la *frange-boules* se fait par un rang de crochet fait en long et sans retourner son ouvrage.

Attachez la laine à la chaîne en faisant 1 maille-chaînette.
— 1 demi-bride en enfermant les 4 laines de la chaîne dans
cette maille à 2 centimètres et demi avant la boule. — * 5 mailles-chaînettes — 1 bride prise dans la demi-bride. — 4 fois :
(5 mailles-chaînettes — 1 bride dans la dernière bride) —
1 demi-bride en enfermant les 4 laines de la chaîne. —
Retournez au signe *.

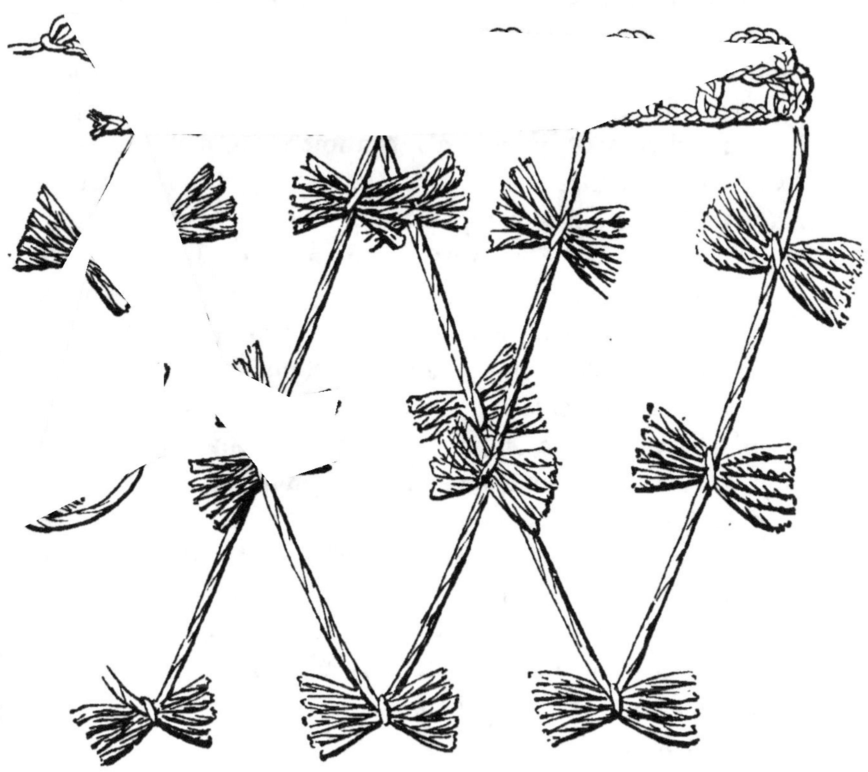

Fig. 345. Effilé muguet.

EFFILÉ MUGUET. — Prenez 5 laines que vous nouez ensem-

ble avec une autre laine qui forme la chaîne de l'effilé ;
enfilez cette laine dans une aiguille à tapisserie, posez
la laine sur l'index de la main droite, puis les 5 laines ensemble en travers sur cette laine, en laissant passer à droite
juste la longueur de la moitié des petits bouts de laine qui
forment le *muguet*, à peu près 8 millimètres ; en entourant ces
5 bouts de laine, vous prenez la laine de la chaîne avec l'aiguille, vous la tournez deux fois autour de l'aiguille et vous
serrez le nœud en faisant glisser la laine dans les deux tours
qui étaient faits sur l'aiguille ; coupez les 5 bouts de laine à
la même longueur que de l'autre côté du nœud ; vous replacez un autre petit muguet à 1 centimètre de distance. — Il
vous faut 2 laines chaînes avec leur muguet pour faire la
tête de l'effilé qui se compose de 2 rangs de crochet.

Premier rang. — Fixez votre laine en faisant 1 maille-chaînette — 1 demi-bride en enfermant le bout de la première
chaîne — 8 mailles-chaînettes — 1 demi-bride en enfermant
le bout de la deuxième chaîne * — 8 mailles-chaînettes —
1 demi-bride en enfermant la première chaîne entre le cinquième et le sixième muguet — 8 mailles chaînettes en enfermant la deuxième chaîne entre le cinquième et le sixième
muguet. — Retournez au signe *.

Deuxième rang. — * 1 bride — 2 mailles-chaînettes — 1 bride
dans la troisième maille-chaînette après la dernière bride en
laissant 2 mailles d'intervalle dans le bas — 5 mailles-chaînettes — 1 bride dans le haut de la dernière bride — 1 bride
dans la troisième maille-chaînette en laissant 2 mailles d'intervalle dans le bas. — Retournez au signe *.

BLANCHISSAGE DE LA DENTELLE

DENTELLE BLANCHE. — Mettez la dentelle dans de l'eau tiède, dans laquelle vous aurez fait dissoudre du savon de Marseille et du cristal de soude, dans la proportion de 50 grammes de chaque pour un litre d'eau. Laissez tremper 12 heures ; frottez légèrement, rincez à l'eau tiède ; placez dans une casserole en terre une mousseline pliée en quatre, dans laquelle vous enfermez votre dentelle sans la serrer ; mettez de l'eau, du savon et de la soude dans les mêmes proportions que la première fois, faites bouillir un quart d'heure ou vingt minutes ; retirez du feu, lorsque l'eau de savon est redevenue tiède, frottez encore légèrement, rincez à deux eaux tièdes, mettez un peu de bleu dans la dernière eau. Lorsque la dentelle est encore humide, vous l'épinglez avec de petites épingles sur une planche coussinée et recouverte d'un linge fin ; l'endroit de la dentelle doit être posé sur ce linge ; quand elle est bien sèche, vous passez sur toute la dentelle un tampon de mousseline, imbibé d'eau très-légèrement gommée ; vous retirez les épingles quand tout est parfaitement sec.

DENTELLE NOIRE. — Vous lavez la dentelle avec du savon de Panama ou du sérico sapo, dans de l'eau tiède, vous rincez à deux ou trois eaux et vous apprêtez comme la dentelle blanche.

2me APPENDICE

—

CROCHET

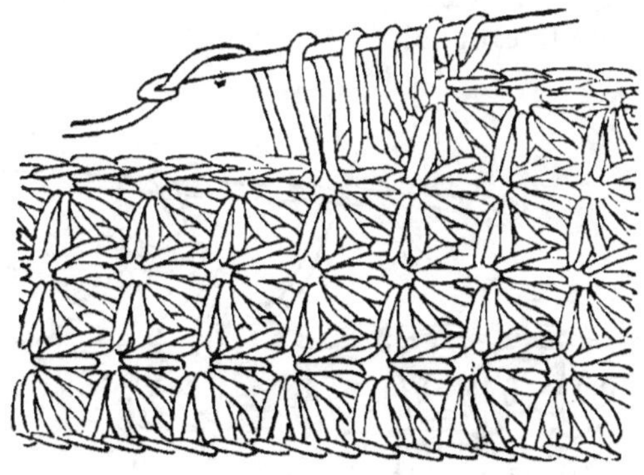

Fig 346. — Crochet-étoile (1er détail).

CROCHET-ÉTOILE. — Vous le faites en laine, avec un crochet en buis ou en ivoire ; il s'emploie alors pour fanchon, cravate, capeline, pèlerine ou paletot de baby ; ou en grosse laine pour couverture de berceau. Il faut casser la laine à chaque rang : — 1 maille-chaînette — tournez la laine autour du crochet — 1 maille *montée* dans la 1re maille du rang précédent : comme pour le crochet tunisien, on garde la laine sur le crochet — tournez la laine autour du crochet - 1 maille *montée* prise sous la chaîne de la seconde maille du rang précédent — reprenez la laine sur le crochet et tirez-la dans les 5 mailles à la fois,

15.

il ne vous reste qu'une maille sur le crochet — * 1 maille-chaînette — vous montez comme l'indique la figure 346, 4 autres
mailles sur le crochet : — la *première* prise sous la chaîne de
la maille-chaînette que vous venez de faire et qui forme le
centre de l'étoile, la *deuxième* prise derrière la laine de la
dernière maille montée de l'étoile précédente ; la *troisième*
prise dans la 1re maille de l'étoile du rang précédent ; la *quatrième* prise sous la chaîne de la maille-chaînette formant le
centre de l'étoile du rang précédent — vous avez donc 5 fils
sur le crochet ; la manière dont les mailles sont prises est
d'ailleurs très facile à comprendre d'après le dessin — reprenez la laine sur le crochet.

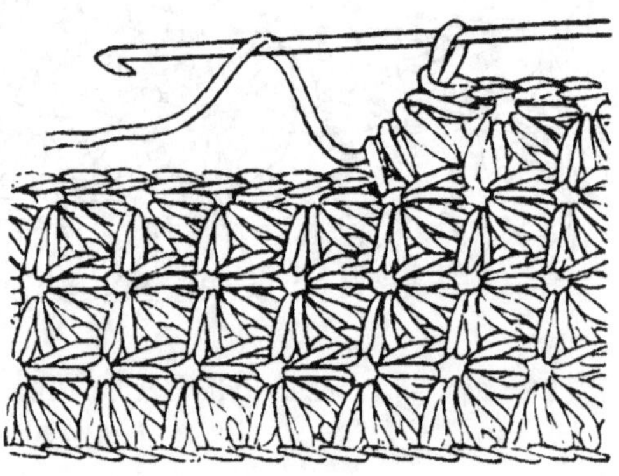

Fig. 347. — Crochet-étoile (2e détail).

—Tirez la laine dans les 5 fils à la fois — retournez au signe*
le point ne se compose donc pour ainsi dire que de 2 mailles, c'est-à-dire le travail compris entre les deux signes *.
Pour commencer, on monte une chaîne de 2 mailles par
raccord.

DENTELLE RENAISSANCE

—

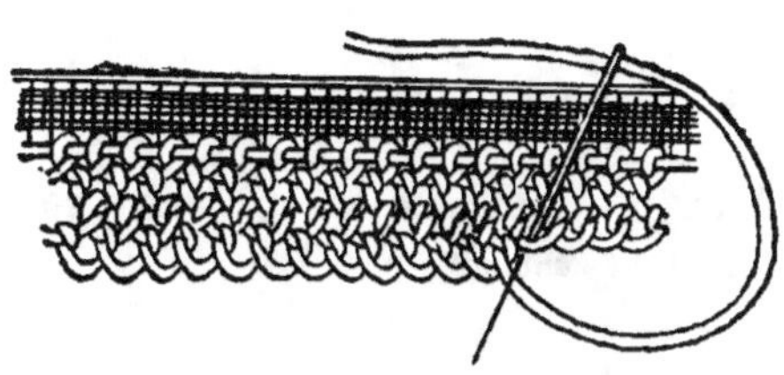

Fig. 348. Point mat.

POINT MAT. — **C'est un** *point de tulle* très serré. (Voir page 179).

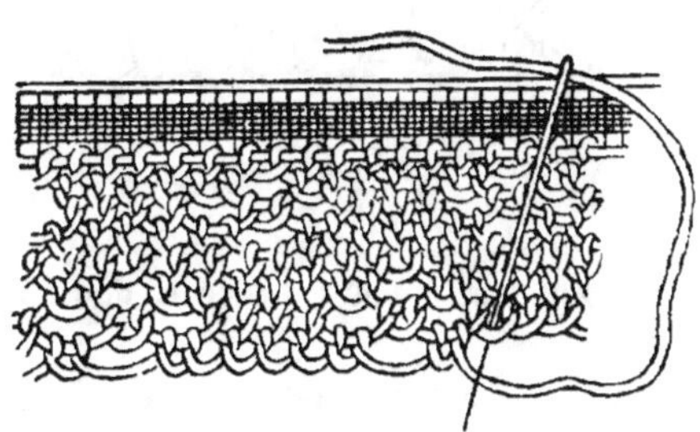

Fig. 349. Point mat avec jours.

POINT MAT AVEC JOURS. — Vous le faites comme le point mat ; lorsque vous avez un jour à faire, vous passez 2 points (c'est-à-dire, vous laissez sans les reprendre 2 points du rang supérieur); au rang suivant, vous faites 2 points dans le fil qui est resté plus écarté ; ces jours se disposent de manière à former de petits dessins.

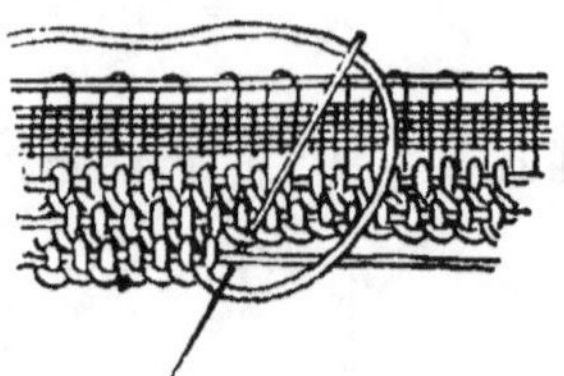

Fig. 350. Point mat côtelé.

POINT MAT CÔTELÉ. — Vous faites ce point comme le *point barré*, page 181, mais très serré.

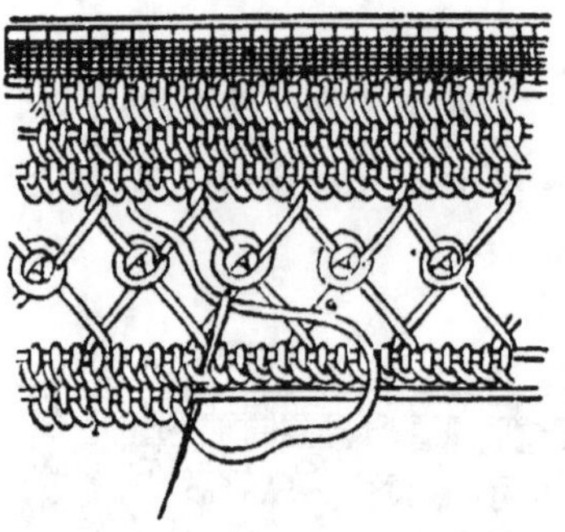

Fig. 351. Point mat côtelé avec entre-deux à pois.

POINT MAT CÔTELÉ AVEC ENTRE DEUX A POIS. — Vous alternez 3 rangs de point mat et un entre-deux. Votre 3e rang de point mat terminé, vous faites un rang de grands points de tulle écartés, vous laissez 5 points d'intervalle, c'est le 1er rang de l'entre-deux; vous descendez en surfilant le lacet de côté, pour tendre le fil du 1er rang de la raie mate suivante, en laissant entre les deux raies un intervalle égal à leur hauteur; le 1er rang mat terminé, vous repassez l'aiguille dans le haut du dernier point * — passez le fil dans le milieu du *point de tulle écarté*. — Tournez, pour former le pois, 3 fois le fil en spirale, autour des 3 fils réunis ainsi, passant alternativement en dessus et en dessous d'un fil — passez l'aiguille dans le bord du pois — retournez votre ouvrage et faites un point de feston dans le 5e point du 1er rang de la raie commencée — retournez au signe *.

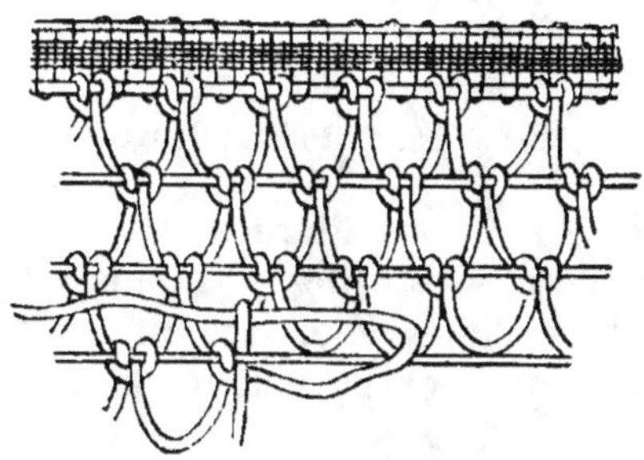

Fig. 352. Point barré double.

POINT BARRÉ DOUBLE. — Il se fait comme le *point barré*, page 181, en remplaçant le rang de *point de tulle simple* par du point de tulle double.

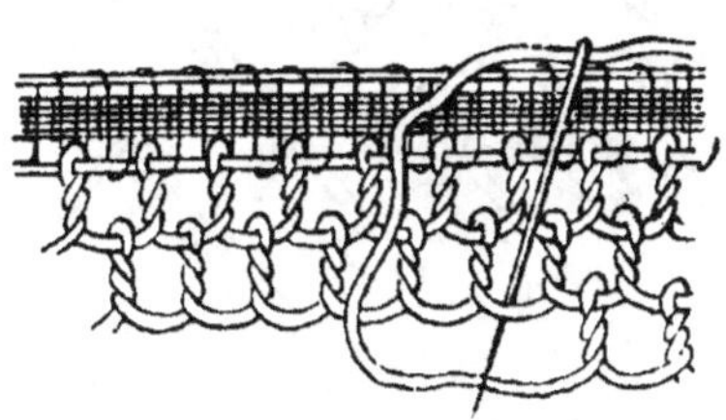

Fig. 353. 1er Point allongé.

1er POINT ALLONGÉ. — Voir le *point allongé*, (au *point de Paris*, page 185). Tous les rangs sont faits de même, toujours en points allongés (passant 2 fois le fil avant de serrer le point) en allant et revenant, mais sans surfiler.

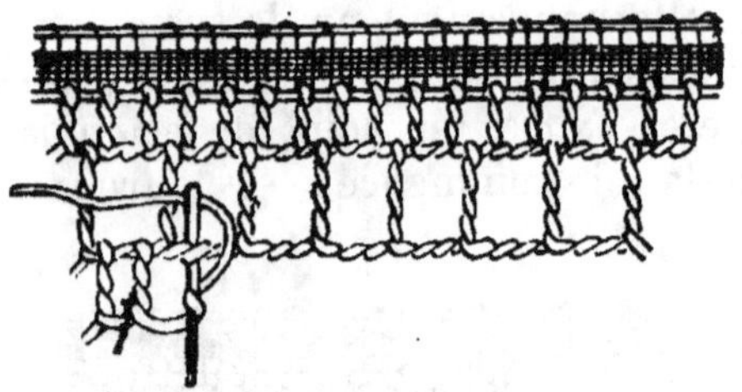

Fig. 354. 2ᵉ Point allongé.

2ᵉ POINT ALLONGÉ, — Vous alternez : 1 rang de *point allongé* comme le précédent, — surfilez — 1 rang de point allongé en laissant un jour d'intervalle, piquant seulement l'aiguille dans le second jour, et passant le fil 3 ou 4 fois pour faire le point plus long — surfilez — recommencez le 1ᵉʳ rang, prenant 2 points dans chaque jour, pour rétablir le même nombre de points.

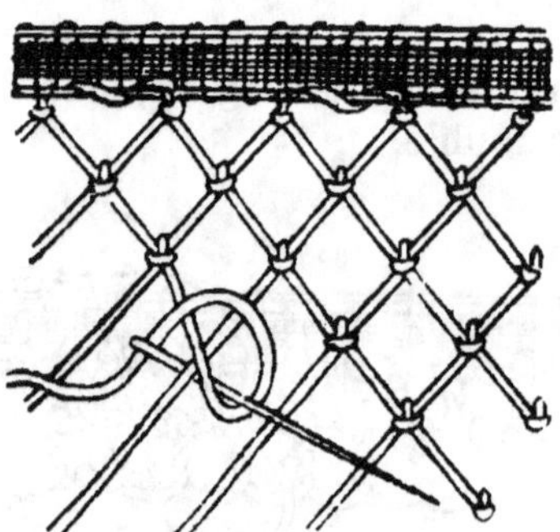

Fig. 355. Point-grillage.

POINT-GRILLAGE. — Vous préparez le grillage en lançant dans un sens tous les fils en biais, à distances égales, pour passer de l'un à l'autre, vous ramenez le fil en surfilant le bord du lacet — Vous terminez le grillage dans l'autre sens en commençant par l'un des angles et faisant un nœud à chaque entre-croisement — vous passez (comme l'indique la position du fil et de l'aiguille) le fil sur le fil tendu — retenez ce fil avec le pouce de la main gauche — passez l'aiguille sous les deux fils croisés et sur la boucle formée par le fil retenu en dessous par le pouce — serrez le nœud en maintenant le fil toujours avec le pouce — vous retournez votre ouvrage à chaque rang de nœuds ; comme pour les fils tendus, en préparant, vous passez d'un rang à l'autre par un surfil sur le bord du lacet.

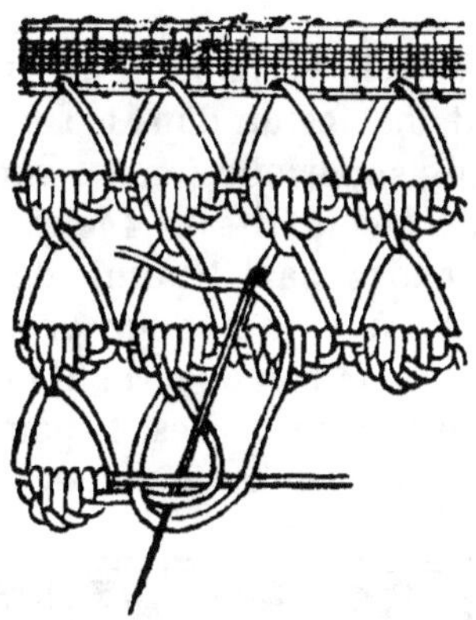

Fig. 356, Point-écaille.

POINT-ÉCAILLE — De gauche à droite vous tendez un fil à 4 ou 5 millim. de distance du rang supérieur — vous revenez de gauche à droite en faisant les écailles — * piquez l'aiguille en dessus — faites-la ressortir en dessous entre le 3e et le 4e points de l'écaille supérieure, (au premier rang dans le lacet) — redescendez à gauche — passez l'aiguille sous le fil tendu — faites 6 points de feston en enfermant les deux fils (voir la position de l'aiguille pour le 1er point) — retournez au signe *.

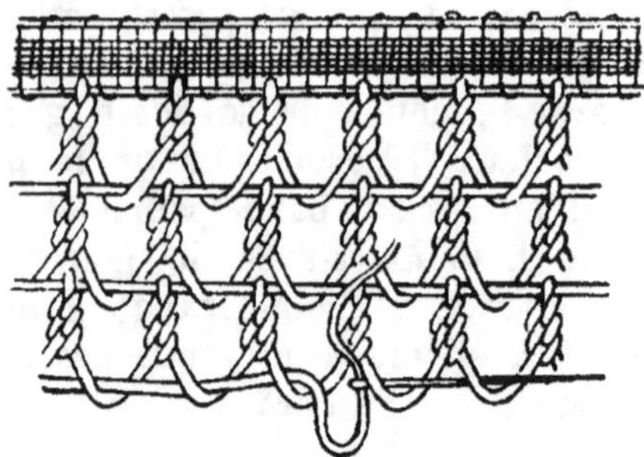

Fig. 357. Point droit.

POINT DROIT. — Vous faites le point de droite à gauche* — faites un long point de feston dans le surfil immédiatement sous le point du rang supérieur (au 1er rang vous prenez le point dans le jour du lacet, laissant 4 jours d'intervalle entre 2 points) — redescendez par 3 points de feston, enfermant le fil du long point par lequel vous avez commencé — retournez au signe * — pour ramener le fil de gauche à droite, pour le rang suivant, vous faites 1 point de surfil dans chaque fil d'intervalle entre 2 points.

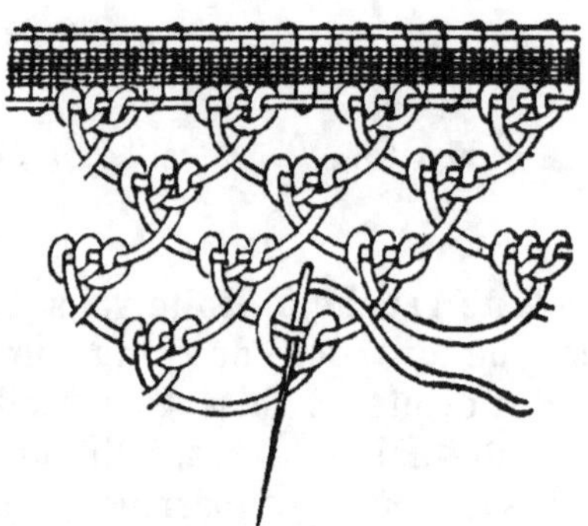

Fig. 358. Point-muguet.

POINT-MUGUET. — Le point se fait à tous les rangs comme le *point de tulle,* en contrariant les dessins — * 1 point de

feston très large — revenez en arrière par 2 points de
feston serrés dans le même intervalle du rang supérieur
— repassez l'aiguille sous le fil du 1er point — retournez au
signe *.

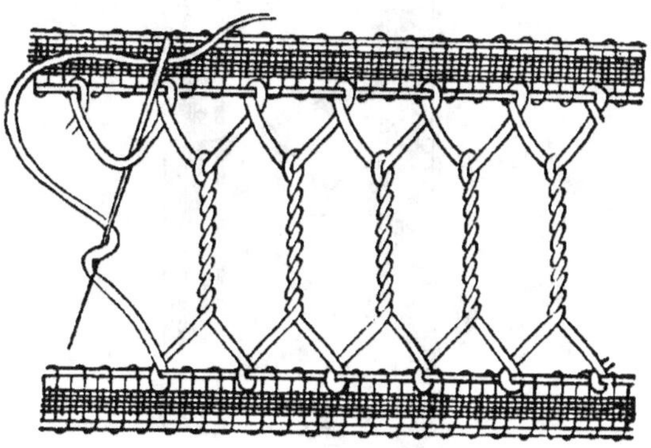

Fig. 359. Première galerie.

PREMIÈRE GALERIE. — Faites des points de feston espacés de
6 jours dans le bord du lacet supérieur — retournez votre
ouvrage : * — faites 1 point de feston dans le jour correspondant de l'autre lacet — retournez votre ouvrage —
1 *point allongé* dans chacun des points faits sur le lacet supérieur en enroulant 4 fois le fil. — Vous alternez donc
— 1 point de feston dans le lacet et 1 point allongé.

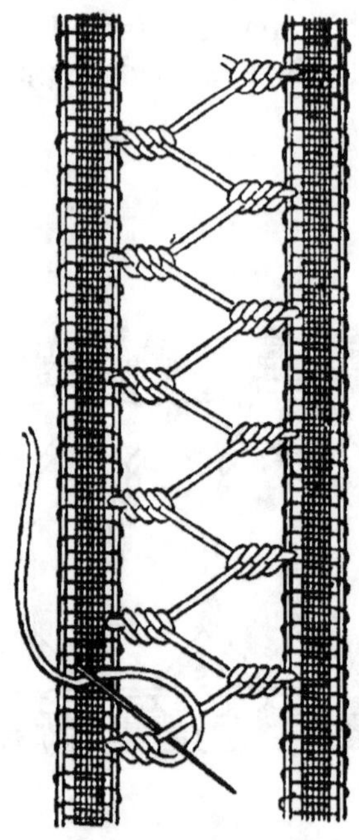

Fig. 360. Deuxième galerie.

DEUXIÈME GALERIE. — Vous tenez votre ouvrage en long, et vous faites alternativement 1 point pris dans le lacet de gauche, 1 point pris dans le lacet de droite — vous laissez 9 jours d'intervalle entre deux points sur le même lacet; sur l'autre lacet l'espace est le même, mais le point est pris dans le jour correspondant au 5e jour d'intervalle de l'autre lacet —* 1 point de feston dans le lacet de gauche — revenez sur le fil en l'enfermant dans 4 points de feston serrés — 1 point de feston dans le lacet de droite — revenez à gauche en enfermant le fil dans 4 points de feston serrés — retournez au signe *

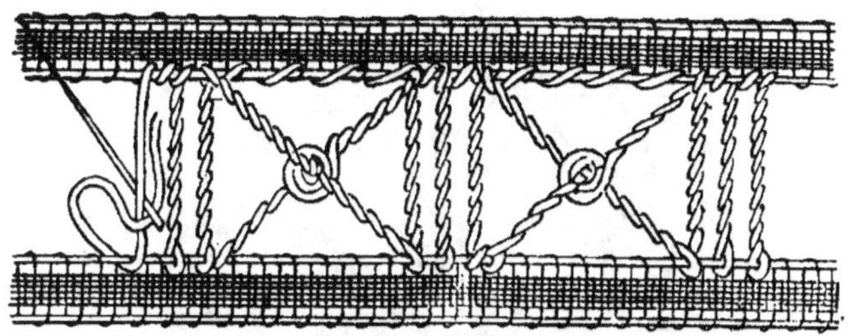

Fig. 361. Troisième galerie.

TROISIÈME GALERIE. — Voir le *pois guipure*, (page 190) ; vous séparez les pois *guipure* par un groupe de 3, 4 ou 5 *points napolitains* (page 188), plus ou moins rapprochés.

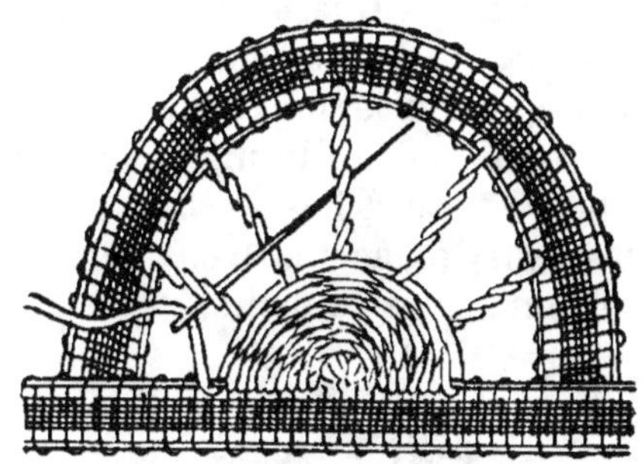

Fig. 362. Demi-pois.

DEMI-POIS. — Vous préparez un nombre impair de rayons, comme les branches de la *roue*, 1er *détail*, (page 192), vous tournez autour des rayons en passant alternativement l'aiguille en dessus et en dessous du rayon, et revenant en contrariant les fils ; à la fin de chaque rang, vous passez le fil dans un jour du lacet, de manière à maintenir le fil. Ce demi-pois se fait plus ou moins large, en passant les fils plus ou moins de fois.

Fig. 363. Point-fougère.

POINT-FOUGÈRE. — Lancez au milieu le fil qui doit former la branche — redescendez en enroulant une fois le fil — faites les deux branches du haut par un *point napolitain* (page 188), de chaque côté — * enroulez le fil 1 fois autour de la tige -- faites les deux branches inférieures par le même point napolitain en tournant une ou deux fois de plus qu'à la branche précédente, selon la longueur qu'elle devra avoir — retournez au signe * — la dernière branche terminée, vous enroulez encore 1 ou 2 fois le fil autour de la tige, avant de l'arrêter dans le lacet où vous arrêtez le fil immédiatement en terminant les branches.

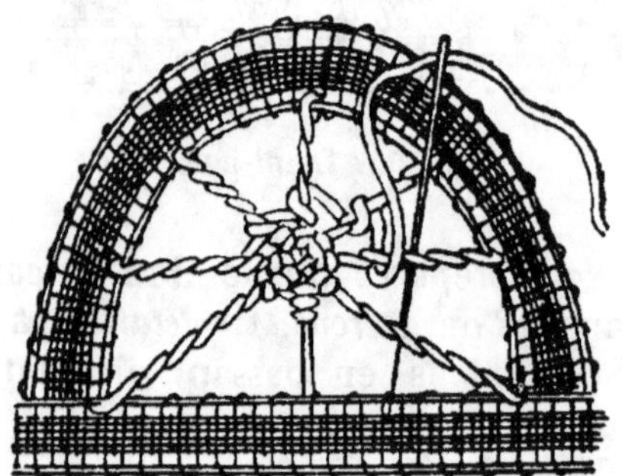

Fig. 364. Roue avec fleurette.

ROUE AVEC FLEURETTE. — Vous préparez cette roue comme la

roue 1er detail, (page 192), sur le nombre de rayons que
vous voulez ; le travail diffère seulement pour le milieu. Vous
tournez 4 ou 5 fois autour du centre en faisant 1 point arrière
sur chaque rayon, ce qui produit un petit relief — vous
terminez par la dernière opération de la *roue 2e détail*
(page 193).

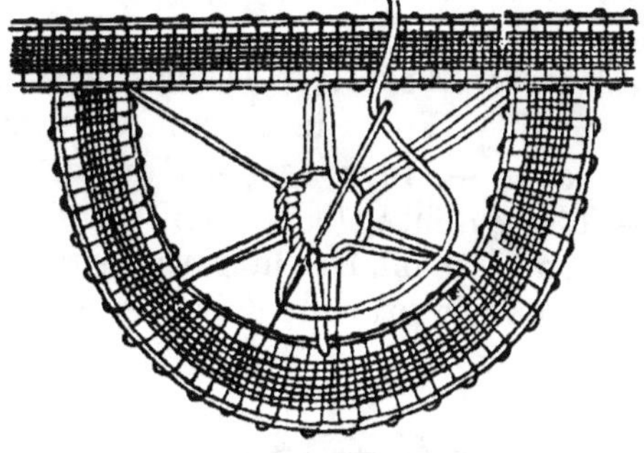

Fig. 365. Étoile avec paillette, 1er détail.

ÉTOILE AVEC PAILLETTE 1er DÉTAIL. — Préparez vos fils pour les
rayons en ayant 2 fils pour chaque, et passant l'aiguille dans
un jour du lacet, comme l'indique le détail. — Lorsque tous
vos fils sont tendus, avant de ramener au point de départ le
second fil du 1er rayon, vous surfilez les fils au milieu par
un seul point sur chaque.

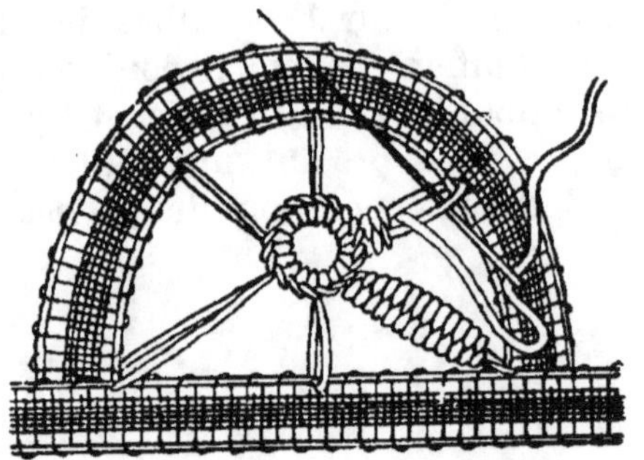

Fig. 366. Étoile avec paillette, 2e détail.

ÉTOILE AVEC PAILLETTE, 2e DÉTAIL. — Vous festonnez votre paillette sur ce surfil. — En la terminant vous lancez le second fil du 1er rayon — vous revenez sur ces 2 fils par un *point tissé* — filet guipure, (page 132) — passez l'aiguille sous la paillette pour rejoindre le rayon suivant et faire le point tissé — passez à la branche suivante en surfilant le lacet.

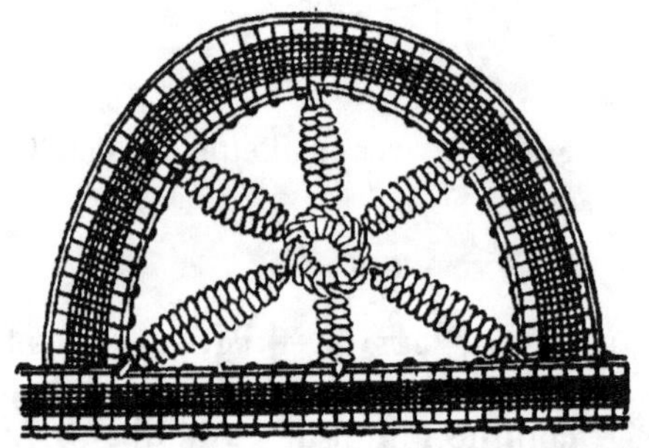

Fig. 367. Étoile avec paillette terminée.

ÉTOILE AVEC PAILLETTE TERMINÉE. — Vous faites le *point tissé* de tous les rayons en allant de l'une à l'autre soit en passant l'aiguille sous la paillette, soit en surfilant le bord du lacet.

BRODERIE PLATE

Cette broderie se mélange avec les appliques et la broderie
orientale ou cachemire. On la fait en soie d'Alger ou en
laine mohair dédoublée, ou en soie floche.

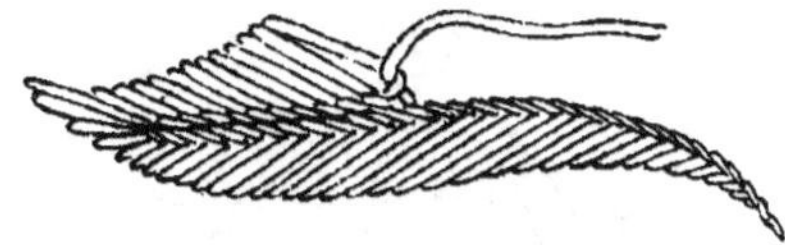

Fig. 368. Point festonné.

POINT FESTONNÉ. — Le nœud du feston se place à l'intérieur
de la fleur, feuille, ou tout autre motif ; les deux festons
se touchant forment les nervures.

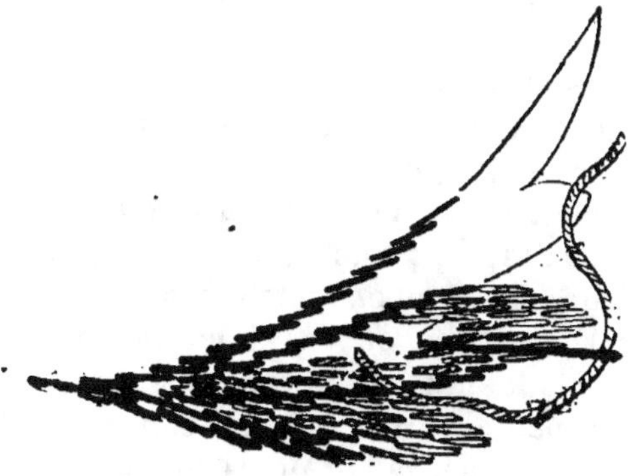

Fig. 369. Point ombré.

POINT OMBRÉ. — Le tissu doit être entièrement couvert par ce
travail qui se fait en rangées de points arrière étagés et inclinés selon la courbure du motif, et un peu inégaux de
longueur ; au moyen des teintes différentes que l'on emploie,
on obtient de charmants nuancés dans les motifs que l'on
exécute ainsi.

PASSEMENTERIE

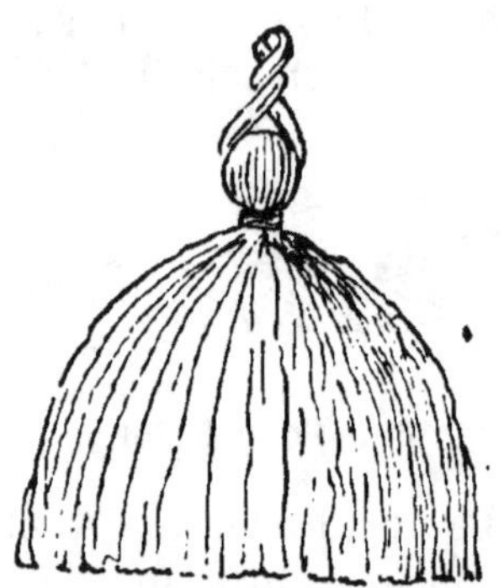

Fig. 370. — Gland-houppe.

GLAND-HOUPPE. — On emploie ces glands pour orner des corbeilles de toutes sortes, des coussins, des dessous de vases, de jardinières, de lampes, etc.; des tapis de table, des dessus de piano, etc.: en général, tous les travaux en appliques, ou broderie plate sur drap ou peluche, ou tapisserie, on les fait en laine de Hambourg ; souvent on mélange à la laine quelques brins de soie d'Alger *effilée*, on les pose isolément, ou deux, ou plusieurs étagés les uns au-dessus des autres.

Préparez une petite corde comme celle du gland uni (page 210); formez la mèche sur un carton de la hauteur de ce même gland uni, mais la mèche doit être beaucoup plus grosse, les quelques brins de soie d'Alger sont enroulés en dernier; vous ne passez pas au fer. — Montez comme le gland uni, figures 300, 301 et 302, en tournant la laine ou la soie seulement trois ou quatre fois autour du gland pour le lier ; vous peignez votre gland, avec un peigne de cuivre de préférence, la laine doit être entièrement effilée pour être très mousseuse.

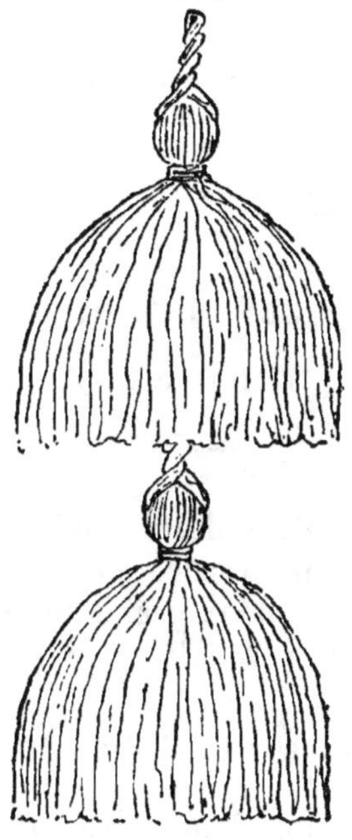

Fig. 371. — Glands houppes étagés.

GLANDS HOUPPES ÉTAGÉS. — Vous arrêtez par quelques points, dans le nœud de la ganse du gland supérieur, le haut de la ganse du gland inférieur.

16

MACRAMÉ

Spécialité de la maison Cabin-Sajou, 52, rue de Rambuteau.

OBJETS NÉCESSAIRES
POUR
EXÉCUTER LE TRAVAIL ARABE
(DIT MACRAMÉ.)

1° Plomb-pelote spécial, de forme oblongue, en pente, de 28 à 30 centimètres, garni de crochets de chaque côté.

2° Épingles anglaises de deux grandeurs ;

3° Un outil, forme *olive double,* pour tenir tendus les fils-guides ;

4° Un moule allongé spécial pour exécuter les coulants nattés ;

5° Fil de lin ou cordonnet, laine, etc., suivant l'ouvrage que l'on veut exécuter ;

6° Une paire de ciseaux ;

7° Un mètre.

Pour exécuter le travail que nous expliquons, on commence *toujours* par placer sur le plomb-pelote les *fils-guides* de la manière suivante : avec le fil dont on se servira, on fait une grande boucle nouée à l'extrémité, qui doit être plus longue que l'objet à exécuter. On la fixe du *côté du nœud* au plomb, à un des crochets de gauche, et en la tendant fortement sur toute la largeur du plomb, on vient la fixer solidement au crochet de droite correspondant ; c'est ce que nous appelons *fils-guides.* On en place plusieurs si cela est nécessaire. Les *fils-guides* sont fixés du *côté du nœud*, à la gauche du plomb, afin que la boucle du côté opposé puisse au besoin être rallongée sans former de nouveaux nœuds en y entrant une nouvelle boucle. Sur ce premier guide, on fixera les fils travailleurs en nombre convenable pour l'ouvrage à exécuter. Ces fils sont toujours pliés en double et en longueur égale. On les place en tenant de la main droite la partie qui forme boucle au milieu, on la passe sous le guide de manière à ressortir du côté de l'exécutante; on ramène par-dessus le guide (dans cette même boucle) les deux extrémités des fils travailleurs qui, étant serrés, forment la tête du travail. Tous ces fils travailleurs descendent alors naturellement devant la personne. Nous recommandons de donner à ces fils une longueur environ quatre fois plus grande que celle du travail à exécuter. Si l'ouvrage se fait en laine, il sera bon, dans ce cas, afin de donner de la solidité de former les guides au moyen de ganse, offrant plus de résistance que la laine.

Les principaux points employés pour les différents ouvrages qu'on peut exécuter sont les suivants :

1º Point de feston ;
2º Chaîne simple ;
3º Chaîne double ;
4º Point de gibecière;
5º Point ondulé ;
6º Point bouclé ;
7º Point de feuille et feuilles doubles, triples, etc.,
8º Chaîne bouclée ;
9º Coulant natté ;
10º Tête d'effilés.

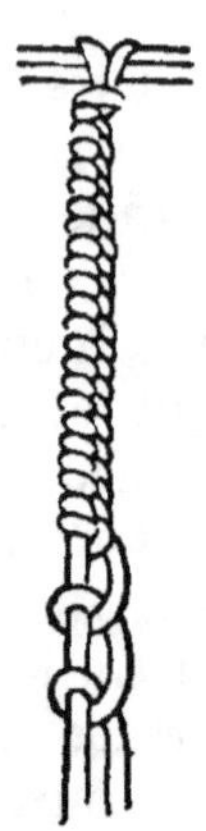

Fig. 372. Point de feston.

POINT DE FESTON. — On prend deux des fils travailleurs. Le premier, tenu sur l'index de la main gauche, sert de *conducteur* et reste toujours tendu. Le second est ramené par la main droite en dessous, autour de l'index gauche, en le faisant passer sur le *fil conducteur* sur lequel il forme l'X, et vous l'entrez dans la boucle. Retirez l'index, serrez votre point de feston en le remontant jusqu'au guide et continuez de même. Pour faire le feston plus gros, on prend pour conducteur deux ou plusieurs fils à la fois.

Fig. 373. Chaîne simple.

CHAINE SIMPLE. — Elle s'exécute exactement comme le point de feston ; seulement, au lieu de travailler toujours sur le *même conducteur* tenu de la main gauche, on alterne et l'on fait un point de feston sur le fil conducteur de gauche, et un point de feston sur le fil de droite qui est à son tour *conducteur*, et toujours ainsi.

16.

Fig. 374. Chaîne double.

CHAÎNE DOUBLE. — La seule différence qui existe avec la chaîne simple, c'est qu'on fait le travail avec deux fils à la fois dans chaque main.

Fig. 375. **Point de gibecière.**

POINT DE GIBECIÈRE. — L'exécution de ce point exige quatre fils. Les deux du centre forment toujours la chaîne ; comme il est absolument nécessaire que cette chaîne soit parfaitement tendue. il faut la fixer à un bouton du corsage ou encore, au moyen de l'olive attachée à un cordon passé autour de la ceinture. On fixe aussi solidement au plomb par des épingles la tête du travail. Ce point se compose de deux mailles. Une fois la chaîne attachée. prenez dans la main gauche cette chaîne en la soutenant entre le pouce et l'index ; prenez ensuite avec la main droite le fil travailleur de droite et, le courbant horizontalement vers la gauche, maintenez-le sous le pouce gauche ; prenez alors de la main droite le fil travailleur de gauche, faites-le passer par-dessus le pouce gauche, et ensuite entrez-le en dessous de la chaîne. dans la boucle formée au commencement par le fil travailleur de droite. Cela fait, tirez en même temps les extrémités des fils travail-

leurs à droite et à gauche, serrez le nœud et remontez-le
jusqu'au guide. C'est la première partie ou première maille
du point. Pour la deuxième maille qui le complète, on opère
de la même manière, mais en sens inverse, c'est-à-dire qu'on
prend la chaîne dans la main droite, entre le pouce et l'index ; la main gauche prend le fil travailleur de gauche, le
courbe horizontalement sur la chaîne vers la droite ; on reprend le fil travailleur de droite de la main gauche, et, passant par dessus le pouce droit, on le fait entrer en dessous de
la chaîne, dans la boucle formée cette fois par le fil travailleur de gauche. On tire de nouveau les deux fils travailleurs
de gauche et de droite, et on serre le nœud en le remontant
jusqu'au guide. Cette seconde maille terminée forme avec la
première, le point de gibecière. On continue tonjours de la
même manière, en contrariant régulièrement les deux mailles
de ce point.

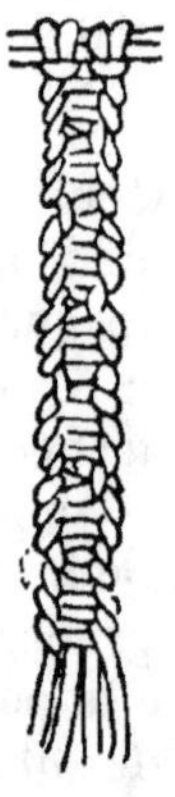

Fig. 376. Point ondulé.

POINT ONDULÉ. — Le point ondulé est du même genre que
le point de gibecière, avec cette différence qu'on fait quatre
fois de suite la maille droite, quatre fois de suite la maille

gauche, on alterne toujours de la même façon. On peut augmenter l'effet de l'ondulation en faisant un plus grand nombre de mailles de chaque côté, alternativement.

Ce point ondulé peut servir surtout à la confection de franges ou de têtes d'effilés.

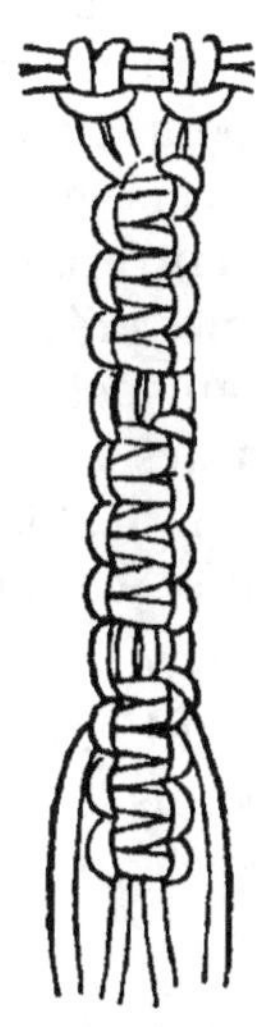

Fig 377. Point bouclé.

POINT BOUCLÉ. — Ce point, qui s'emploie rarement seul, n'est autre encore que le point de gibecière régulièrement alterné chaque fois. Il faut faire douze mailles de suite, ce qui fait six points complets, en ayant soin auparavant de poser deux épingles pour avoir un petit intervalle entre la tête du travail et la première maille. Alors détachez de l'olive les deux fils de la chaîne, enfilez-les séparément dans une aiguille, et après avoir retiré les deux épingles posées au commencement, faites entrer chaque fil l'un à droite. l'autre à gauche,

par-dessous les points terminés, dans le petit intervalle formé
par les deux épingles pour les faire ressortir extérieurement,
ce qui, en les tirant, fait former une boucle aux six points
complets. Ces fils ressortis deviennent ensuite fils travailleurs
pour fixer la boucle, en faisant le point de feston deux fois
avec les deux fils de droite, et deux autres fois avec les deux
fils de gauche. Ceci terminé de chaque côté, alignez bien vos
 quatre fils perpendiculairement pour continuer le travail.
On peut recommencer ce point bouclé plusieurs fois de suite.
Dans ce cas, il faut faire trois points complets de gibecière
pour former un intervalle entre chacun, et il faut aussi, pour
continuer, ménager comme précédemment, au moyen des
deux épingles, un nouveau petit espace dans lequel vous
devrez faire passer chacun des deux fils pour achever le point
bouclé quand vous aurez fait les douze mailles indiquées au
commencement. Le travail se continue toujours de la même
manière.

Ce point bouclé est souvent employé dans les dessins pour
servir de milieu à des points formant feuilles ou croix de
Malte.

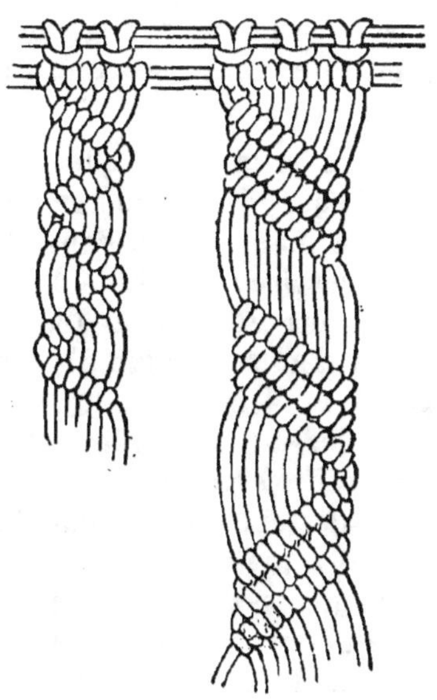

Fig. 378. Points de feuilles et feuilles doubles, triples, etc.

POINT DE FEUILLE. — Pour exéc ter ce point, il faut prendre
quatre fils et placer sur le plomb une épingle entre chaque
nœud pour les écarter. Coupez 1 mètre de fil que vous pliez
en deux et que vous nouez; fixez-le à gauche du côté du
nœud à un crochet du plomb; de la main droite, en intro-
duisant l'olive double dans la boucle formée par l'extrémité
de ce fil, tenez ce guide mobile tendu sur les quatre fils près
de la tête du travail; ensuite prenez le premier fil travailleur
de gauche dans la main gauche et faites sur le guide mobile
deux points de feston bien près de la tête du travail; faites
de même à la suite avec les trois autres fils suivants en ayant
soin de tenir ce guide toujours tendu sur ces fils; après quoi,
quittez-le et fixez son extrémité à un des crochets de droite
du plomb. Ceci terminé doit former *une ligne droite en relief*,

très solide, que l'on verra, employée dans beaucoup de modèles. Cette ligne forme un premier rang, elle égalise tous les fils et laisse entre eux un petit espace formé par les deux points de feston.

Deuxième rang. — Le premier fil qui se trouve à gauche sera le fil *conducteur* pour l'exécution entière du point de feuille; il passera de la main droite dans la main gauche, comme nous allons le décrire : Prenez-le dans la main droite en le maintenant sur les trois autres fils et tout à fait en biais; prenez l'un après l'autre chaque fil travailleur et faites avec chacun d'eux, sur le fil conducteur, deux points de feston que vous serrerez les uns contre les autres, ce qui devra former une ligne en relief et en biais. Quand ceci est fait, placez une épingle au-dessous du fil conducteur, ramenez-le autour de l'épingle dans la main gauche, et, le tenant en biais en sens inverse, recommencez deux points de feston avec chacun des fils travailleurs, comme vous venez de le faire placez une nouvelle épingle sous le *fil conducteur*, reprenez-le dans la main droite en le ramenant autour de l'épingle, et recommencez les points de feston comme la première fois. Ceci, fait régulièrement et alternativement, doit former des petits triangles. Ce point étant expliqué, on peut en former des feuilles en faisant de suite deux ou trois lignes, et plus, les unes à côté des autres. On peut aussi donner plus de longueur à chacun des biais en augmentant le nombre des fils du travail; et au lieu de quatre, on peut en prendre six, huit, etc.; cela permet de faire des feuilles aussi grandes et aussi variées qu'on le désire.

Pour former une feuille comme celle du deuxième modèle de la figure n° 378, commencez avec six fils. Le premier fil de gauche sera le fil conducteur, prenez-le dans la main droite en le tenant *en biais* sur les cinq autres fils; faites successivement sur ce fil deux points de feston avec chacun des cinq fils qui restent en commençant par la gauche. Ces points de feston, toujours serrés dans le haut, forment un rang en biais. Pour le second rang en biais contre le premier, prenez pour fil conducteur dans la main droite l'autre premier fil libre à gauche, et faites les points de feston comme au premier rang. Pour le troisième rang, vous changez encore de conducteur en prenant toujours le premier fil libre à gauche, ainsi de suite vous pouvez, de cette façon, donner à votre feuille la largeur que vous voulez.

Pour changer la position de la feuille et la faire dans le sens opposé, ce que nous appellerons une *feuille contrariée*, placez, comme nous l'avons dit, une épingle au-dessous du dernier fil conducteur, ramenez ce dernier avec la main gauche, et, le tenant en biais sur les fils travailleurs, continuez comme précédemment, mais avec la main droite, les points de feston et le nombre de rangs que vous désirez.

Ce point se retrouve dans un grand nombre de modèles, étant par lui-même riche et facile à exécuter. On le verra varié à l'infini et composé de huit fils le plus souvent; alors l'habitude aidera à tenir le fil conducteur en biais en se passant de l'épingle. L'abondance des rangs fera former aux fils travailleurs une ondulation ou coquille du plus joli effet.

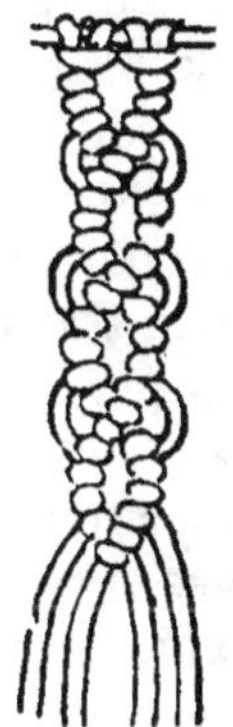

Fig. 379. Chaîne bouclée.

CHAÎNE BOUCLÉE. — Prenez quatre fils, fixez-en la tête par

17

des épingles que vous placez entre chaque nœud, en laissant un peu d'espace entre les deux têtes. Il faut observer que les deux fils du centre seront toujours fils conducteurs, et que les deux en dehors formeront les boucles et resteront fils travailleurs. Prenez le fil conducteur gauche du centre avec votre main gauche; le fil travailleur laissé à gauche dans votre main droite en le faisant passer sous le fil conducteur, faites deux points de feston et reprenez dans la main droite le même fil conducteur ; avec la main gauche prenez le même fil travailleur et faites deux points de feston que vous remontez jusqu'au guide, tout près des deux autres. Laissez ces deux fils pour reprendre le fil droit conducteur du centre avec votre main droite, le fil travailleur laissé à droite dans votre main gauche en le faisant passer sous le fil conducteur; faites deux points de feston, reprenez dans la main gauche le fil conducteur; avec la main droite prenez le fil travailleur et faites deux points de feston que vous remontez près des deux autres. Gardez ce même conducteur dans la main gauche; prenez avec la main droite le fil conducteur de gauche, et, vous en servant comme de fil travailleur, faites avec lui deux points de feston sur le conducteur pour réunir les deux tiges du travail. Tirez perpendiculairement ces deux fils ensemble qui redeviennent tous deux conducteurs. Prenez ensuite deux épingles, placez-les sous les fils travailleurs, à distances égales, afin de former une boucle de chaque côté, en ramenant ces fils pour continuer le travail. On reprend, comme au commencement, d'abord avec les fils de gauche, ensuite avec les fils de droite, mais cette fois on garde le conducteur dans la main gauche pour servir comme travailleur afin de réunir les deux tiges du travail. Replacez les deux épingles et continuez de même.

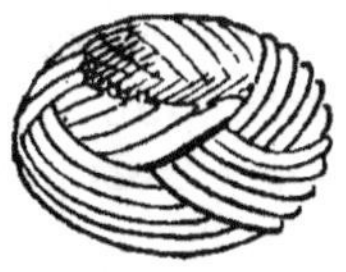

Fig. 380. Coulant natté.

COULANT NATTÉ. — Pour exécuter ce coulant, il faut le moule long indiqué dans l'outillage au nº 4. Prenez 50 centimètres de fil, enfilez-le dans une aiguille à tapisserie pointue, grosseur nº 21. Tenez le moule dans la main gauche du côté de la tête, prenez l'extrémité du fil de la main droite et posez-le entre le pouce gauche et le moule, ensuite tournez-le autour de votre moule, en lui faisant former l'X et ramenez-le jusque sous le pouce gauche. Alors faites passer l'aiguille sous le fil gauche du bas de l'X, passez-la encore sous le même fil en haut de l'X, en croisant par conséquent dessus le second fil; tournez légèrement le moule en dedans en maintenant l'X. Posez votre aiguille dans le même sens que le moule, c'est-à-dire le chas de l'aiguille du côté de la tête du moule; faites passer la pointe au bas sous le premier fil, du côté de la tête du moule, ramenez avec la pointe de l'aiguille le deuxième fil d'en haut, sous le premier fil, et tirez votre aiguille. Égalisez alors votre natte pour former des côtes régulières. Cela fait, suivez toujours à droite avec l'aiguille le fil libre retenu par le pouce, passez l'aiguille, comme pour faire une reprise, tantôt dessous, tantôt dessus alternativement, et toujours à droite du fil primitif retenu par le pouce, jusqu'à ce que vous ayez une tresse régulière formée ordinairement de cinq fils, ou davantage. Retirez ce coulant du moule, entrez-y les effilés pour lesquels il a été préparé, et ceux-ci placés, arrêtez les bouts en dedans aux brins des effilés pour le fixer solidement. Ce coulant peut aussi servir à terminer un signet. On lo fixe de la manière qui vient d'être décrite, soit à un ruban, soit à une tresse. L'effet de ce coulant est des plus gracieux, et sa solidité est très grande en même temps qu'il a l'avantage de ne se point déformer.

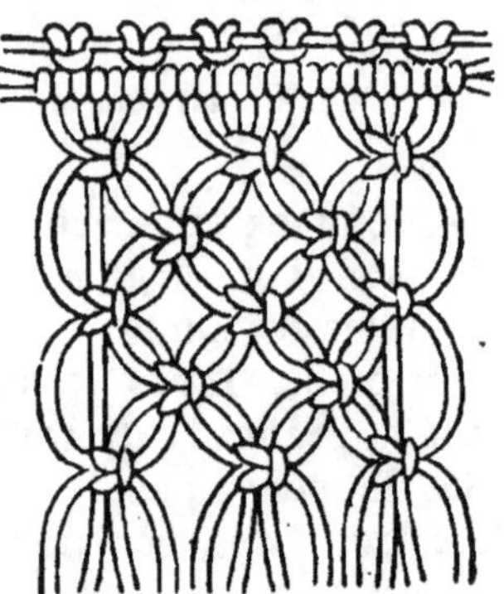

Fig. 381. Tête d'effilés divers.

EFFILÉS DIVERS. — Les effilés peuvent se faire en différents genres : ils n'ont point de travail qui leur soit particulier. Tantôt les fils sont laissés libres après avoir été égalisés, tantôt les brins sont réunis deux à deux par une chaîne simple, tantôt quatre à quatre par un point ondulé, ou bien encore par un coulant natté, etc.

Pour la régularité et la solidité de tous les ouvrages, il est bon de les commencer toujours en faisant d'abord une tête formant *une ligne droite en relief*, au moyen d'un guide mobile, comme il est expliqué au point de feuille fig. n° 378.

Cette tête terminée, on continue l'effilé qui se compose du point de gibecière complet fig. n° 375, mais avec cette différence qu'il faut le faire très écarté, en ménageant des intervalles d'une grandeur déterminée au moyen d'épingles placées soigneusement à droite et à gauche des points. Au second rang et ensuite alternativement, on change un des fils de la chaîne pour contrarier les nœuds.

FLEURS EN PAPIER

L'outillage pour ce joli travail est peu compliqué, il suffit des trois objets suivants :

Fig. 382. — Pince ou Brucelles.

La pince sert continuellement dans le montage des fleurs et même dans la préparation du *boulage* ou gaufrage.

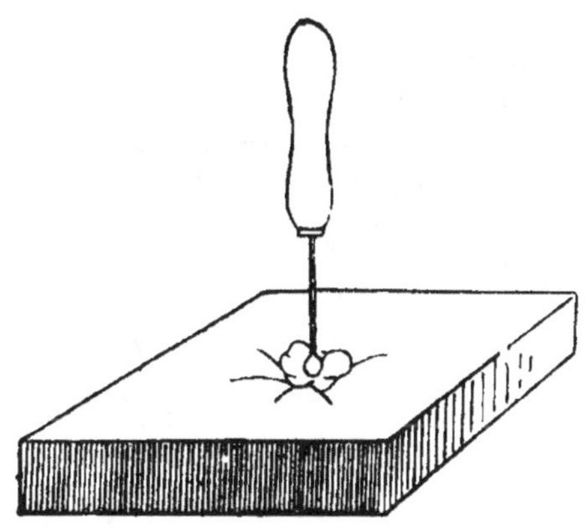

Fig. 383. — Caoutchouc et boule.

BOULE.—Ce petit instrument est une tige en fer terminée par

une boule et fixée dans un manche en bois. Une seule boule
de 3 à 4 millimètres suffit pour gaufrer toutes les fleurs ; cependant si l'on en fait une occupation habituelle, il sera bon
d'en avoir plusieurs de diverses grosseurs, pour faciliter la
rapidité du travail. Le carré en caoutchouc sert à poser les
pétales et les feuilles pour l'opération du gaufrage.

Il est nécessaire aussi de s'approvisionner de papiers de
toutes nuances, de soies : blanche, verte et groseille, de ouate
légère cardée, de laiton de diverses grosseurs ; quant aux
feuilles, étamines, pistils, calices, boutons, cœurs et areignes,
il sera préférable de les **acheter** tout préparés : ces fournitures
sont livrées à des prix si peu élevés aujourd'hui, **que l'on a**
double avantage à ne plus se donner la peine qu'on prenait
forcément autrefois pour les préparer imparfaitement soi-
même. Pour les calices des bluets, il faut dans la saison faire
la cueillette de ces fleurs et les faire sécher étendues sur le
sol ou suspendues isolément; **on en sépare les calices lorsqu'ils**
sont bien séchés, on les conserve dans un endroit bien ga-
ranti de l'humidité.

COLLE. — Faites fondre à froid pendant vingt-quatre heures
de la gomme arabique dans de l'eau. Pour épaissir cette eau
gommée, vous délayez avec de la *gommeline*, jusqu'à con-
sistance de pâte molle ; vous pouvez teindre cette colle avec
du safran, du soufre, ou des poudres d'autres nuances. Pour
employer la colle, vous la prenez toujours avec la pointe op-
posée aux pinces des brucelles.

PATRONS

Si vous voulez tailler vous-même les patrons d'une fleur, le mieux est de prendre une fleur naturelle, d'en effeuiller tous les pétales et de les aplatir entre deux papiers gris (buvard). Vous les laissez vingt-quatre heures sous presse, puis vous calquez les contours de tous ces pétales sur du papier calque, que vous collez sur du carton mince, ou des cartes de visite, vous laissez sécher avant de découper isolément chaque pétale.

Il sera utile chaque fois que vous enrichirez votre collection des patrons d'une nouvelle fleur, d'inscrire son nom sur chacune des pièces séparées, afin de n'être pas exposée à des confusions lorsque vous voudrez monter une branche quelconque.

BOULAGE OU GAUFRAGE

C'est l'opération par laquelle vous marquez avec la boule toutes les nervures des feuilles et pétales avant de monter les fleurs ; ce travail se fait avec la boule (voir la figure 383). On appuie plus ou moins fortement sur le caoutchouc selon que la nervure doit être plus ou moins creusée ; on peut quelquefois gaufrer plusieurs pétales ensemble. Si l'on fait les fleurs en étoffe, et que l'on achète les pétales préparés et teints à l'avance, on enveloppera le caoutchouc d'un linge blanc, avant de gaufrer, afin de le préserver de la poussière colorée qui se détache dans cette opération. Vous employez la pince fermée pour contourner le bord d'un pétale en tenant ce pétale entre le pouce et l'index de la main gauche, comme pour *friser* du papier.

MONTAGE DES FLEURS.

Il faut utiliser continuellement les pinces pour redresser les tiges ou pétales, fixer, ajuster, etc., sans y mettre les doigts, puis l'autre côté de la pince pour fixer avec une goutte de colle les différentes parties que vous réunissez.

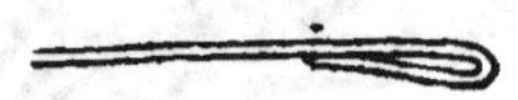

Fig. 384. — Tige préparée.

TIGE. — Vous enroulez un peu de ouate autour du laiton qui doit former la tige, vous faites un petit crochet pour for-

mer arrêt et fixer le bas des pétales ; vous montez les
fleurs avec de la soie ou de petites bandes de papier à fleurs
(de 4 à 6 millimètres de largeur, ou plus pour de grosses
fleurs) que vous enroulez en spirale autour des laitons. Nos
explications seront données en indiquant la soie qui est
plus agréable à travailler, mais il est bien entendu que
l'on peut toujours la remplacer par les bandelettes en
papier. Avant de disposer les pétales, vous fixez le cœur,
les étamines et le pistil.

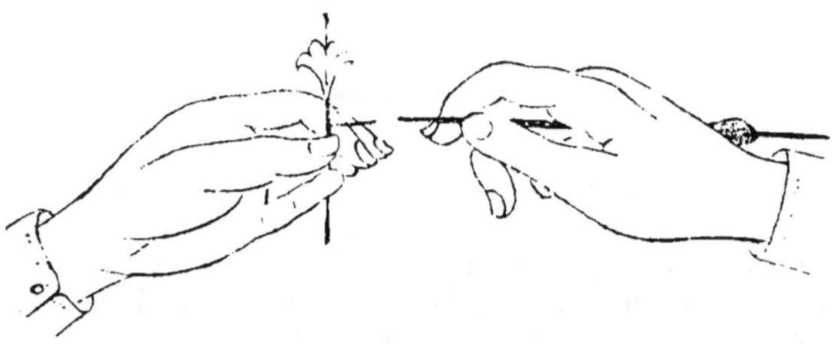

Fig. 385. — Position des mains pour le montage.

POSITION DES MAINS. — Il faut toujours tenir la pince de la
main droite, et la partie que vous montez de la main gauche
entre le pouce et l'index. La soie s'enroulant autour de la
tige, maintenue par le pouce, passe sur l'index et retombe
derrière la main ; vous l'enroulez en tournant vivement la
tige, en descendant toujours l'index serré contre le pouce ;
évitez que la soie ait du frottement contre les doigts, ce qui
la fanerait ; cette précaution doit être observée dans tout le
travail.

17.

Fig. 386. — Montage des fleurs.

MONTAGE DES FLEURS. — Vous fixez les unes après les autres,
sur le haut de la tige préparée, les différentes parties qui
composent le cœur, en tournant la soie autour de chaque
partie séparée, et même ajoutant un peu de colle s'il est
nécessaire. Vous terminez le montage de la fleur en disposant les pétales autour du cœur, soit isolément, soit par
groupes de deux ou plusieurs, selon l'explication spéciale
donnée pour chaque fleur; vous enroulez la soie et mettez un
peu de colle à chaque partie que vous posez autour du
cœur; vous enroulez quelques tours de soie après avoir placé
le dernier pétale, puis vous recouvrez la tige d'une bande de
3 millimètres de papier crème et vous enfilez le calice ou les
areignes; puis vous enroulez une soie tout autour de la fleur.
Vous montez ensuite les boutons sur des laitons séparés.

MONTAGE DES BRANCHES.

Lorsque vous avez préparé les fleurs et les boutons, vous apprêtez les feuilles que vous avez soin de prendre de grandeurs variées.

Fig. 387. — Envers de la feuille.

ENVERS DE LA FEUILLE. —Pour lui donner plus de fermeté, vous faites une *côte* on collant à l'envers sur la nervure une petite tige nommée *sete*, puis vous fixez chaque feuille sur un laiton séparé que vous avez préparé comme celui de la fleur, et que vous recouvrez également de soie.

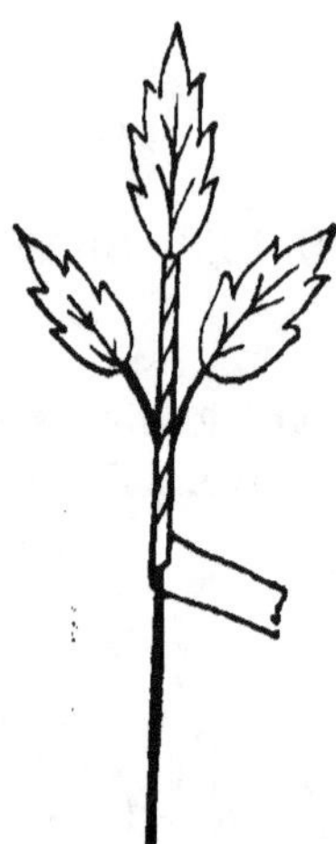

Fig. 388. — Montage des feuilles.

MONTAGE DES FEUILLES. — Vos feuilles préparées, vous les réunissez par groupes sur une même tige, en imitant la plante naturelle.

Vous disposez ensuite fleurs, boutons et feuilles en vous guidant sur le modèle accompagnant une explication, mieux encore sur une branche naturelle. On fixe la soie en haut de la tige principale et on l'enroule autour ; lorsque vous avez à poser une fleur, un bouton ou une feuille, vous la fixez solidement par une soie tournée deux fois, serrée contre la tige principale, en dirigeant en bas le petit bout de laiton, puis vous continuez à enrouler la soie ; si vous avez une branche composée de plusieurs branches, vous les montez séparément et vous terminez en recouvrant de soie la tige principale autour de laquelle vous grouperez vos autres petites branches. Vous retouchez, après avoir fini le travail partiel des pièces détachées et le montage définitif, en égalisant toujours avec les pinces, redressant et espaçant.

TABLE DES FIGURES

CONTENUES DANS CET OUVRAGE

Tapisserie

Frivolité

Frivolité, Méthode ancienne

Filet

14.

Chiffres

Chiffres de différents styles

Couronnes

Broderie

Broderie anglaise

Guipure de Venise

Guipure Richelieu

Jours

Dentelle Renaissance

Broderie orientale ou Cachemire

Broderie au passé

Appliques

Passementerie

Fleurs en Laine

Robes et Confections

Incrustation Anglo-Japonaise

TABLE DES FIGURES

DU PREMIER APPENDICE.

TABLE DES FIGURES

DU DEUXIÈME APPEDNICE

CROCHET

DENTELLE RENAISSANCE

TABLE DES MATIÈRES.

DU PREMIER APPENDICE.

TABLE DES MATIÈRES

DU DEUXIÈME APPENDICE

GUERLAIN

PARFUMEUR

Paris — 15, rue de la Paix, 15 — Paris

ARTICLES RECOMMANDÉS

Eau de Cologne Impériale —*Sapoceti*, savon de toilette. — Poudre de *Cypris*, pour blanchir et rafraîchir la peau. — Crème de *Fraises*, nouveau col-cream. — *Stilboicle*, pour lustrer les cheveux, sans les graisser. — Eau de *Chypre* et eau de *Cédrat* pour la toilette. — Eau *Lustrale* et eau *athénienne* véritables pour les cheveux. —Parfums pour le monchoir, *Pao-Rosa* — *Fleurs-Nouvelles* — *Parfum du Yun-Nam* — *Shores*: *Caprice* — *Héliotrope blanc* — *Bouquet Impérial Russe*.

BAINS DE MER DU CROTOY

Pêche, chasse en tout temps, excursions faciles en bateau

Immense plage de sable.

MONUMENTS HISTORIQUES DANS LE PAYS.

CASINO, HOTELS,

Maisons particulières, tables d'hôte, restaurants,
Pension au mois.

CHEMIN DE FER DE BOULOGNE, 4 HEURES 1/2 DE PARIS.

Pendant la saison, billets de dix jours.

Poste, deux départs par jour. — Télégraphe.

RENSEIGNEMENTS :

S'ADRESSER A M. **DELANT**, AU CROTOY.

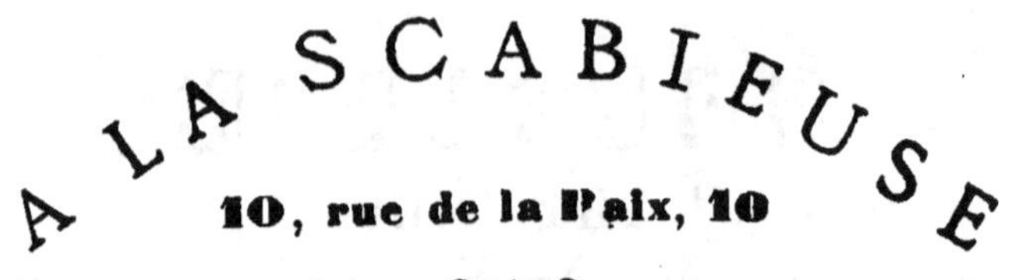

MAISON DE DEUIL
De Premier Ordre.

DEUIL COMPLET, livré instantanément
LES ATELIERS ÉTANT DANS NOTRE MAISON.

Immense choix de Robes, Costumes, Manteaux, Chapeaux et Lingeries.

SOIERIES deuil et demi-deuil,
provenant des meilleures fabriques.

NOUVEAUTÉS DEUIL et DEMI-DEUIL, dont la plupart des dessins sont exclusifs.

COMPTOIR D'ÉTOFFES POUR DOMESTIQUES
(Vendues tres bon marché.)

MOUCHOIRS, BIJOUX de DEUIL, GANTS, OMBRELL PARAPLUIES, FOURRURES, etc. etc.

Indépendamment de la **Confection pour deuil**, les dames trouveront dans nos salons les modèles les plus variés en *Robes et Costumes* de ville et de diner.

Prière aux dames de vouloir bien nous fournir le plus de renseignements possible.

Pour les *Robes et Manteaux*, nous envoyer de préférence un corsage avec les observations.

Prière de nous désigner le prix et le genre d'étoffes que l'on désire : les échantillons sont envoyés de suite par la poste.

Notre organisation, si complète, nous permet d'exécuter rapidement les ordres que nous recevons, de leur livraison dans un bref délai et offre aux dames l'avantage d'avoir bien faite toute *Confection de Robes* ou autres objets de toilette à des prix relativement peu élevés.

La maison se charge également des Deuils pour la France et l'étranger.

Envoi *franco* à partir de 25 fr.

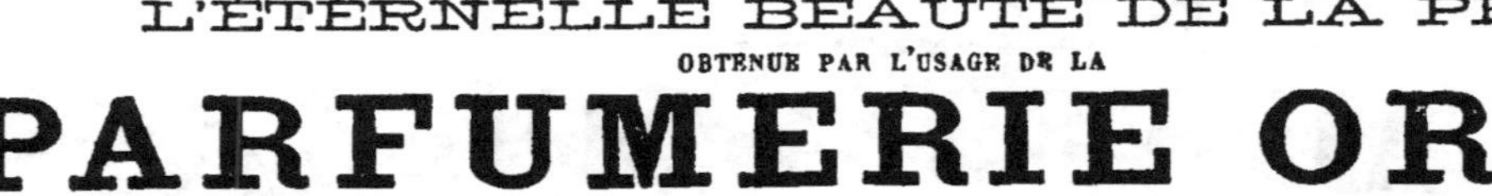

L'ÉTERNELLE BEAUTÉ DE LA PEAU
OBTENUE PAR L'USAGE DE LA
PARFUMERIE ORIZA
DE L. LEGRAND
Fournisseur de la Cour de Russie
ORIZA LACTÉ
LOTION ÉMULSIVE
Blanchit et rafraîchit la peau, enlève, détruit les taches de rousseur
SAVON ORIZA
d'après le docteur O. RÉVEIL, le plus doux pour la peau.
ESS.-ORIZA & ORIZA-LYS
Parfums nouveaux adoptés par la fashion.
ORIZA-POWDER
Poudre fleurs de riz.
Adhérente à la peau, donnant le velouté de la pêche.
BEAUTÉ ET JEUNESSE
CRÊME-ORIZA
DE
NINON DE LENCLOS
L. LEGRAND, PARFUMEUR
Fournisseur de plusieurs cours
207, RUE St HONORÉ. PARIS
Adoucit et blanchit la PEAU, lui donne la transparence et la fraîcheur de la jeunesse. Elle préserve le visage du hâle et des rides.
DÉPÔT DANS TOUTES LES PARFUMERIES DU MONDE
Plus de Teintures Progressives pour Cheveux blancs.
ORIZALINE
Pour ramener de suite aux Cheveux et Barbes la couleur naturelle en toute nuance.
PARIS 303 RUE S' HONORÉ
207 rue St HONORÉ. PARIS
L. LEGRAND
Il n'est pas besoin de laver la tête ni avant ni après. Application simple. Résultat immédiat, ne tache pas la peau et ne nuit jamais à la santé.
et chez tous les Parfumeurs et Coiffeurs.
Dépôt principal. 207, Rue Saint Honoré, 207. Paris.

FABRIQUE DE SOIES

AU VER A SOIE

Médaille de Bronze

—

Grand assortiment
de Soies
pour Broderie,
Tapisserie et Crochet

—

Mé'aille de Bronze

—

Soie supérieure
à coudre,
à la main et à
la machine

—

E. DOTTE. L. BOUCHER, Successeur

PARIS, 23, rue Turbigo, 23, PARIS

ENVOI en PROVINCE contre mandat ou timbre-poste pour quantité si minime que ce soit

BOULEVARD DES ITALIENS, 1, PARIS.

LA POUPÉE MODÈLE

JOURNAL DES PETITES FILLES

La Poupée Modèle, rédigée avec la moralité dont nous avons fait preuve dans le *Journal des Demoiselles*, et l'expérience que nous ont acquise trente années de direction de ce Journal, a été vivement appréciée par les familles. Elle a pour but de donner aux petites filles, sous forme d'amusements, les premières notions des goûts et des travaux d'intérieur qui font plus tard les mères dévouées et les maîtresses de maison aimables.

Or, pour arriver à ce but, le *Journal des Petites Filles* se sert de la Poupée, ce jouet si perfectionné de nos jours, qu'il est presque devenu un objet d'art; mais loin d'encourager les tendances ruineuses du siècle qui ont transformé l'utile et modeste Poupée de nos aïeules en un frivole objet de luxe, en un apprentissage de vanité, LA POUPÉE MODÈLE ne se sert de ce jouet que comme d'un attrayant moyen d'éducation ; c'est un prétexte à mille petits travaux et jeux qui rendent les fillettes si ingénieuses !

Ce qu'on apprend enfant, on le sait toute sa vie; c'est pour cela que telle jeune fille qui aura su aimer sa Poupée et son petit ménage, aimera plus tard sa famille et son vrai ménage.

L'éducation de la petite fille par celle de la Poupée, telle est donc la pensée de cette publication.

La Poupée Modèle paraît le 15 de chaque mois par livraison de 24 pages de texte, accompagnée des travaux d'aiguille et de tapisserie faciles à exécuter, images coloriées, surprises, feuilles à découper, musique, décors de théâtre, etc.

Paris, 6 fr. par an. — Départements, 8 fr.

Toute personne des départements qui en fera la demande, par lettre affranchie, recevra franco un numéro-spécimen.

TOUS LES ABONNEMENTS PARTENT DU 13 DÉCEMBRE.

ON NE S'ABONNE PAS POUR MOINS D'UNE ANNÉE

On s'abonne en envoyant au bureau du Journal, Boulevard des Italiens, 1, un mandat de poste ou une valeur à vue sur Paris, et sur timbre.

Et chez tous les libraires de la France et de l'étranger.

9—1113   PARIS. — TYP. MORRIS PÈRE ET FILS, 64, RUE AMELOT.